insel taschenbuch 2120
Doris Maurer
Charlotte von Stein

W0051520

Charlotte von Stein
Silberstiftzeichnung von
Dora Stock, 1796

Doris Maurer
Charlotte von Stein

Eine Biographie
Mit zahlreichen Abbildungen
Insel Verlag

insel taschenbuch 2120
Erste Auflage 1997
© Insel Verlag Frankfurt am Main und Leipzig 1997
Alle Rechte vorbehalten
Hinweise zu dieser Ausgabe am Schluß des Bandes
Vertrieb durch den Suhrkamp Taschenbuch Verlag
Umschlag nach Entwürfen von Willy Fleckhaus
Satz: Libro, Kriftel
Druck: Nomos Verlagsgesellschaft, Baden-Baden
Printed in Germany

1 2 3 4 5 6 - 02 01 00 99 98 97

Inhalt

Vorwort 9

Eine Jugend am Hof 11
»Von Tränen ermüdet schlief ich nur ein . . .« (1742-1775)
Begegnung mit Goethe 40
»Ob's unrecht ist, was ich empfinde . . .« (1776)
Die glückliche Zeit 69
»Auf mich wirkt die Liebe zum Autor mit« (1777-1781)
Zweifel 109
»Ich kann nicht instinktmäßig lieben . . .« (1782-1786)
Die große Enttäuschung 143
». . . bei mir vernarbt keine Wunde« (1787-1793)
Resignation 192
». . . ich kann alles dulden und alles verzeihen« (1794-1806)
Krankheit und Alter 233
». . . aber die jetzige Zeit ist so unpoetisch . . .« (1807-1815)
Langsames Verlöschen 263
»So werde ich . . . das rätselhafte Dasein bald vollendet haben«
(1816-1827)

Auswahlbibliographie 292
Bildquellennachweis 297
Namenregister 298

Es gab keinen Roman zwischen Goethe
und Charlotte von Stein.
Es gab die Erfüllung einer Aufgabe
und einen angedichteten Roman.

(Peter Hacks: Ein Gespräch im Hause Stein
über den abwesenden Herrn von Goethe)

Charlotte von Stein hat durch ihre Freundschaft mit Goethe einen Platz in der Literaturgeschichte erhalten. Mehr als zehn Jahre lang war sie die engste Vertraute des Dichters. Als sie Goethe traf, zählte sie 33 Jahre, nach der Trennung lebte Charlotte von Stein noch fast 40 Jahre. Es wäre ungerechtfertigt, das Leben dieser Frau auf die relativ kurze Zeit des Zusammenseins mit Goethe zu reduzieren. Charlotte von Stein wohnte in Weimar, sie stand dem Hof nah, sie hat die »deutsche Klassik« als Augenzeugin erlebt.

Obwohl Charlotte von Stein ihre Liebesbriefe an Goethe vernichtete, was man bedauern mag, läßt sich ihre Gestalt aus den Zeugnissen so bedeutender Persönlichkeiten wie Goethe, Gottfried und Karoline Herder, Friedrich und Charlotte von Schiller, Knebel, Herzogin Luise von Weimar, Charlotte von Kalb, Wilhelm und Karoline von Humboldt und aus den Briefen Charlottes an ihre Freunde und Verwandten erschließen.

Charlotte von Stein war keine Alltagsgestalt, sondern eine außergewöhnliche Frau, die bewundert und verehrt wurde, obwohl sie nicht immer einfach und angenehm war. Mit Charlotte von Stein tritt uns eine faszinierende Persönlichkeit entgegen, deren Leben man sich nicht ohne große innere Beteiligung widmen kann.

Eine Jugend am Hof

»Von Tränen ermüdet schlief ich nur ein . . .«
1742-1775

Als Johann Wilhelm Christian von Schardt im Jahre 1743 mit seiner Frau Konkordia und den Kindern von Eisenach nach Weimar zog, glaubte er noch daran, eine respektable Karriere im Hofdienst machen zu können. Bis 1741 hatte er als Kammerjunker dem Herzog von Eisenach gedient. Als dieser ohne Erben starb, fiel das Herzogtum an Ernst August von Weimar. Der bau- und reisewütige Ernst August bedeutete für sein Land eine Plage – launisch, jähzornig, verschwenderisch, unberechenbar, unruhig herumreisend. Wegen der kostspieligen Bauvorhaben war die Steuerlast der Untertanen drückend, kaum zu bewältigen, denn die Weimaraner waren arm. Die »Stadt« Weimar glich eher einem Dorf: Von den etwa 6000 Einwohnern diente vielen die Landwirtschaft noch als Nebenerwerb, da sie allein von ihren Einkünften als kleine Handwerker oder Kaufleute nicht leben konnten. Kühe und Ziegen in den Straßen Weimars waren kein seltener Anblick. Nur etwa 1% der Bevölkerung gehörte zum Adel; das hieß aber beileibe nicht, daß diese Familien alle begütert waren, sie lebten lediglich in enger Beziehung zum Herzog, atmeten täglich »Hofluft« und mußten repräsentieren, obwohl ihnen dazu häufig die Mittel fehlten.

Ein trauriges Beispiel für solch ein durch Repräsentationspflichten elendes Leben bietet die Familie von Schardt, deren Oberhaupt von Herzog Ernst August zum Reisemarschall ernannt worden war. Das Gehalt fiel gering aus, Herr von Schardt war gezwungen, seine vielen – im Auftrag des Herzogs unternommenen – Reisen aus eigener Tasche zu bezahlen; die 600 Taler, die er vom Herzog erhielt, reichten kaum, um die wachsende Familie zu ernähren. Selbst den Umzug von Eisenach nach Weimar mußte Schardt selbst begleichen. Nachdem er sich in der kleinen Stadt an der Ilm eingerichtet hatte, wurde Johann Wilhelm Christian von Schardt zum Hausmarschall ernannt und gleichzeitig mit der Erziehung des Erbprinzen Konstantin beauftragt.

Kaum noch sah ihn seine Familie zu Hause, er hatte alle Hände voll zu tun, um den herzoglichen Haushalt zu organisieren und zu überwachen. Bei großen Festlichkeiten für auswärtige hohe Gäste leitete er die Vorbereitungen, wies die Diener und Pagen an, arrangierte die Amüsements, und nicht selten stellte er eigenes Tafelsilber und kostbare Gläser zur Verfügung, damit die Tafel prächtig genug aussah. Was beschädigt wurde, bekam er nicht ersetzt! Auch als er 200 Taler Zulage erhielt und zum Hofmarschall ernannt wurde, bedeutete der Dienst beim Herzog kein einträgliches Geschäft.

Schuld an der ständigen finanziellen Misere der Familie war aber auch der verhängnisvolle Hang Schardts zum Repräsentieren: sein Haus mußte reich ausgestattet und vornehm möbliert sein, besonders stolz war er auf eine umfangreiche Sammlung schöner, kostbarer Stiche und Gemälde, Porzellan und Silber hatten vom Feinsten, Essen und Trinken – wenn er Gäste bewirtete – vom Ausgesuchtesten zu sein, denn er, Schardt, repräsentierte stellvertretend für seinen Herzog.

Auch als Ernst August 1778 starb, besserte sich die Lage der Familie von Schardt nicht; und Johann Wilhelm Christian wäre seiner Gläubiger nicht Herr geworden, hätte seine Frau nicht ihr Vermögen, das ursprünglich für die Erziehung der Kinder bestimmt war, geopfert.

1755 konnte der junge Herzog Konstantin die Regierung übernehmen; er starb aber bereits 1758 an der Schwindsucht

*Frau Konkordia von Schardt und Frau von Reinbahm
beim Tee. Aus dem Silhouettenalbum
der Marianne von Willemer*

und hinterließ eine 18jährige Witwe, Anna Amalia, und einen knapp einjährigen Sohn, den Erbprinzen Karl August. Drei Monate nach dem Tod Konstantins brachte die Herzogin einen weiteren Sohn zu Welt, der nach seinem Vater benannt wurde.

Anna Amalia übernahm, nach einigem Hin und Her, die Regentschaft, suchte sich ihre Berater und Hofbeamten aus und entließ Herrn von Schardt, denn sie konnte ihn nicht leiden. Sie schrieb ihrem Vater, dem Herzog von Braunschweig: »Es ist wahr, daß der Hofmarschall von Schardt, nachdem er seiner Frau ansehnliches Vermögen zugesetzt, mit seiner zahlreichen Familie in schlechten Umständen sich befinde, und ich will ihm gern gönnen, wenn er soviel an Gehalt behält, daß er sich standesmäßig hinbringen kann. Aber es ist auch wahr, daß er kein Wirt ist, daß er einen großen Teil des zugesetzten Vermögens auf unnötige Kleinigkeiten verwendet, daß er... einen Aufwand gemacht, den er gar wohl großenteils entraten können, und daß er sich also selbst in die schlechten Umstände gesetzet.«

Herr von Schardt wurde mit 47 Jahren in Pension geschickt, ein jährliches Gehalt von achtzehnhundert Talern stand ihm zu, aber er war nicht mehr als täglicher Gast bei der Hoftafel zugelassen.

Hatte seine Familie bereits genug unter den Aktivitäten Schardts gelitten, so vergällte er nun Frau und Kindern jeden Tag dadurch, daß er nichts mehr zu tun hatte. Konkordia Elisabeth von Schardt, eine geborene von Irving, deren Familie schottischer Herkunft war, hatte elf Kinder zur Welt gebracht, von denen nur drei Töchter und zwei Söhne nicht bereits in den ersten Lebensmonaten starben. Dieses Schicksal teilte Frau von Schardt mit den meisten Frauen ihrer Zeit: Die Kinder- und Säuglingssterblichkeit lag zum Beispiel zwischen 1740 und 1749 in Frankreich bei 27,5%. Sechs Kinder hatte Konkordia von Schardt sterben sehen, nur ihre tiefe, protestantische Frömmigkeit hatte ihr geholfen, sich in das Unvermeidliche zu schicken. Ihren überlebenden fünf Kindern: Charlotte, Amalie, Luise, Karl und Ludwig war sie eine gütige, sanfte Mutter, sie gab ihren Kindern die Liebe, die ihnen der Vater versagte.

Johann Wilhelm Christian von Schardt scheint nach seiner Pensionierung als Haustyrann den ganzen Tag lang Frau und Kinder kritisiert zu haben, lautes Kinderspiel war ihm ein Greuel, man hatte sich sittsam und leise zu betragen, es fehlte an Spielzeug. Alle Geschwister haben als Erwachsene ihre Kindheit als unglücklich bezeichnet. Als die älteste Tochter Charlotte selbst Mutter war und amüsiert das Treiben ihrer Söhne beobachtete, mußte sie an ihren Vater denken, der auf Kinderstreiche stets mit Zornesausbrüchen reagierte: »Diese drei Brüder scheinen geborene Freunde zu sein; ihre Einigkeit und ihre unerschütterliche Fröhlichkeit machen mir große Freude. Ach, wenn ich wie mein Vater dächte, welchen Ärger hätte ich über ihre Eulenspiegeleien gehabt und ihre Einbrüche in die Milch- und Obstkammer.«

Für die Erziehung der Schardtschen Kinder sorgten ein Hauslehrer – wie üblich für die damalige Zeit: ein Kandidat der Theologie – und der Vater. Während die Söhne mit etwa zwölf Jahren als Pagen an den Hof kamen, dort weiter erzogen wurden und das Gymnasium besuchten, beschränkte sich die Bildung der Töchter im 18. und zu Beginn des 19. Jahrhunderts auf das, was sie zu Hause lernten: Unterweisung in allen häuslichen Arbeiten und in der Religion, im Schreiben, Lesen, Rechnen, in Französisch, in der Musik und im Tanz, diese Fertigkeiten vermittelten ihnen arme, unterbezahlte Hauslehrer oder Gouvernanten, meist verarmte Adlige.

Ein Pädagoge des frühen 19. Jahrhunderts klagt: »Wenn es gut ist, lernen die Töchter mittleren und höheren Standes außer deutsch lesen und schreiben, französisch schreiben, wenn auch nicht orthographisch, auch wohl nach einem Briefsteller oder nach einem französischen Muster einen Brief zusammenstoppeln... Andere Wissenschaften kommen nicht vor, außer die höchst wichtige Mythologie, allenfalls soviel Geographie, daß sie doch eben wissen, daß Amsterdam noch in Europa liegt. Von Künsten lernen sie meist Musik.« Auch die Töchter aus den Adelsfamilien Weimars in der Mitte des 18. Jahrhunderts wurden letztlich auf eine spätere Ehe hin erzogen, auf ihre Pflichten als Ehefrau und Mutter vorbereitet: »Die ganze Erziehung der Töchter muß ihre Absicht auf das männliche Geschlecht haben. Den Männern gefallen und nützen, sich ihre Liebe und Hochachtung erhalten, sie verpflegen, ihnen raten, sie trösten, ihnen das Leben annehmlich und süß machen, das sind zu allen Zeiten die Pflichten des weiblichen Geschlechts, diese muß man dasselbe von Jugend auf lehren« (Rousseau).

In diesem Sinne wurde auch die älteste Tochter der Familie Schardt, die am 25. Dezember 1742 geborene Charlotte Albertine Ernestine, erzogen. Das Lernen fiel ihr leicht, ihre französische Konversation war flüssig und elegant, ihr Klavierspiel hübsch, und besonders im Tanzen zeichnete sie sich aus. Alle drei Fähigkeiten konnten in höfischer Umgebung nur von Nutzen sein. Gerade das korrekte Beherrschen der höchst komplizierten Gesellschaftstänze, anmutiges und graziles Bewegen galten bei jungen Mädchen, die in adligen und höfischen Kreisen verkehrten, als unerläßlich.

Also auch der Tanzunterricht diente nicht dem Vergnügen, wie es überhaupt im Hause von Schardt an der Lebenslust mangelte. Der nörgelnde, strenge, pedantische, zutiefst mit sich unzufriedene Vater gönnte seinen Kindern keine Freude, und die fromme Mutter neigte auch eher zu einer pessimistischen, düsteren Lebensauffassung. Ihr Dasein war ein ständiges Sich-Fügen, Pflichterfüllen, Erdulden, betend Ertragen. Konkordia von Schardt las täglich in

Charlotte von Stein
Silhouette

der Bibel, die ihr Trost spendete, und hielt auch ihre Kinder zu einem ernsten, frommen Leben an. Frau von Schardt war nicht dazu geboren, ihr Dasein zu genießen. Ihre Tochter Charlotte hat sie später einmal folgendermaßen charakterisiert: »Kant und Schiller können wohl recht haben, daß unser Geschlecht mehr aus Neigung als aus Pflicht handle, aber nur deswegen, wie ich bei vielen sehe, weil ihre Pflicht ihnen zur Neigung wird. Ich könnte viele Beispiele davon anführen, unter andern meine Mutter. Sie gefiel sich so wohl in den beständigen Aufopferungen, die sie zu machen hatte, daß, nachdem sie nach vielen Jahren zu ihrem eigenen freiwilligen Genuß kam, sie eine Öde in sich empfand, die sie noch bis jetzt nicht ganz überwinden kann.«

Auch Charlotte von Schardt war keine heitere Natur – zur Lieblingslektüre des jungen Mädchens zählten Youngs »Nachtgedanken« –, sie wirkte ernst, gefaßt, schon in der Jugend vornehm-distanziert. In ihrem weiteren Leben hat sie viel von der Frömmigkeit der Mutter eingebüßt, wird wohl auch nie wie die Mutter in der Selbstaufgabe den eigentlichen Sinn des Frauenlebens gesehen haben, hat sich niemals leicht in das angeblich Unvermeidliche geschickt, hat aber auch nie die Konventionen verletzt, in denen sie erzogen wurde.

1758, als Sechzehnjährige, trat Charlotte von Schardt als Hoffräulein in den Dienst der Herzogin Anna Amalia. Es war durchaus üblich, daß die Kinder der zum Hof gehörigen Adligen vom Regenten ihre Versorgung empfingen. Anna Amalias Abneigung gegen den ehemaligen Hofmarschall von Schardt erstreckte sich nicht auf seine Familie: sie ließ den ältesten Sohn studieren und beschäftigte ihn anschließend in der Justizverwaltung, besorgte der mittleren Tochter Amalie, die wohl etwas geistesschwach war, einen Platz in einem Stift und ernannte die älteste der Töchter zu ihrer Hofdame. Mit dem Wechsel in den Haushalt der Herzogin

Anna Amalia, Herzogin von Sachsen-Weimar
Gemälde von Johann Ernst Heinsius, 1780

begab sich Charlotte lediglich in eine neue, wenngleich anders geartete Abhängigkeit. Die traurige Atmosphäre des Elternhauses mußte sie zwar nicht mehr ertragen, nun aber die Launen der Herzogin. Anna Amalia hatte in Weimar keine leichte Aufgabe zu erfüllen, als sie, gerade achtzehn und bereits verwitwet, die Regentschaft übernahm, denn zum Regieren erzog man auch die Töchter aus Fürstenhäusern nicht. Aber sie besaß Willensstärke und Mut und die Fähigkeit, sich gute Berater auszusuchen. Es gelang ihr, in langen harten Jahren, das noch durch den Vater ihres Mannes, Herzog Ernst August, ruinierte und heruntergewirtschaftete Land zu sanieren. Es wurde eisern gespart, selbst das Leben bei Hofe, in der Wilhelmsburg, wirkte, verglichen mit dem Treiben anderer Fürsten der Zeit, mehr als bescheiden, wenn es auch an kleinen Vergnügungen nicht fehlte.

Die Aufgaben eines Hoffräuleins beschränkten sich auf Tätigkeiten, die uns heute als eine Art organisierten Müßiggangs erscheinen, füllten aber dennoch den Tag aus. Man aß mit der Herzogin, begleitete sie auf ihren Spaziergängen, Kutschfahrten, las bisweilen vor, besuchte die Konzerte, die Bälle, die Assembleen, auf denen der Spielleidenschaft gefrönt wurde, und die Maskenfeste. Charlotte hatte durch ihre Erziehung, durch die Frömmigkeit der Mutter und die Engherzigkeit des Vaters, durch ihre düstere Jugend schon sehr früh gelernt, sich in allen Situationen zu beherrschen, nie die Fassung zu verlieren, stets »Contenance« zu wahren. Das kam ihr nun im Zusammenleben mit der kapriziösen, mal überschäumend-lustigen, dann mißmutigen und aufbrausenden Herzogin zugute.

Charlotte von Schardt verstand sich vollkommen auf das höfische Benehmen; ihr leichter, graziöser Tanz erfreute, sie war klein und zierlich, kleidete sich elegant, wußte zu plaudern, wirkte zwar ein wenig ernst, dafür aber sehr ausgeglichen und sanft. Sie erfüllte ihre Aufgaben am Hofe zur vollsten Zufriedenheit. Der Anakreontiker Georg August von Breitenbauch, ein Cousin ihrer Mutter, schrieb bewundernde Verse über Charlotte:

Die gütige Natur verband in Deinem Herzen
Der Tugend Strengigkeit mit unschuldsvollen Scherzen!
Des Geistes edler Sinn, der Glieder Reiz und Pracht,
Die Anmut, die Dir stets aus sanften Augen lacht,
Ist ein Geschenk von ihr, die Menschen zu beglücken:
Ach, möchtest Du dereinst ein würdig Herz entzücken!

Wenn die schmeichelnden Verse auch nicht gerade individuell auf die Besungene zugeschnitten sind, erwähnen sie doch Charakteristika Charlottes, die in allen späteren Beschreibungen wiederauftauchen werden: ihre wohlgestaltete Figur, ihre schönen Augen, ihre Tugendhaftigkeit, ihre edle Gesinnung und ihre Strenge. Der Wunsch, der in der letzten Zeile ausgesprochen wird, schien in Erfüllung zu gehen, als sich 1763 der Stallmeister des Hofes, der achtundzwanzigjährige Freiherr Gottlob Ernst Josias von Stein, um Charlotte bewarb. Seit acht Jahren lebte der junge Mann in Weimar. Er war 1755 als Hofjunker in die Verwaltung eingetreten, nachdem er sein Studium in Jena absolviert hatte. Anna Amalia ernannte ihn 1760 zum Stallmeister und erfüllte ihm damit einen Wunsch, denn Josias von Stein hatte eine große Vorliebe für Pferde, für die Landwirtschaft und keinerlei Neigung zu Verwaltungsaufgaben. Der einzige Sohn des verstorbenen Geheimen Rats Christian Ludwig von Stein galt – für damalige Weimarer Verhältnisse – als recht wohlhabend, denn er besaß in der Nähe von Rudolstadt das Rittergut Großkochberg mit umfänglichen Ländereien und Waldbesitz.

Darüber hinaus erschien Josias von Stein als der vollen-

Gottlob Ernst Josias Friedrich von Stein zu Pferde
Silhouette

dete Kavalier und Höfling; er hatte weite Reisen – nach Frankreich und in die Niederlande – unternommen, saß ausgezeichnet zu Pferde, galt als hervorragender Tänzer und als ausgesprochen schöner Mann. Da Stein zudem als rechtschaffener und frommer Mensch bekannt war, konnte er dem armen Fräulein von Schardt, das bereits zwanzig Jahre zählte und sich also mit dem Heiraten beeilen mußte, als überaus gute Partie und als Rettung aus dürftigen Verhältnissen und abhängiger Stellung erscheinen. Da wurde nicht lange nachgedacht, Liebesehen waren ohnehin nicht das Normale! Am 8. Mai 1764 wurden, bei Anwesenheit des gesamten Hofes, Charlotte von Schardt und Josias von Stein im Schloß zu Weimar getraut.

Knigge schreibt 1788 in seinem Werk »Über den Umgang mit Menschen« auch ausführlich über das Verhalten von Eheleuten gegeneinander und schließt seine Betrachtungen mit den Worten: »Allein alle diese Vorschriften sind wohl nur besonders anwendbar auf Personen im mittleren Stande. Die sehr vornehmen und sehr reichen Leute haben selten Sinn für häusliche Glückseligkeit, fühlen keine Seelenbedürfnisse, leben mehrenteils auf einem sehr fremden Fuß mit ihren Ehegatten und bedürfen also keiner andern Regeln als solcher, die eine feine Erziehung vorschreibt. Und da sie auch eine eigene Moral zu haben pflegen, so werden sie wohl in diesem Kapitel wenig finden, das für sie tauglich wäre.«

Die Moral ließ beim frommen Josias von Stein nichts zu wünschen übrig, aber so ein rechter Mann für »häusliche Glückseligkeit«, ein Mann, der die »Seelenbedürfnisse« seiner Frau befriedigen konnte, war er auch nicht. Fritz von Steins liebenswürdige Beschreibung seines Vaters: »Der Vater besaß sehr strenge Rechtschaffenheit und eine fast ängstliche Frömmigkeit; er verstand vollkommen die Landwirtschaft und hatte eine Liebhaberei für alles Technische;

hatte den Ton der feinen Welt bei angenehmem Äußern, wie ihn keiner seiner Söhne in gleichem Maße erreicht hat«, läßt bereits die Schwächen des Mannes ahnen, den Schiller dann viele Jahre später schroff und respektlos charakterisierte: »Er ist ein leeres Geschöpf, ein Kopfhänger dabei, und sein Verstand ist in täglicher Gefahr.« Auch die anderen männlichen Mitglieder des Stein-Schardtschen Familienclans fanden keine Gnade vor Schillers Augen: »In dieser Familie sind die Weiber gescheit und die Männer dumm bis zum Sprichwort.«

Das Melancholische, zum Teil Depressive seines Wesens läßt sich durch die Hirnverletzung entschuldigen, die sich Josias von Stein als junger Mann bei einem Sturz vom Pferd zuzog und an der er auch sterben sollte. Seine geistige Leere, sein Desinteresse an feinerer Bildung, der daraus resultierende mangelnde Gesprächsstoff mit seiner Frau lassen sich nur feststellen, daran ist nichts zu deuten, darin glich er so vielen Hofkavalieren seiner Zeit.

Charlotte von Stein wurde auch ein Mitglied in der Schar der »unverstandenen Frauen«, und sie konnte sich noch glücklich schätzen, daß sie an einen grundgütigen und biederen Ehemann geraten war, der über ihr gefühlvolles Klavierspiel, ihre Zeichenübungen, ihren Leseeifer nur lächelte und nicht tobte, sie vernachlässige Haus und Kinder. Die Ehe Charlottes kann nicht als besonders unglücklich gelten, denn der Mann trank nicht, verspielte nicht Haus und Hof, und er schlug seine Frau nicht, sondern behandelte sie mit Respekt. Die Ehe war nur maßlos langweilig, und damit konnte sich Charlotte nicht abfinden, zumal Weimar nicht gerade der Ort war, der mit vielfältigen kulturellen Ereignissen über die häusliche Monotonie hinweggeholfen hätte.

Und eine Ehe bedeutete für die Frau die Folge regelmäßiger, häufig jährlicher Schwangerschaften; deshalb empfand sich Charlotte von Stein als unglückliches, unendlich leidendes Geschöpf! Als ihr Lotte Schiller 1796 von ihren Schwangerschaftsbeschwerden berichtete, antwortete sie der jungen Freundin: »Niemand kann besser Ihre Leiden fühlen als ich, denn mir war dieses Geschäft auf eine schwere Art auferlegt. Von Tränen ermüdet schlief ich nur ein und schleppte mich wieder beim Erwachen einen Tag, und schwer lag der Gedanke auf mir, warum die Natur ihr halbes Geschlecht zu dieser Pein bestimmt habe. Man sollte den Weibern deswegen viele andere Vorzüge des Lebens lassen, aber auch darin hat man sie verkürzt, und man glaubt nicht, wie zu so viel tausend kleinen Geschäften des Lebens, die wir besorgen müssen, mehr Geisteskraft muß aufgewendet werden, die uns für nichts angerechnet wird, als die eines Genies, der Ehre und Ruh einerntet.«

Siebenmal wurde Charlotte von Stein in zehn Ehejahren schwanger von einem ungeliebten Mann, der meist abwesend war und sich nicht kümmerte. Jedesmal erlebte sie die neun Monate als eine Anhäufung von Schmerzen, Leid und Ungerechtigkeit. Der klatschsüchtige, indezente Karl August Böttiger mag recht haben, wenn er im Oktober 1796 in seinem Tagebuch über Goethes »Wilhelm Meister« notiert: »Den Einfall der Philine, die sich mit schwangerm Leibe im Spiegel sieht und ruft: ›Pfui! wie niederträchtig sieht man da aus!‹, hat Goethe seiner vorigen Geliebten, der Frau von St. abgeborgt.«

Jede Entbindung konnte damals den Tod für die Frau oder das Kind bedeuten. Die zarte Charlotte überstand zwar alle Qualen, aber sie kränkelte immer mehr und fühlte sich ab ihrem dreißigsten Lebensjahr zumeist matt und schwach. Vier Kinder starben ihr, alle Mädchen, nur die drei Söhne überlebten: Karl, Ernst und Fritz. Am 8. März 1765 wurde Karl, am 11. März 1766 Konstantine, am 30. September 1767 Ernst, am 5. März 1769 Friederika, am 15. April 1770 Sophia, am 26. Oktober 1772 Friedrich, am 13. April 1774 Henrietta geboren. Ihren Söhnen war Charlotte von Stein eine recht kühle Mutter, allein dem Jüngsten, Fritz, dem einzigen Kind, das sie gestillt hatte, brachte sie ihre ganze Liebe entgegen. Während der Schwangerschaften erschien Charlotte von Stein nicht bei Hofe, sie zog sich nach Schloß Großkochberg zurück, denn dort hatte sie Ruhe vor dem Gesellschaftstreiben, konnte allein oder mit wenigen Freunden, zumeist mit ihrer Mutter, die ihre engste Vertraute war, die Natur genießen. Charlotte empfand die Festlichkeiten am Hof häufig als lästig. Nach Beendigung des Siebenjährigen Krieges (1763) und nachdem sich Weimar – dank Anna Amalias Sparpolitik – erholt und wieder etwas Wohlstand angesammelt hatte, gab es häufig Amüsements bei Hofe, zu denen die Frau des Stallmeisters selbstverständlich gebeten wurde. Sie ging nicht gern hin, obwohl sie das Tanzen liebte; diese »ewigen Zerstreuungen« schienen ihr die »innigeren Gefühle« zu beschneiden, außerdem war sie ohnehin meist leidend.

Unglücklichen, durch Schwangerschaften geschwächten, vornehmen jungen Frauen empfahl man damals eine Badereise als Kur für Leib und Seele. In den eleganten kleinen Badestädten, fern von Mann und Kindern und jeglichen häuslichen Verpflichtungen, hatten die Damen genug Muße zu Spaziergängen und zur Lektüre, lernten einander kennen, konnten sich gegenseitig über das Schicksal der Frauen trösten und begegneten vielleicht sogar der einen oder anderen interessanten Persönlichkeit. Die Badeorte galten als Treffpunkte der großen Welt. In den Jahren 1773 und 1774 fuhr Charlotte von Stein zur Wiederherstellung ihrer Gesundheit nach Bad Pyrmont.

Dort begegnete ihr der Modearzt Johann Georg Zimmermann, Verfasser philosophischer Schriften (u. a. »Über die Einsamkeit«) und Leibarzt beim König von Hannover, ein

Fritz von Stein
Zeichnung von Schmeller

berühmter und gesuchter Arzt, der vor allem bei den Damen beliebt war. Ihm fiel die zarte, kränkelnde Frau von Stein auf. Zimmermann beschrieb sie in einem Brief an seinen Freund Johann Kaspar Lavater: »Frau Kammerherrin, Stallmeisterin und Baronesse v. Stein aus Weimar. Sie hat überaus große schwarze Augen von der höchsten Schönheit. Ihre Stimme ist sanft und bedrückt. Ernst, Sanftmut, Gefälligkeit, leidende Tugend und feine, tiefgegründete Empfindsamkeit sieht jeder Mensch beim ersten Anblick auf ihrem Gesichte. Die Hofmanieren, die sie vollkommen an sich hat, sind bei ihr zu einer sehr seltenen hohen Simplizität veredelt... sie ist sehr fromm und zwar mit einem rührend schwärmerischen Schwung der Seele. Aus ihrem leichten Zephirgang und aus ihrer theatralischen Fertigkeit in künstlichen Tänzen würdest Du nicht schließen, was doch sehr wahr ist, daß stilles Mondenlicht und Mitternacht ihr Herz mit Gottesruhe füllt... Sie ist einige und dreißig Jahre alt, hat sehr viele Kinder und schwache Nerven. Ihre Wangen sind sehr rot, ihre Haare ganz schwarz, ihre Haut italienisch wie ihre Augen. Der Körper mager, ihr ganzes Wesen elegant mit Simplizität.«

Immer wieder wird uns dieses Bild der vornehmen, eleganten, leidenden, nervösen, tugendhaften, beeindruckenden Frau begegnen, die auffiel, obwohl sie dem Schönheitsideal der Zeit nicht entsprach – dazu war sie nicht weich genug –, deren Betragen und Ausdruck aber faszinierten. Als Charlotte von Stein in Weimar wieder bei ihrer Familie wohnte, korrespondierte sie mit Zimmermann und berichtete ihm u. a. über ihre Lektüre, über den »Clavigo« und vor allem über »Werthers Leiden«. Der Roman hatte sie sehr beeindruckt und tief berührt, davon mußte sie Zimmermann berichten, auch über ihre Befürchtungen, daß die Lektüre gefährlich sein könne, und über ihren Wunsch, den Verfasser kennenzulernen.

Zimmermann antwortete ihr ausführlich, verständnisvoll und – was Goethe anging – warnend: »»Werthers Leiden‹ – Sie werden mir nicht zutrauen, daß ich eine Minute gezögert habe, diesen so wahren, so natürlichen, so allem, was man selber tausend und tausendmal in seinem Leben gesehen und empfunden hat, gleichkommenden Roman zu verschlingen. Aber das Lesen des ersten Bandes hat mich so erregt, hat alle Saiten meiner Seele so getroffen und in Schwingungen versetzt, daß ich mich vierzehn Tage ausruhen mußte, ehe ich den Mut hatte, zum zweiten zu greifen, dessen Lesen gleichfalls in einem Zuge geschah … Die Personen, die Sie, meine liebe Frau von Stein, ausgelacht und ausgeschmält haben, daß Sie acht Tage zur Freude unfähig waren, nachdem Sie ›Werthers Leiden‹ gelesen hatten, haben gewiß ihre Art zu denken und zu empfinden weder an Beobachtungen noch an Gefühlen des menschlichen Herzens geschärfet – und darum sind auch diese Personen gewiß glücklicher als Sie und ich … Diejenigen, die Ihnen, liebe Freundin, gesagt haben, daß dies Werk gefährlich sei, haben es nicht verstanden – das Entstehen und Fortschreiten der lebhaftesten Liebe ist darin mit Wahrheit, mit dem Pinsel der Natur selbst, abgemalt. Werde ich empfänglicher für die Liebe, weil ich dies Buch gelesen habe? Ach, es sagt mir nur, wie ich geliebt habe, längst ehe ich es las. Werde ich mich versucht fühlen, die Geliebte oder die Frau eines andern zu lieben, nachdem ich dies unsterbliche Werk gelesen habe? Oder werde ich dadurch gereizt, ein Feuer stärker zu nähren, das ich nicht gänzlich auslöschen konnte? Vielmehr werde ich die Liebe mehr als je fürchten; ich werde beim Anblick der Ausschreitungen zittern, zu denen sie einen heißen Kopf verleitet; ich werde ihre Hitze in dem Wasser der Vernunft ertränken; ich werde ihre Reize lieber bei der sanften Freundschaft suchen; ich werde meiner Phantasie zuweilen den Höhenflug eines Platon oder Petrarca gestatten und werde die Flucht ergreifen, wenn der Kuß einer Freundin mehr zu sein scheint als der Kuß einer Freundin... Sie verlangen, daß ich Ihnen von Goethe rede? Sie möchten ihn sehen? Ich werde sogleich über ihn berichten. Aber, arme Freundin, Sie bedenken es nicht. Sie wünschen, ihn zu sehen, und Sie wissen nicht, bis zu welchem Punkte dieser liebenswürdige und bezaubernde Mann Ihnen gefährlich werden könnte! – Ich schneide einen Stich aus Lavaters ›Physiognomik‹ heraus, um Ihnen mit dieser Adlerphysiognomie ein Geschenk zu machen... Eine Frau von Welt, die ihn oft gesehen hat, hat mir gesagt, daß Goethe der schönste, lebhafteste, ursprünglichste, feurigste, stürmischste, sanfteste, verführerischste und für ein Frauenherz gefährlichste Mann sei, den sie in ihrem Leben gesehen habe.«

Da will doch jemand Schicksal spielen und ein bißchen kuppeln! Zimmermann war nicht ohne Grund bei den Damen so beliebt, er verstand sich auch auf die Seelenkunde und mochte wohl annehmen, daß ein kleiner erotischer Kitzel der ach so kühlen und unbefriedigten Frau von Stein nicht schadete. Er konnte ja nicht ahnen, welche Folgen das von ihm inszenierte Vorspiel zeitigte. Im Oktober desselben Jahres traf Zimmermann dann Goethe in Straßburg. Der Arzt hatte etliche Schattenrisse für seinen Freund Lavater dabei, auch den Charlotte von Steins, den er Goethe zeigte.

Über die Reaktion des »gefährlichsten« Mannes wird sofort nach Weimar berichtet: »In Straßburg habe ich unter hundert anderen Schattenrissen den Ihrigen, gnädige Frau, Goethe gezeigt. Hier haben Sie, was er mit seiner sauberen Handschrift auf den Rand des Bildes geschrieben hat: ›Es wäre ein herrliches Schauspiel zu sehen, wie die Welt sich in dieser Seele spiegelt. Sie sieht die Welt, wie sie ist, und doch durchs Medium der Liebe. So ist auch Sanftheit der allgemeine Eindruck.‹ Niemals hat, soviel ich weiß, jemand

Johann Georg Zimmermann
(aus Lavaters Portraitsammlung)

über einen Schattenriß mit mehr Genie geurteilt, und niemals hat jemand über Sie, gnädige Frau, mit mehr Wahrheit gesprochen ... Ich habe in Frankfurt bei Herrn Goethe gewohnt, einem der außerordentlichsten und gewaltigsten Genies, die jemals durch die Welt gegangen sind. Er wird sicherlich kommen, Sie in Weimar zu besuchen. Dann erinnern Sie sich daran, daß alles, was ich ihm von Ihnen in Straßburg erzählt habe, ihm drei Nächte lang den Schlaf geraubt hat.«

Galante Komplimente, übertriebene Schmeicheleien – Charlotte von Stein war gewiß nicht die Frau, den Schwärmereien Zimmermanns Bedeutung beizumessen, aber ihre Neugierde wurde sicherlich noch mehr geweckt. Selbst wenn man bedenkt, daß das Silhouetten-Deuten, das durch Lavaters »Physiognomik« zur Mode unter den Gebildeten geworden war, häufig nicht sehr ernsthaft betrieben wurde, wirkt Goethes Bemerkung über Charlottes Schattenriß alles andere als genial. So hätte er auch über jede andere, angenehm aussehende weibliche Silhouette urteilen können, denn sanfte und die Welt und Mitmenschen liebevoll betrachtende Frauen wünschten sich die Männer. Und Charlotte von Stein war nicht sanft, sie war nur durch ihre äußeren Lebensumstände bedrückt und meisterte ihre Schwermut durch ihre vornehme Haltung und distanziert-höfisches Betragen.

Eine zweite Charakteristik ihres Schattenrisses, die Goethe dann für Lavater schrieb, weist immerhin einige richtige Punkte auf, aber auch dies mögen – kannte Goethe Frau von Stein doch nur aus den Erzählungen Zimmermanns – Zufallstreffer sein: »Festigkeit. Gefälliges, unverändertes Wohnen des Gegenstandes. Behagen in sich selbst. Liebevolle Gefälligkeit. Naivität und Güte, selbstfließende Rede. Nachgiebige Festigkeit. Wohlwollend. Treu bleibend. Siegt mit Netzen.«

Johann Wolfgang von Goethe
Zeichnung von G. M. Kraus, 1776

Als Goethe dann mit Frau von Stein bekannt wurde, konnte diese Zimmermann berichten, der junge Dichter habe festgestellt, der Schattenriß, den er gesehen habe, sage nichts über ihre wichtigsten Charakterzüge aus. Wiederum äußerst galant antwortete Johann Georg Zimmermann im Dezember 1775: »Wenn Herr Goethe gefunden hat, daß Ihr Schattenriß die springendsten Züge Ihres Charakters nicht gezeichnet hat (jetzt, wo er das Glück hat, ihn in der Nähe zu erkennen und zu erforschen), so hat er sicherlich in Ihnen neue Tugenden und neue Schönheiten gefunden, die ein Schatten nicht wiederzugeben vermag.«

Doch zu Beginn des Jahres 1775 hatte Charlotte von Stein andere Sorgen als Herrn Goethe und ihre Silhouette. 1775 war ein bewegtes Jahr für ihre Familie und für Weimar. Am 2. Februar heiratete ihre jüngste Schwester Luise den fränkischen Adligen Karl von Imhoff. Auch die schöne Luise, eine liebenswerte, wohl nicht sehr intelligente junge Frau, wurde verheiratet. Da Imhoff als ausgesprochen reich galt, stimmte die Familie froh zu, als er um Luises Hand anhielt. Die Schardtschen Töchter waren auf Versorgungsehen mit wohlhabenden Männern angewiesen. Und auch diese Ehe wurde unglücklich, aber diesmal hätte man es voraussehen können, denn Imhoff hatte einen denkbar schlechten Ruf, weil er seine erste Frau, deren Schönheit bestach, an den Gouverneur von Bengalen, Warren Hastings, verkauft hatte. Imhoff befand sich mit seiner Frau Marianne auf dem Schiff, das den englischen Gesandten nach Indien bringen sollte. Es dauerte etwa drei Jahre, bis die Scheidungspapiere in Bengalen eintrafen, solange lebte man zu dritt. Hastings adoptierte auch die beiden Kinder, die Imhoff mit seiner Frau hatte, und entlohnte seinen Vorgänger fürstlich. Mit diesem Geld und zwei indischen Dienern kehrte Karl von Imhoff nach Europa zurück, kaufte sich ein Gut und warb um Luise von Schardt, die er selbstverständlich zur Frau gewann.

Noch eine weitere unglückliche Ehe wurde 1775 geschlossen, zwar nicht in Weimar, aber der mündig gewordene Erbprinz Karl August heiratete am 3. Oktober in Karlsruhe die Prinzessin Luise von Hessen-Darmstadt. Am 17. Oktober zogen dann der Herzog und die Herzogin von Weimar in ihre Stadt ein. Schon am ersten Abend ließ sich die junge Herzogin entschuldigen, als zur Feier des Ereignisses ein Fest gegeben wurde: Sie war leidend.

Karl August und Luise paßten nicht zusammen, wuchsen auch im Laufe der Ehe nicht zusammen; erst im Alter lebten sie freundschaftlich miteinander. Der Herzog, ein vitaler, sinnenfreudiger, lauter, zuweilen polternder junger Mann, verstand seine nervöse, zarte, kühle, etwas steife Frau nicht. Er wiederum ging ihr auf die Nerven, sie litt unter seiner Gegenwart, haßte seine Jagdleidenschaft und seine Hunde, die ihn immer begleiteten. Schon Ende Januar 1776 schrieb Goethe an Charlotte von Stein: »Louise war gestern lieb. Großer Gott, ich begreife nur nicht, was ihr Herz so zusammenzieht. Ich sah ihr in die Seele, und doch, wenn ich nicht so warm für sie wäre, sie hätte mich erkältet. Ihr Verdruß über's Herzogs Hund war auch so sichtlich. Sie haben eben immer beide unrecht. Er hätt ihn drauß lassen sollen, und da er hier war, hätt sie ihn eben auch leiden können.« Die junge Herzogin verstand sich auch nicht mit ihrer Schwiegermutter, und Anna Amalia fand Luise langweilig.

Auch Luise empfing ihre Kinder ohne Liebe, plagte sich während der Schwangerschaften, hatte mehrere Fehl- und Totgeburten zu überstehen, bis sie endlich – nach der allgemeinen Auffassung der damaligen Zeit – ihre Pflicht getan und einen Erbprinzen zur Welt gebracht hatte. Ihre Kühle ging bis zur Frigidität; einen Tag nach ihrer Hochzeit schrieb Luise einem Verwandten: »Erlauben Sie, gnädiger Herr, daß ich Ihnen Mitteilung mache von meiner Vermählung mit dem Herzog von Sachsen-Weimar. Sie hätten

Karl August von Sachsen-Weimar als Erbprinz
Gemälde von Johann Georg Ziesenis, 1769

Mitleid mit mir gehabt, wenn Sie mich an dem Tage gesehen hätten; ich war im heftigsten Zustande. Und ich danke Gott, daß es vorüber ist.« Luise mag wohl mit Erleichterung auf Karl Augusts spätere Liaison mit der Schauspielerin Karoline Jagemann reagiert haben.

Am 12. Dezember 1774 hatte Herzog Karl August von Weimar auf seiner großen Kavalierstour, die mit der Brautschau verbunden war, in Frankfurt Goethe kennengelernt. Carl Ludwig von Knebel, der Erzieher des jüngeren Bruders Karl Augusts, Konstantins, vermittelte die Bekanntschaft. Begeistert schrieb Knebel nach Weimar an den Kaufmann Friedrich Justin Bertuch: »Von Wieland werden Sie erfahren können, daß ich Goethes Bekanntschaft gemacht habe und daß ich etwas enthusiastisch von ihm denke. Ich kann mir nicht dabei helfen, aber ich schwöre es, Ihr alle, Ihr Leute, die Ihr Kopf und Herz habt, Ihr würdet so von ihm denken, wenn Ihr ihn kennen solltet. Dies bleibt mir eine der außerordentlichsten Erscheinungen meines Lebens. Vielleicht hat mich die Neuheit zu sehr frappiert...«

Als Karl August fast ein Jahr später nach Karlsruhe reiste, um seine Luise zu heiraten, machte er erneut in Frankfurt Station und bat den berühmten Dichter des »Werther« dringlich, ihn doch in Weimar zu besuchen. Denn der Herzog hatte den Dichter liebgewonnen, »weil er so natürlich« war. Obwohl Goethes Vater seinem Sohn vehement abriet, sich auf die Einladung eines Fürsten zu verlassen, machte sich Goethe auf den Weg nach Thüringen.

Am 7. November 1775 traf er in Weimar ein und eroberte im Nu viele Herzen. Selbst Wieland, den Anna Amalia 1772 berufen hatte, damit er bei Karl August die Erziehung zum künftigen Herzog beende, konnte sich in seinen ersten Briefen an Friedrich Heinrich Jacobi, an Lavater und an Meusel vor Entzücken kaum fassen, obwohl Goethe ihn doch in seiner Satire »Götter, Helden und Wieland« übel verspottet hatte: »Oh, bester Bruder, was soll ich Dir sagen? Wie ganz der Mensch beim ersten Anblick nach meinem Herzen war! Wie verliebt ich in ihn wurde, da ich am nämlichen Tage an der Seite des herrlichen Jünglings zu Tische saß!... Seit dem heutigen Morgen ist meine Seele so voll von Goethe wie ein Tautropfe von der Morgensonne.«

Und: »Ich muß Ihnen sagen, daß seit letzten Dienstag Goethe bei uns ist und daß ich den herrlichen Menschen binnen dieser drei Tage so herzlich liebgewonnen habe, so ganz durchschaue, fühle und begreife, so ganz voll von ihm bin... Goethe, den wir seit neun Tagen hier besitzen, ist das größte Genie und der beste, liebenswerteste Mensch, den ich kenne.«

Noch Anfang November, wenige Tage nach der Ankunft, stellt Karl August seinen Freund Goethe auch der Familie des von ihm zum Oberstallmeister beförderten Josias von Stein vor. Karl von Lyncker, ein Spielgefährte der Steinschen Söhne, beschrieb diesen ersten Besuch des Dichters bei Charlotte von Stein in seinen Memoiren: »Ich wurde dem Dr. Goethe bald nach seiner Ankunft bei der Oberstallmeisterin v. Stein, mit deren drei Söhnen ich viel Gemeinschaft hatte, als Knabe von acht Jahren... vorgestellt... Seine steife Haltung, die enge Bewegung seiner Arme und sein Perpendikulargang fielen allgemein auf.« Auch Charlottes ältester Sohn Karl erinnerte sich an den dämmrigen Novembernachmittag, an dem »der junge Doktor Goethe« die Wohnung seiner Eltern betrat: »Letzterer war eben angekommen und erregte Neugier.«

Bereits Anfang Dezember besuchte Goethe Frau von Stein in Großkochberg; hier wird sich wohl zum erstenmal die Gelegenheit zu längeren und intensiven Gesprächen ergeben haben. Goethe bedeuteten die Stunden mit Charlotte immerhin so viel, daß er zur Erinnerung auf die innere Platte ihres Schreibtisches schrieb: »Goethe, d. 6. Dez. 75.«

Zehn Jahre später schrieb Goethe an Charlotte von Stein: »... in dem alten Schlosse, wo ich sie ... zum erstenmal besuchte und wo sie mich durch ihre Liebe so fest hielt.« Doch Charlotte von Stein berichtete noch im März 1776 an Zimmermann: »Ich fühl's, Goethe und ich werden niemals Freunde. Auch seine Art, mit unsern(!) Geschlecht umzugehen, gefällt mir nicht. Er ist eigentlich, was man coquet nennt. Es ist nicht Achtung genug in seinem Umgang.«

Begegnung mit Goethe

»Ob's unrecht ist, was ich empfinde . . .«
1776

Am 7. November 1775 war Goethe in Weimar eingetroffen, um Herzog Karl August zu besuchen, ursprünglich war wohl nur an einen Aufenthalt von ein paar Monaten gedacht, doch bereits im Februar 1776 schrieb Goethe an Freunde in Frankfurt: »Ich werd auch wohl dableiben und meine Rolle so gut spielen als ich kann und so lang als mir's und dem Schicksal beliebt. Wär's auch nur auf ein paar Jahre, ist es doch immer besser als das untätige Leben zu Hause, wo ich mit der größten Lust nichts tun kann. Hier hab ich doch ein paar Herzogtümer vor mir. Jetzt bin ich dran, das Land kennenzulernen, das macht mir schon viel Spaß. Und der Herzog kriegt auch dadurch Liebe zur Arbeit, und weil ich ihn ganz kenne, bin ich über viel Sachen ganz und gar ruhig.« Eine nicht unerhebliche Rolle bei Goethes Entscheidung, in dem kleinen Städtchen zu bleiben, dürfte Charlotte von Stein gespielt haben, denn schon zu Beginn des Jahres 1776 bekannte er: »Eine herrliche Seele ist die Frau von Stein, an die ich so was man sagen möchte, geheftet und genistet bin.« Dennoch erscheint Goethes Entschluß zunächst schwer verständlich: Was hatten Weimar, der Herzog und Frau von Stein ihm schon zu bieten?

Weimar war immer noch ein Nest von etwa sechstausend Einwohnern in knapp siebenhundert Häusern, von denen die meisten einem Besucher, der Frankfurt und Straßburg kannte, als elende Hütten vorkommen mußten. Es gab keine gepflegten Straßen, viele enge, verwinkelte Gassen, schlechtes Pflaster, unterentwickelte Kanalisation und ein bis zur Ruine heruntergebranntes Schloß. Das ganze kleine

Gebilde wurde von einer Stadtmauer umschlossen, durch fünf Tore konnte man ein- oder ausfahren – alles wirkte eng, ärmlich, hoffnungslos veraltet, ja geradezu mittelalterlich. Mit interessanten Menschen schien Weimar auch nicht gesegnet zu sein, außer Wieland, Knebel, Anna Amalia, Herzogin Luise, Karl August, Frau von Stein, Fräulein von Göchhausen, der Hofdame der Herzoginwitwe, vielleicht noch den Kammerherren Einsiedel und Seckendorff, die beide ein wenig dichteten, gab es kaum adäquate Gesprächspartner.

Die normalen Bewohner der Stadt interessierten nicht, der dem Hof verbundene Adel und die Verwaltungsbeamten standen Goethe äußerst feindlich gegenüber. Man machte ihn für das wilde Treiben verantwortlich, mit dem der achtzehnjährige Herzog seine Umgebung in Schrecken versetzte. Karl August tobte sich aus, so als wolle er die übernommene Verantwortung noch nicht wahrhaben, und Goethe begleitete ihn bei seinen wilden Ritten auf die Dorffeste, zu den Zechgelagen. Da »Werthers Leiden« noch bei vielen Zeitgenossen als höchst gefährliches Buch galt und der »Götz« in seiner Sturm- und Drang-Vitalität etliche ältere, noch dem Rokoko verhaftete Gemüter abstieß, lag es auf der Hand, daß man den suspekten Dichter für das unwürdige »Genietreiben« verantwortlich machte, das zu Beginn des Jahres 1776 in Weimar inszeniert wurde.

Einige jüngere Kammerherren schlossen sich an, Anna Amalia nahm's auch nicht weiter tragisch, Luise dagegen fühlte sich zutiefst verletzt, zog sich noch mehr zurück und zweifelte wohl immer häufiger, ob sie richtig gehandelt hatte, als sie Karl August heiratete. Die Hofbeamten schäumten und verschlimmerten durch das Ausstreuen unglaublicher Gerüchte die ganze Angelegenheit noch mehr. Auch Charlotte von Stein konnte das Spiel, das da vor ihren Augen abrollte, nicht gutheißen. Es entsprach ganz und gar nicht ihrer Auffassung von höfischem Betragen, widerte die zur Vornehmheit und Dezenz erzogene Frau an, war ihr völlig unverständlich.

Im März 1776 berichtete sie Zimmermann empört über Goethes und Karl Augusts Benehmen, versuchte aber bereits, den Dichter zu verteidigen: »Goethe wird hier geliebt und gehaßt; Sie fühlen wohl, daß es hier genug Dickköpfe gibt, die ihn nicht verstehen... ich wünschte selbst, er möchte etwas von seinem wilden Wesen, darum ihn die Leute hier so schief beurteilen, ablegen, das im Grund zwar nichts ist, als daß er jagt, scharf reit't, mit der großen Peitsche klatscht, alles in Gesellschaft des Herzogs. Gewiß sind dies seine Neigungen nicht; aber eine Weile muß er's so treiben, um den Herzog zu gewinnen und dann Gutes zu stiften. So denk ich davon; er gab mir den Grund nicht an, verteidigte sich mit wunderbaren Gründen; mir blieb's, als hätt er unrecht. Er war sehr gut gegen mich, nennte mich im Vertrauen seines Herzens Du, das verwies ich ihm mit dem sanftesten Ton von der Welt, sich's nicht anzugewöhnen, weil es nun eben niemand wie ich zu verstehen weiß und er ohnedies oft gewisse Verhältnisse aus den Augen setz. Da springt er wild auf vom Kanapee, sagt: ›Ich muß fort!‹, läuft ein paarmal auf und ab, um seinen Stock zu suchen, find ihn nicht, rennt so zur Türe hinaus ohne Abschied, ohne Gutenacht. Sehen Sie, lieber Zimmermann, so war's heute mit unsern Freund. Schon einigemal habe ich bittern Verdruß um ihn gehabt; das weiß er nicht und soll's nie wissen... Ich habe erstaunlich viel auf meinem Herzen, das ich den(!) Unmenschen sagen muß. Es ist nicht möglich, mit seinen(!) Betragen kömmt er nicht durch die Welt... Und nun sein unanständ'ges Betragen mit Fluchen, mit pöbelhaften, niedern Ausdrücken. Auf ein moralisches, sobald es aufs Handeln abkommt, wird's vielleicht keinen Einfluß haben; aber er verdirbt andre. Der Herzog hat sich wunderbar geändert.

Gestern war er bei mir, behauptete, daß alle Leute mit Anstand, mit Manieren nicht den Namen eines ehrlichen Mannes tragen könnten!... Daher er auch niemanden mehr leiden mag, der nicht etwas Ungeschliffenes an sich hat. Das ist nun alles von Goethen...«

Dieser in sich widersprüchliche Brief zeigt, daß Goethe Charlotte von Stein nicht mehr gleichgültig war. Einerseits gibt sie zu, daß der Dichter auf den noch kindlichen Herzog einen starken Einfluß hat, der nicht zu begrüßen ist, andererseits versucht sie, Goethe zu entschuldigen, indem sie sich edle Motive für sein Handeln einredet. Sie muß ihm Vertraulichkeiten verbieten, sie kann es sich nicht leisten, von ihm geduzt zu werden, denn sie hat Rücksichten auf die Gesellschaft zu nehmen, der er durch sein Verhalten seine ganze Verachtung zeigt. Und wenn Goethe unhöflich zu ihr ist, leidet Charlotte, möchte aber vermeiden, daß er davon erfährt, denn er soll von ihrer Zuneigung nichts ahnen.

Goethe reagierte normalerweise auf Erziehungsversuche voller Ablehnung. Am 8. Mai 1776 hatte Klopstock ihm einen besorgten Brief voller Vorwürfe über das wilde Treiben in Weimar geschrieben: »Hier einen Beweis meiner Freundschaft, liebster Goethe. Er wird mir zwar ein wenig schwer, aber er muß gegeben werden. Lassen Sie mich nicht damit anfangen, daß ich es glaubwürdig weiß, denn ohne Glaubwürdigkeit würde ich schweigen. Denken Sie auch nicht, daß ich Ihnen, wenn es auf Ihr Tun und Lassen ankommt, einreden werde; auch das denken Sie nicht, daß ich Sie deswegen, weil Sie vielleicht in diesem oder jenem andere Grundsätze haben als ich, strenger beurteile. Aber Grundsätze, Ihre und meine, beiseite, was wird denn der unfehlbare Erfolg sein, wenn es fortwährt; der Herzog wird, wenn er sich ferner bis zum Krankwerden betrinkt, anstatt, wie er sagt, seinen Körper dadurch zu stärken, erliegen, und nicht lange leben. Es haben sich wohl starkgeborne Jünglinge, und das ist denn doch der Herzog gewiß nicht, auf diese Art früh hingeopfert. Die Deutschen haben sich bisher mit Recht über ihre Fürsten beschwert, daß diese mit ihren Gelehrten nichts zu schaffen haben wollen. Sie nehmen jetzo den Herzog von Weimar mit Vergnügen aus. Aber was werden andere Fürsten, wenn Sie in dem alten Ton fortfahren, nicht zu ihrer Rechtfertigung anzuführen haben? Wenn es nun wird geschehen sein, was ich fühle, das geschehen wird! Die Herzogin wird vielleicht ihren Schmerz jetzo noch niederhalten können, denn sie denkt sehr männlich. Aber dieser Schmerz wird Gram werden. Und läßt sich der denn auch etwa niederhalten? Louisens Gram, Goethe! Nein! rühmen Sie sich nur nicht, daß Sie lieben wie ich!... Es kommt auf Sie an, ob Sie dem Herzog diesen Brief zeigen wollen, oder nicht. Ich für mich habe nichts darwider. Im Gegenteil; denn da ist er gewiß noch nicht, wo man die Wahrheit, die ein treuer Freund sagt, nicht hören mag.«

Am 21. Mai antwortete Goethe dem älteren Dichter knapp und schroff: »Verschonen Sie uns ins Künftige mit solchen Briefen, lieber Klopstock! Sie helfen nichts, und machen uns immer ein paar böse Stunden. Sie fühlen selbst, daß ich nichts darauf zu antworten habe. Entweder müßte ich als Schulknabe ein pater peccavi anstimmen, oder mich sophistisch entschuldigen, oder als ein ehrlicher Kerl verteidigen, und dann käm vielleicht in der Wahrheit ein Gemisch von allen Dreien heraus, und wozu? Also kein Wort mehr zwischen uns über diese Sache! Glauben Sie, daß mir kein Augenblick meiner Existenz überbliebe, wenn ich auf all' solche Briefe, auf all' solche Anmahnungen antworten sollte.« Aufgrund dieser arroganten Zeilen kündigte Klopstock beleidigt Goethe die Freundschaft auf: »Sie haben den Beweis meiner Freundschaft so sehr verkannt, als er groß war, besonders deswegen, weil ich unaufgefordert mich höchst ungerne in das mische, was andere tun. Und da

Sie sogar unter all solche Briefe und all solche Anmahnungen (denn so stark drücken Sie sich aus) den Brief werfen, welcher diesen Beweis enthielt, so erklär' ich Ihnen hiermit, daß Sie nicht wert sind, daß ich ihn gegeben habe.«

Von Charlotte von Stein hingegen ließ Goethe sich – zwar auch immer wieder widerstrebend, schmollend, aufbrausend – mehr als zehn Jahre erziehen, in die Zucht nehmen; sie wurde ihm eine unersetzliche Lehrmeisterin. Was faszinierte den gerade Siebenundzwanzigjährigen an der sieben Jahre älteren Frau? Charlotte von Stein verfügte über keine herausragenden Geistesgaben, sie hatte die übliche Bildung für adlige Töchter genossen, sie war keine blendende Schönheit, sie wirkte durch eine unbefriedigende Ehe und die vielen, belastenden Schwangerschaften resigniert und müde; sie kränkelte und machte einen eher ernsten, lebensverneinenden Eindruck. Abgesehen davon, daß sie verheiratet war, also eine Liebelei mit ihr nicht die von Goethe gefürchtete Konsequenz einer Ehe nach sich ziehen konnte, besaß Charlotte von Stein nichts, was es sofort erklärlich macht, daß der ungestüme Freund des Herzogs sich in die distanzierte Hofdame verliebte und ihr bereits ab Januar 1776 zärtliche Briefe und Zettelchen schrieb.

Ein ganz frühes Billett legt sogar die Vermutung nahe, daß Goethe alte – von ihm verfaßte oder an ihn gerichtete – Liebesbriefe Charlotte von Stein zur Lektüre überließ. Schon am 22. Januar nannte er sie seine »Besänftigerin«, und das wahrscheinlich früheste Zettelchen spricht bereits das Hauptproblem dieser Beziehung in den ersten Jahren an: »Und wie ich Ihnen meine Liebe nie sagen kann, kann ich Ihnen auch meine Freude nicht sagen.«

Frau von Stein verwies Goethe nicht nur in die von Konventionen aufgerichteten Schranken, sie vermochte auch zunächst nicht an die Aufrichtigkeit seiner Zuneigung, seiner Liebesbeteuerungen zu glauben, denn er drückte noch viele Hände und küßte viele hübsche Mädchen; das »Miseln« war ihm Lebensbedürfnis.

Goethe scheute sich auch nicht, Charlotte zu berichten, daß er auf einer Redoute, auf der sie fehlte, heftig flirtete, um seinen Schmerz über die Abwesenheit der Freundin zu betäuben. »Endl(ich) fing ich an zu miseln, und da gings besser. Die Liebelei ist doch das probatste Palliativ in solchen Umständen. Ich log und trog mich bei allen hübschen Gesichtern herum und hatte den Vorteil, immer im Augenblick zu glauben, was ich sagte.«

Ein solches Verhalten mußte auf Charlotte von Stein einen unzuverlässigen, kindischen, unausgegorenen Eindruck machen, wie sollte sie da seinen Beteuerungen Glauben schenken: »Ich muß Dir's sagen, Du einzige unter den Weibern, die mir eine Liebe in's Herz gab, die mich glücklich macht«, »Du Einzige, die ich so lieben kann, ohne daß mich's plagt...«, »Lassen Sie's gut sein, weil ich doch nun einmal die Schwachheit für die Weiber haben muß, will ich sie lieber für Sie haben als für eine andere«, oder seinen Bitten nachgeben: »Denk an mich und drück Deine Hand an die Lippen...«, »Geduld, liebe Frau, ach und ein bißgen Wärme, wenn Sie an Ihren Gustel denken, es verschlägt Sie ja nichts...«.

In einem kleinen dramatischen Scherz behandelte Charlotte von Stein Goethes Wirkung auf die Weimarer Damenwelt, sein Flattern von einer zur andern, die aufkommenden Eifersüchteleien; Goethe wird als Ryno präsentiert, Anna Amalia als Adelheide, Fräulein von Göchhausen als Thusnelde, die Gräfin von Werthern als Kunigunde und Charlotte von Stein als Gertrud.

Gertrud (auf Ryno deutend):
Ich bin ihm zwar gut, doch, Adelheide, glaub mirs nur,
Er geht auf aller Frauen Spur,

Ist wirklich, was man eine Kokette nennt.
Gewiß, ich hab' ihn nicht verkennt.

Adelheide:
Du sollst mit Deiner Lästerung schweigen,
Sonst werd' ich Dir noch heut' meine Ungnade zeigen.
Hat Dir gewiß was nicht recht gemacht?

Thusnelde:
Und wer hat Dich denn zu den Gedanken gebracht?
Sag' doch, die Du keine Heilige bist,
Warum er Dir so gleichgültig ist?
Willst gewiß dahinter was verstecken.

Gertrud:
Nun über der Mädchen ihr Necken!
Für mich ist die Liebe vorbei.
Auch schein' ich ihm sehr einerlei.
(...)

Adelheide:
Heut' kommt der Freund zu mir
Und ich laß ihn weder Dir noch Dir,
Will mich ganz allein an ihm laben,
Und Ihr sollt' nur das Zuseh'n haben.

Thusnelde:
Wissen das recht gut zu versteh'n,
Wird auch wohl nach keiner von uns seh'n.

Kunigunde (mit einem Seufzer):
Ich muß ihn wohl Dir zedieren,
Denn meine Augen können ihn am wenigsten rühren.

Gertrud:
Er hat mir wohl so mancherlei gesagt,
Daß, hätt' ich es nicht reiflich überdacht,
Ich wär' stolz auf seinen Beifall worden.
Doch treibt ihn Liebe immer fort;
Ein neues Mädchen an jedem Ort.
Die schönen Augen sind gleich sein Orden;

Vor Dir muß er manch' zärtlich Herz ermorden.
So ist er gar nicht Herr von sich;
Der arme Mensch, er dauert mich.
Thusnelde:
Wie sie nun wieder ihre Weisheit purgiert!
Ach Kind, Du wirst von Dir selbst an der Nase geführt.
Hättst Du Billets, wie unser eins!
Gertrud:
Und glaubst Du denn, ich hätte keins?
Thusnelde:
Nun, so weis doch Dein portefeuille! *(Gertrud weist's)*
Adelheide:
Wahrhaftig, so ein dick Paket wie ich!
Kunigunde:
Und ebenso viel, als er schrieb an mich.
Thusnelde:
Und meine dazu, so wird's ein recueil!«

Nimmt man noch die Worte hinzu, die Ryno bei seinem ersten Auftreten spricht, als er die Hofgesellschaft erblickt (»Sind da eine Menge Gesichter herum/Scheinen alle recht adlig gänsedumm«), so kann man diese kleine »Matinee« getrost als ein Zeugnis dafür nehmen, wie Charlotte von Stein am Anfang des Jahres 1776 Goethe sah und was er ihr bedeutete.

Mitleidig betrachtete sie seinen Zwang zum Liebeln, mitleidig auch die Damen der Hofgesellschaft, die auf seine süßen Worte und schönen Augen hereinfielen. Sie konstatierte sein ungezogenes Betragen, seine Vorurteile gegen die Mitglieder des Hofes, hielt sich abseits und betrachtete skeptisch, auch ein wenig selbstgerecht und besserwisserisch, das letztlich doch amüsante Geschehen.

Aber Goethe bestürmte Charlotte tagaus, tagein mit den zärtlichsten Briefen, mit den heftigsten Liebesbeteuerungen, ganz unempfindlich konnte da auch die kühle Frau Oberstallmeisterin nicht bleiben. Da sie aber der Überzeugung »Erlaubt ist, was sich schickt« verpflichtet war, mußte sie die Leidenschaft des jungen Dichters unbehaglich stimmen; sie hatte ihn stets in seine Schranken zu weisen und ihn zu »besänftigen«. Die Schwierigkeiten, die sich daraus ergaben und die Charlotte bereits im März 1776 Zimmermann berichtete, wurden, als Goethe bald ein täglicher Gast im Steinschen Haus war, nicht geringer. Man lebte in Weimar eng zusammen, die Mitglieder der Hofgesellschaft kannten sich, besuchten sich regelmäßig, man hatte viel überflüssige Zeit, und Müßiggang fördert die Klatschsucht. Wer nichts zu tun hat, kümmert sich übermäßig um die Angelegenheiten seiner Mitmenschen! Aber eine Charlotte von Stein, geb. von Schardt, hatte nicht ins Gerede zu kommen.

Goethe wurde immer fester durch Karl August an Weimar gebunden. Der Herzog schenkte seinem Freund ein kleines Haus mit Garten im Park an der Ilm, berief ihn als Geheimen Legationsrat in die Hofverwaltung und setzte sich damit gegen die älteren Beamten durch. Im März 1776 hatte Johann August von Kalb an Goethes Eltern, mit denen er befreundet war, von den Absichten des Herzogs hocherfreut berichtet: »Die wechselseitige Neigung des Herzogs gegen Ihren vortrefflichen Sohn, das ohnumschränkte Vertrauen, so er in ihn setzt, macht es beiden ohnmöglich, sich voneinander zu trennen. Nie würde er darauf verfallen sein, meinem Goethe eine andere Stelle, einen andern Charakter als denn von seinem Freunde anzutragen; der Herzog weiß zu gut, daß alle andere(!) unter seinem Werte sind, wenn nicht die hergebrachte Formen solches nötig machten. Mit Beibehaltung seiner gänzlichen Freiheit, der Freiheit, Urlaub zu nehmen, die Dienste ganz zu verlassen, wann er will, wird unser junger edler Fürst, in der Voraussetzung, daß Sie unfähig sind, Ihre Einwilligung dazu zu versagen, Ihren

Goethes Gartenhaus am Stern
Zeichnung von G. M. Kraus

Sohn unter dem Titel eines Geheimden Legationsrats und mit einem Gehalt von 1200 Talern in sein Ministerium ziehen.« Und Wieland meldete entzückt am 25. März 1776: »Goethe bleibt wohl nun hier, solange K(arl) A(ugust) lebt, und möchte das bis zu Nestors Zeiten währen!... Für mich ist kein Leben mehr ohne diesen wunderbaren Knaben, den ich als meinen eingebornen, einzigen Sohn liebe und, wie einem echten Vater zukommt, meine innige Freude daran habe, daß er mir so schön übern Kopf wächst und alles das ist, was ich nicht habe werden können.«

Im Mai bezog Goethe sein Gartenhaus, er kümmerte sich ab Juni intensiv um die ihm vom Herzog übertragenen Aufgaben, aber es dauerte noch lange, bis er seine Gegner pazifiert hatte; und er hörte nicht auf, Charlotte von Stein fast täglich zu schreiben. Die Briefe aus dem Frühjahr deuten darauf hin, daß Goethe der angebeteten Frau wieder Lebenslust vermitteln, ihre Resignation brechen wollte. Am 25. März schrieb er ihr von einer kurzen Reise: »Hinter Naumburg ging mir die Sonne entgegen auf! Liebe Frau, ein Blick voll Hoffnung, Erfüllung und Verheißung – die Morgenluft so erquickend, der Duft zwischen den Felsen so schauerlich. Die Sonne so golden blickend als je. – Nicht diesen Augen nur, auch diesem Herzen – Nein! es ist der Born, der nie versiegt. Das Feuer, das nie verlischt, keine Ewigkeit nicht! beste Frau, auch in Dir nicht, die Du manchmal wähnst, der heilige Geist des Lebens habe Dich verlassen«, und am 31. März: »Wenn ich nur den tiefen Unglauben Ihrer Seele an sich selbst begreifen könnte, Ihrer Seele, an die Tausende glauben sollten, um selig zu werden.«

Es scheint Goethe gelungen zu sein, Charlotte von Stein aus ihrer Resignation zu lösen, ihr begreiflich zu machen, daß für sie das Leben – trotz der vielen Enttäuschungen – noch nicht vorbei sei. Ende Oktober schrieb er das kleine einaktige Schauspiel »Die Geschwister«, das die Beziehung zur Frau des Oberstallmeisters verschlüsselt widerspiegelt. Goethe hat das Drama ausdrücklich als ein Stück angesehen, das nur für ihn, Charlotte und wenige Auserwählte bestimmt war. Am 2. Dezember bat er Frau von Stein: »Daß mir die Herzogin Luise die ›Geschwister‹ nicht weitergibt oder sonst – Eh sie nach Gotha geht, lassen Sie sich's wiedergeben, es muß uns bleiben.« Außer der Herzogin, die Goethe auch als Frau verehrte, durften »Die Geschwister« zunächst nur noch Goethes Eltern und selbstverständlich seine geliebte Schwester Cornelia lesen. Auch ihnen wird die Weiterverbreitung verboten. Goethe beschwor seine Mutter am 6. November: »Hier habt Ihr ein klein Blümlein Vergißmeinnicht. Lest's! laßt's den Vater lesen, schickt's der Schwester, und die soll mir's wiederschicken. Niemand soll's abschreiben. Und das soll heilig gehalten werden ...«

Das Schauspiel behandelt die Liebe zwischen angeblichen Geschwistern: Wilhelm lebt mit Marianne, die glaubt, seine Schwester zu sein, zusammen. Das Mädchen ist in Wirklichkeit die Tochter einer verstorbenen Geliebten Wilhelms, einer Witwe, die einen großen Einfluß auf ihn ausübte. Diese Frau hieß Charlotte; einen Brief von ihr, geschrieben »in den ersten Tagen unserer Bekanntschaft«, liest Wilhelm seinem Freund Fabrice vor, darin heißt es: »Die Welt wird mir wieder lieb ... ich hatte mich so los von ihr gemacht, wieder lieb durch Sie. Mein Herz macht mir Vorwürfe; ich fühle, daß ich Ihnen und mir Qualen zubereite. Vor einem halben Jahre war ich so bereit zu sterben, und ich bin's nicht mehr.« Es spricht viel für die Annahme, daß Goethe hier einen Brief Charlottes an ihn zitiert: sowohl die aus Mattigkeit geborene Todessehnsucht wie auch die Angst, den Freund mit der neuen Lebensfreude quälen zu müssen. – Das Drama endet mit der glücklichen Vereinigung Wilhelms und Mariannes, die endlich erfährt, daß

sie ihren »Bruder«, zu dem sie sich so unerklärlich hingezogen fühlt, lieben darf. (»Ach, du warst in abgelebten
Zeiten/Meine Schwester oder meine Frau.«)

Am 14. April 1776 sandte Goethe dann ein Gedicht an
Charlotte von Stein, das – merkwürdig hellsichtig – ihre
Beziehung beschreibt: die Beglückungen, die Schwierigkei-
ten, das nicht zu vermeidende Scheitern.

> Warum gabst du uns die tiefen Blicke,
> Unsre Zukunft ahndungsvoll zu schaun,
> Unsrer Liebe, unserm Erdenglücke
> Wähnend selig nimmer hinzutraun?
> Warum gabst uns, Schicksal, die Gefühle,
> Uns einander in das Herz zu sehn,
> Um durch all die seltenen Gewühle
> Unser wahr Verhältnis auszuspähn?
>
> Ach, so viele tausend Menschen kennen,
> Dumpf sich treibend, kaum ihr eigen Herz,
> Schweben zwecklos hin und her und rennen
> Hoffnungslos in unversehnem Schmerz;
> Jauchzen wieder, wenn der schnellen Freuden
> Unerwart'te Morgenröte tagt.
> Nur uns armen liebevollen beiden
> Ist das wechselseit'ge Glück versagt,
> Uns zu lieben, ohn uns zu verstehen,
> In dem andern sehn, was er nie war,
> Immer frisch auf Traumglück auszugehen
> Und zu schwanken auch in Traumgefahr.
>
> Glücklich, den ein leerer Traum beschäftigt!
> Glücklich, dem die Ahndung eitel wär!
> Jede Gegenwart und jeder Blick bekräftigt
> Traum und Ahndung leider uns noch mehr.

Sag, was will das Schicksal uns bereiten?
Sag, wie band es uns so rein genau?
Ach, du warst in abgelebten Zeiten
Meine Schwester oder meine Frau.

Kanntest jeden Zug in meinem Wesen,
Spähtest, wie die reinste Nerve klingt,
Konntest mich mit *einem* Blicke lesen,
Den so schwer ein sterblich Aug durchdringt;
Tropftest Mäßigung dem heißen Blute,
Richtetest den wilden irren Lauf,
Und in deinen Engelsarmen ruhte
Die zerstörte Brust sich wieder aus;
Hieltest zauberleicht ihn angebunden
Und vergaukeltest ihm manchen Tag.
Welche Seligkeit glich jenen Wonnestunden,
Da er dankbar dir zur Füßen lag,
Fühlt' sein Herz an deinem Herzen schwellen,
Fühlte sich in deinem Auge gut,
Alle seine Sinne sich erhellen
Und beruhigen sein brausend Blut!

Und von allem dem schwebt ein Erinnern
Nur noch um das ungewisse Herz,
Fühlt die alte Wahrheit ewig gleich im Innern,
Und der neue Zustand wird ihm Schmerz.
Und wir scheinen uns nur halb beseelet,
Dämmernd ist um uns der hellste Tag.
Glücklich, daß das Schicksal, das uns quälet,
Uns doch nicht verändern mag!«

Ebenfalls im April 1776 hatte Goethe an Wieland, staunend
über die Wirkung Frau von Steins auf ihn und nach Erklä-
rungen suchend, schreiben wollen; das überlieferte Brief-

fragment lautet: »Ich kann mir die Bedeutsamkeit – die Macht, die diese Frau über mich hat, anders nicht erklären, als durch die Seelenwanderung. – Ja, wir waren einst Mann und Weib! – Nun wissen wir von uns – verhüllt, in Geisterduft. – Ich habe keinen Namen für uns – die Vergangenheit – die Zukunft – das All.«

Nur mögliche Gründe abgerissen-stammelnd vermochte Goethe vorzubringen; ihm selbst war nicht klar, wieso er sich mit solcher Leidenschaft zu Charlotte von Stein hingezogen fühlte, zu einer Frau, die ihn abwies, die ihm die kleinsten Vertraulichkeiten verbot, die alles das an höfischem Benehmen, an vornehmer Zurückhaltung, an distanzierter Kühle besaß, was er vehement abzulehnen vorgab, zu einer Frau, die – glauben wir den Briefen Goethes vom Frühjahr 1776 – nur forderte und nichts gab.

»Wir können einander nichts sein und sind einander zu viel«, »Ich seh Dich eben künftig, wie man Sterne sieht!«, »Adieu, liebe Schwester, weil's denn so sein soll«, ». . . sollst auch Ruh vor mir haben«, ». . . da meine Liebe für Sie eine anhaltende Resignation ist . . .«, »Wenn ich mit Ihnen nicht leben soll, so hilft mir Ihre Liebe so wenig, als die Liebe meiner Abwesenden, an der ich so reich bin«.

Das alles klingt nicht nach freudigem Verliebtsein, nach gemeinsamem Glück. Immer wieder schrieb Goethe von der unglücklichen, verqueren Situation: er liebte Charlotte und durfte sie nicht lieben, durfte seine Zärtlichkeit nicht zeigen, mußte sich immer wieder zurücknehmen, sich Zurechtweisungen und Tadel gefallen lassen und dennoch anerkennen: »Sie sind sich immer gleich, immer die unendliche Lieb und Güte«, »Ich danke Ihnen, daß Sie so viel besser gegen mich sind, als ich's verdiene«.

Ende Mai berichtete Goethe seiner Brieffreundin Auguste Gräfin zu Stolberg: »Ich aß mit dem Herzog, nach Tisch ging ich zur Frau v. Stein, einem Engel von einem Weibe . . .

der ich so oft die Beruhigung meines Herzens und manche der reinsten Glückseligkeiten zu verdanken habe.«

Beruhigt, besänftigt hat Charlotte von Stein den jungen Mann. Sie hat ihn nicht nur, was seine Liebe zu ihr betraf, auf Distanz gehalten, sondern auch sonst seinem ungestümen Wesen Einhalt geboten, ihm das Geniegebaren abgewöhnt, ihn zurechtgestutzt. Die Rolle der ratenden, helfenden, manchmal schimpfenden Schwester war bei diesem Erziehungsgeschäft eine hilfreiche Konstruktion, eine Vorstellung, mit der sich Charlotte von Stein auch selbst beruhigte. Das Gedicht, das Goethe ihr am 14. April schickte, bestätigte ihr aber nicht nur, daß ihre Schule des höfischen, beherrschten Benehmens einen dankbaren Zögling gefunden hatte, sondern mußte ihr auch klarmachen, daß der Dichter ihrer Beziehung nicht traute und dieser ach so komplizierten Liebe keine wirkliche Überlebenschance zugestand.

> Warum gabst du uns die tiefen Blicke,
> Unsre Zukunft ahndungsvoll zu schaun,
> Unsrer Liebe, unserm Erdenglücke
> Wähnend selig nimmer hinzutraun?«

Das Wohltuende des Verhältnisses ist im Gedicht verlegt in eine vage Vergangenheit, in »abgelebte Zeiten«, und damals agierte die Schwester oder Frau als Besänftigerin, der er dankbar »zu Füßen lag«. Die verschwommene Erinnerung und der – auch im Brief an Wieland heraufbeschworene – Gedanke der Seelenwanderung sollen die gegenwärtige Lage erklären helfen. Der Dichter fühlte sich merkwürdig von der beruhigenden Frau angezogen, aber er vermochte nicht an eine glückliche, »normale« Liebe mit ihr zu glauben. Denn diese Liebe beglückte nicht, sie schmerzte, sie quälte, war aber dennoch unabänderlich.

Und von allem dem schwebt ein Erinnern
Nur noch um das ungewisse Herz,
Fühlt die alte Wahrheit ewig gleich im Innern,
Und der neue Zustand wird ihm Schmerz.
Und wir scheinen uns nur halb beseelet,
Dämmernd ist um uns der hellste Tag.
Glücklich, daß das Schicksal, das uns quälet,
Uns doch nicht verändern mag!

Ob Charlotte von Stein die tiefe Resignation des Gedichts
verstand? Oder ob sie in den Klagen nur wieder die Klagen
des drängenden Liebhabers sah?

Am 10. Mai erstattete Charlotte wieder einmal Bericht an
Zimmermann über das Leben in Weimar, vor allem über
ihre Beziehung zu Goethe: »Mir geht's mit Goethen wunderbar. Nach acht Tagen, wie er mich so heftig verlassen
hat, kommt er mit einem Übermaß von Liebe wieder.« Das
Sprunghafte, Launische hatte sie ihrem jungen Verehrer augenscheinlich noch nicht ganz abgewöhnen können. Aber
sie selbst hatte sich – zunächst nur in einer äußerlichen
Kleinigkeit – geändert; sie schrieb nun ihre Briefe in
Deutsch, obwohl in adligen Kreisen normalerweise auf
französisch korrespondiert wurde; und Charlotte schien zu
ahnen, daß diese Veränderung nicht die letzte sein würde,
die sie durch Goethe erfahren sollte: »Ich bin durch unsern
lieben Goethe ins Deutsch-Schreiben gekommen, wie Sie
sehen, und ich dank's ihm. Was wird er wohl noch mehr aus
mir machen? Denn, wenn er hier, lebt er immer um mich
herum.« Aber: »Jetzt nenn ich ihn meinen Heiligen, und
darüber ist er mir unsichtbar worden, seit einigen Tagen
verschwunden, und lebt in der Erde fünf Meilen von hier in
Bergwerke...« Um den Abstand zu wahren, hatte Charlotte
sich nicht mehr mit der Schwester-Bruder-Erklärung zu-
friedengegeben, sondern den Dichter zu ihrem Heiligen

ernannt. Er verstand nun und begab sich auf eine Inspektion des Bergwerks in Ilmenau, obwohl er mit Charlottes Spiel nicht einverstanden war: »Du hast recht, mich zum Heiligen zu machen, das heißt, mich von Deinem Herzen zu entfernen. Dich, so heilig Du bist, kann ich nicht zur Heiligen machen, und hab nichts, als mich immer zu quälen, daß ich mich nicht quälen will. Siehst Du, die treffl(ichen) Wortspiele . . . Gut, ich will Dich nicht sehen!«

Am 25. Juni fuhr Charlotte wieder nach Bad Pyrmont, und Goethe vermißte sie sehr: »Sie fehlen mir an allen Ecken und Enden, und wenn Sie nicht bald wiederkommen, mach ich dumme Streiche . . . Ich habe gar nichts, was mich in linde Stimmung setzt.« Nachdem Frau von Stein zurückgekehrt war und Goethe, der sich mit dem Herzog in Ilmenau aufhielt, sie getroffen hatte, schrieb er an Herder: »Den Engel, die Stein, hab ich wieder, sie ging über Meiningen und Ilmenau zurück nach Weim(ar). Einen ganzen Tag ist mein Aug nicht aus dem ihrigen kommen, und mein gnomisch verschlossen Herz ist aufgetaut.« Goethe bekannte somit einem Freund die Macht, die Charlotte über ihn hatte, daß nur sie allein in ihm Empfindungen wecken konnte, sowie nur sie allein ihn auch beruhigen konnte.

Auch der geliebten Frau versuchte er, die Wirkung seines Zusammentreffens mit ihr – nach Wochen der Sehnsucht – zu verdeutlichen; er beschrieb ihr seine Stimmung und widmete ihr Verse. Wiederum sprach er das Gespaltene, Merkwürdige in ihrem Verhältnis an, das ihm so viel Verdruß bereitete, ihn aber auch faszinierte: »Deine Gegenwart hat auf mein Herz eine wunderbare Würkung gehabt, ich kann nicht sagen, wie mir ist! Mir ist wohl und doch so träumig. Zeichnen konnte ich gestern nicht. Ich saß auf Wizlebens Felsen, die herrlich sind und konnt nichts hervorbringen, da schrieb ich Dir:

Ach wie bist du mir,
Wie bin ich dir geblieben!
Nein, an der Wahrheit
Verzweifl ich nicht mehr.
Ach, wenn du da bist,
Fühl ich, ich soll dich nicht lieben.
Ach, wenn du fern bist,
Fühl ich, ich lieb dich so sehr.

. . . Dein Verhältnis zu mir ist so heilig sonderbar, daß ich erst recht bei dieser Gelegenheit fühlte: es kann nicht mit Worten ausgedrückt werden, Menschen können's nicht sehen.«

Charlotte von Stein mochte Goethe in der ersten Zeit ihrer Beziehung wohl zugeraten haben, sich in eine junge Frau zu verlieben, die er heiraten könne. Geschickt spielte Goethe mit diesem Gedanken, um gleichzeitig auch die Eifersucht Charlottes zu schüren: »Deine Schwester . . . ist ein liebes Geschöpf, wie ich eins für mich haben mögte, und dann nichts weiter geliebt.« Am 25. März in einem Brief aus Leipzig taucht dann zum ersten Mal der Name Corona Schröter auf – als potentielle Ehekandidatin: »Die Schröter ist ein Engel – Wenn mir doch Gott so ein Weib bescheren wollte, daß ich Euch konnt in Frieden lassen. – Doch sie sieht Dir nicht ähnlich genug.«

Die schöne Sängerin und Schauspielerin Corona Schröter, die im November 1776 als Kammersängerin Anna Amalias nach Weimar übersiedelte, beschäftigte nicht nur Goethe, der immer mehr von ihr entzückt war – trotz Charlotte. Viele ernsthafte Verehrer bemühten sich um die Hand der Künstlerin, die jedoch alle Anträge ablehnte und – streng auf ihren guten Ruf achtend – mit einer Freundin als Anstandsdame zurückgezogen lebte. Auch Herzog Karl August, der sie gerne als Maitresse gewonnen hätte und sich dadurch Goethes Zorn zuzog, scheiterte. Er äußerte sich später männlich-abfällig über die Frau, die ihn abgewiesen hatte: »Marmorschön, aber marmorkalt.«

Mit Corona Schröter wurde das Theaterleben Weimars wieder lebendig. Denn Corona, die mit vierzehn Jahren ihr erstes öffentliches Konzert gegeben hatte, wandte sich als Vierundzwanzigjährige immer mehr dem Schauspiel zu, weil sie wußte, daß ihre wohlklingende, aber nicht starke Stimme nachließ. Wegen ihrer blendenden Erscheinung, ihrer vornehmen Haltung und – nicht zuletzt – wegen ihrer Bildung war die Schauspielerin Corona Schröter eine Bereicherung für Weimar. Und da sie, zu einer Zeit, als der Schauspielerstand noch keine allgemeine Anerkennung gefunden hatte und die Damen von der Bühne nicht unbedingt als »reputierlich« galten, ein vorbildlich-tugendhaftes Leben führte, war sie auch am Hofe gern gesehen. Als Corona Schröter nach Weimar kam, gab es dort nur noch ein Liebhabertheater, das sich aus den adligen Mitgliedern der Hofgesellschaft und einigen jüngeren Verwaltungsbeamten zusammensetzte. Charlottes Mann, Josias von Stein, war als Darsteller wegen seiner eleganten Figur und seiner großen Begabung für tänzerische Einlagen sehr begehrt. Das Repertoire der Laienbühne bestand in dem Jahr, in dem Goethe nach Weimar kam, hauptsächlich aus französischen Komödien, Singspielen und Balletten.

Aber der Weimarer Hof hatte noch 1756/57 sein eigenes deutsches Schauspiel besessen, eine Seltenheit für die damalige Zeit, in der deutsche Fürsten nichts so sehr liebten wie italienische Opern und französische Dramen. Anna Amalia und ihr Mann, Ernst August Konstantin, hatten im Juli 1756 die Döbbelinsche Truppe engagiert, die in Belvedere im Sommer und in Weimar ab Oktober dreimal die Woche spielte: Haupt- und Staatsaktionen, Übersetzungen aus dem Italienischen und Französischen, Schäferstücke, Possen und Huldigungsdramen über das Herzogspaar.

Corona Schröter
Stahlstich von Auguste Hüssener

Auch nachdem der Impresario Karl Theodor Döbbelin im Mai 1757, aufgrund von Intrigen, entlassen wurde, blieben die Schauspieler, die nun vom Hof direkt bezahlt wurden und von zwei Hofbeamten ihre Anweisungen empfingen. Am letzten Geburtstag des jungen Herzogs (2. Juni 1757) spielte man Goldonis »Der Kavalier und die Dame«, um dieses Ereignis festlich zu begehen. Doch ein Jahr später waren mit dem Tod Konstantins die Theatervergnügungen vorbei. Erst 1767 kamen wieder Schauspieler in die Stadt, und ab September 1768 spielte die berühmte Kochsche Gesellschaft, die bis zum Frühsommer 1771 blieb, gefolgt im Herbst von der noch renommierteren Truppe Abel Seylers, die im Theatersaal des Schlosses, der etwa hundert Personen faßte, spielte. Der »Star« dieser Schauspielergesellschaft war Konrad Ekhof. Am 28. Mai 1773 wurde von der Seylerschen Gesellschaft die erste deutsche Oper »Alceste« uraufgeführt, der Text stammte von Wieland, die Musik von Anton Schweitzer. Weimar hatte Theatergeschichte geschrieben! Aber am 6. Mai 1774 brannte die Wilhelmsburg, das Weimarer Schloß, bis auf die Grundmauern nieder, auch der Theatersaal war nicht mehr zu gebrauchen. Die Seylersche Truppe wurde – auf die Fürsprache Anna Amalias hin – vom Herzog von Gotha aufgenommen. In den folgenden Jahren mußte sich die Weimarer Hofgesellschaft mit gelegentlichen Liebhaberaufführungen begnügen, auch Charlotte von Stein übernahm einmal eine Rolle in Cumberlands »Westindier«. Es bedeutete schon einen Glücksfall, in Corona Schröter eine ausgebildete Bühnenkünstlerin zu gewinnen, der Goethe später (1782) in einem Gedicht huldigte:

> Als eine Blume zeigt sie sich der Welt;
> Zum Muster wuchs das schöne Bild empor,
> Vollendet nun, sie ist's und stellt es vor.

Es gönnten ihr die Musen jede Gunst,
Und die Natur erschuf in ihr die Kunst.
So häuft sie willig jeden Reiz auf sich,
Und selbst dein Name ziert, *Corona*, dich.

Und mit dieser jungen, schönen und begabten Frau wollte
Goethe Charlotte von Steins Eifersucht schüren, er, der
selbst Eifersuchtsqualen litt, als die Freundin im September
1776 Lenz um einen Besuch in Großkochberg bat, während
sie es Goethe untersagte, zu ihr aufs Land zu kommen.
Verbittert schrieb er ihr: »Adieu, ich werde nicht nach Kochberg kommen, denn ich verstund Wort und Blick.«

»Ich schick Ihnen Lenzen, endlich hab ich's über mich
gewonnen. O, Sie haben eine Art zu peinigen wie das
Schicksal, man kann sich nicht darüber beklagen, so weh es
tut. Er soll Sie sehn, und die zerstörte Seele soll in Ihrer
Gegenwart die Balsamtropfen einschlürfen, um die ich alles
beneide. Er soll mit Ihnen sein – Er war ganz betroffen, da
ich ihm sein Glück ankündigte, in Kochberg mit Ihnen sein,
mit Ihnen gehen, Sie lehren, für Sie zeichnen, Sie werden
für ihn zeichnen, für ihn sein. Und ich – zwar von mir ist die
Rede nicht, und warum sollte von mir die Rede sein – ...
von mir hören Sie nun nichts weiter, ich verbitte mir auch
alle Nachricht von Ihnen oder Lenz.«

Es mußte Goethe arg verstimmen, daß ausgerechnet sein
schwieriger Bekannter aus der Straßburger Zeit, Jakob Michael Reinhold Lenz, einige Zeit bei Charlotte von Stein
verbringen durfte, während er weiterhin auf Distanz gehalten wurde. Lenz, manisch in seiner Goetheverehrung und
Goethenachahmung, war im Frühjahr 1776 auf den Spuren
seines von ihm verehrten Freundes in Weimar aufgetaucht
und zunächst auch freundlich aufgenommen worden. Sein
exaltiertes, fratzenhaftes Gebaren, das auf seine spätere
Geisteskrankheit hinwies, wurde fürs erste nachsichtig to-

leriert. Daß er sich nicht vornehm zu benehmen wußte und bei Hofe so manchen Fauxpas beging, störte Goethe an Lenz. Denn er hatte ja durch die Erziehung Charlottes so einiges an wildem Betragen verloren. Teils aus Mitleid mit dem verstörten jungen Mann, teils, um ihn von der höfischen Gesellschaft zu entfernen, und sicherlich auch, um Goethe, der sich nicht an ihre Vorschriften, wie er ihr zu begegnen hatte, gehalten hatte, zu bestrafen, lud Charlotte von Stein Lenz im Herbst 1776 ein, mit ihr in Großkochberg Englisch zu lernen. Dies mußte Goethe um so heftiger schmerzen, hatte er doch die Sprachstudien mit der geliebten Frau erst vor wenigen Monaten angeregt.

Und Lenz fühlte sich selig in der Nähe Charlottes, konnte sein Glück kaum fassen, begriff Goethes Verbot, ihm zu schreiben, überhaupt nicht und schickte ihm schon in den ersten Tagen seines Aufenthalts bei Frau von Stein einen jubelnden Brief: »Ich bin zu glücklich, Lieber, als daß ich Deine Ordres Dir von mir nichts wissen zu lassen, nicht brechen sollte ... Ich schreibe Dir dies vor Schlafengehen, weil ich in der Tat bei Tage keinen Augenblick so recht dazu finden kann. Dir alle die Feerei zu beschreiben, in der ich itzt existiere, müßte ich mehr Poet sein als ich bin ... Mit dem Englischen geht's vortrefflich. Die Frau von Stein find meine Methode besser als die Deinige.«

Nachdem auch Frau von Stein einige von ihr getuschte Zeichnungen an Goethe schickte, bequemte sich dieser, einen Brief nach Großkochberg dem Boten mitzugeben, in dem er versucht, Lenz den Aufenthalt bei Charlotte zu gönnen, aber dennoch klagen muß: »Lohn's Gott, was Sie für Lenzen tun. Ich bin in einem unendlich reinen Mittelzustand ohne Freud und Schmerz, zusammengepackt von tausenderlei Umständen, ohne gedrängt zu sein.« Zwei Tage später schrieb Goethe schmollend: »Ich möchte jetzt übers Evangelium des 1. Sonnt(ages) nach Trinitatis predi-

Jakob Michael Reinhold Lenz
Kopie einer Tuschzeichnung von J. H. Pfenniger,
1777/78

gen, das sollt ein trefflich Stück werden.« Diese spitze Bemerkung, die wohl darauf zielt, daß er sich – fern von Charlotte – mit dem armen Lazarus vergleichen kann, während Lenz, der bei ihr sein darf, ihm wie der reiche Mann im biblischen Gleichnis vorkommt, zeigt noch einmal, wie tief Goethe verletzt war durch die Zurücksetzung, die Charlotte ihm zuteil werden ließ.

Doch Ende November mußte Lenz wegen eines großen gesellschaftlichen Fehlers, wegen irgendeiner Taktlosigkeit – sehr wahrscheinlich gegen Herzogin Luise –, Weimar verlassen.

Als Charlotte im Oktober 1776 für einige Tage von Großkochberg nach Weimar kam, um einen dort weilenden Verwandten zu sehen, verspürte Goethe wieder eine solch leidenschaftliche Liebe und erfuhr wohl erneut von der Freundin, wie sehr er sie mit solchen Gefühlen quälte, so daß er sich unter Selbstvorwürfen wünschte, sie nicht mehr zu sehen: »Leben Sie wohl, Beste! Sie gehen, und, weiß Gott, was werden wird! Ich hätte dem Schicksal dankbar sein sollen, das mich in den ersten Augenblicken, da ich Sie wiedersah, so ganz rein fühlen ließ, wie lieb ich Sie habe, ich hätte mich damit begnügen und Sie nicht weiter sehen sollen. Verzeihen Sie! Ich seh nun, wie meine Gegenwart sie plagt, wie lieb ist mir's, daß Sie gehn, in einer Stadt hielt ich's so nicht aus ... Sie kommen mir eine zeither vor wie Madonna, die gen Himmel fährt, vergebens, daß ein Rückbleibender seine Arme nach ihr ausstreckt, vergebens, daß sein scheidender, tränenvoller Blick den ihrigen noch einmal niederwünscht, sie ist nur in den Glanz versunken, der sie umgibt, nur voll Sehnsucht nach der Krone, die ihr überm Haupt schwebt. Adieu doch, Liebe!«

Und die Frau, die Goethe als nur ihren höheren Zielen lebende, nicht zu bewegende Madonna sah, die ihn quälte und beglückte und für die er diesen verzweifelten Liebesbrief verfaßte, schrieb auf die Rückseite des Briefes folgende Verse:

> Ob's unrecht ist, was ich empfinde – –
> und ob ich büßen muß die mir so liebe Sünde,
> will mein Gewissen mir nicht sagen;
> vernicht' es Himmel, du!, wenn mich's je könnt
> anklagen.

Charlotte von Stein gestand sich selbst in diesen holprigen Versen ihre Zuneigung zu Goethe ein, ein Gefühl, das sie in ihrem moralischen Empfinden unsicher werden ließ. Sie, die so streng auf Tugend achtete, die Goethe in seinem Brief als unberührbare Madonna schildert, die in ihrer Jugend eine strenge religiöse Erziehung genossen hatte, mußte sich nun eingestehen, daß ihr Gewissen sie im Stich ließ. Sie wußte genau, daß ihre Liebesgefühle, gemessen an ihren festen Normen, unrecht waren, daß sie sündige Gedanken hegte. Aber sie behauptete – wider besseres Wissen –, sich nicht über ihre Lage im klaren zu sein, denn die Sünde war ihr »so lieb«.

Charlotte wollte nicht zugeben, das zeigt dieser Vierzeiler, daß sie in Gedanken ihre eigenen Grenzen überschritten hatte – nur ihre eigenen. Denn die sie umgebende Adelsgesellschaft besaß nicht so starre Tugendbegriffe wie diejenigen, die Charlotte von Stein von ihrer Mutter gelernt hatte. Ein außereheliches Verhältnis wurde im 18. und beginnenden 19. Jahrhundert von den höheren Kreisen ohne weiteres toleriert. Und Charlotte, die, bis sie Goethe kennenlernte, keine Liebe empfunden hatte, von der Gefährdung durch Leidenschaft nichts wußte, die den stürmischen Verehrer immer wieder – aus Gründen der Schicklichkeit – zurückwies und dabei glaubte, sich korrekt zu verhalten, bewegte sich plötzlich auf unsicherem Grund. Sie schwankte zwischen ihren Wünschen und ihren ethischen Vorstellungen und rief in ihrer Verzweiflung den Himmel als höchste Instanz an. Auch ihre Bitte, die Empfindungen in ihr, falls sie unerlaubt sein sollten, zu vernichten, damit sie nicht schuldig würde, zeigt ihr hilfloses Kämpfen mit sich selbst. Allein die Tatsache, daß diese kühle Frau, deren Leben lange Zeit von tiefer Resignation bestimmt war, sich möglicherweise verbotene Gefühle eingesteht, ist ein Zeichen dafür, daß sie sich verändert hat, daß sie wieder lebt und daß sie liebt. Nur zeigen konnte sie diese Veränderung noch nicht, dazu war es zu früh, dazu war Charlotte auch noch zu ängstlich und zu verkrampft.

Deshalb wirkte das Verhältnis zwischen ihr und Goethe zu Ende des Jahres 1776 noch gestört. Obwohl Goethe in seinem Tagebuch mehrere gemeinsame Essen mit Frau von Stein vermerkte, für die er das Sonnenzeichen ⊙ als Chiffre eingeführt hatte, findet sich an Charlottes Geburtstag, am 25. Dezember, die Notiz: »Zu ⊙ · viel gelitten, allein gessen«, und die letzte Eintragung am 31. Dezember lautet: »Fieberhafte Wehmut.«

Ruhig oder gar ausgeglichen schien die Beziehung Charlotte von Steins zu ihrem Verehrer nach Ablauf gut eines Jahres noch nicht geworden zu sein. Man wagte nicht, miteinander ehrlich umzugehen. Goethe durfte nicht zeigen, wie sehr er liebte, und fühlte seine Liebe deshalb noch stärker, und Charlotte konnte von ihrer Zuneigung aus Angst noch nicht sprechen und quälte sich und den Freund.

Die glückliche Zeit

»Auf mich wirkt die Liebe zum Autor mit«
1777-1781

In den nächsten Jahren änderte sich am Verhalten Charlotte von Steins gegenüber Goethe nicht viel; ihre Beziehung blieb schwankend, immer noch fürchtete sie seine Leidenschaftlichkeit und das Gerede der Mitmenschen so sehr, daß sie ihn häufiger tadelte, als daß sie ihm liebevoll entgegenkam. Goethes Tagebuch vermerkt im Wechsel: »neuer Streit« und kurz darauf: »Versöhn. mit ⊙«, aber auch: »War ⊙ sehr lieb« und immer häufiger: »zu ⊙ essen«. Charlotte empfing den jungen Freund fast täglich zum Mittag- oder Abendessen, meist kam er allein, manchmal brachte er den Herzog mit.

Karl von Lyncker erinnert sich in seinen Memoiren: »Goethe war bald bei Frau v. Stein, bei der sich auch der Herzog sehr häufig einfand, als Hausfreund aufgenommen worden. Diese Dame galt für eine geistreiche Frau, und somit sah man ihr Haus als denjenigen Ort an, wo sich der gnädige Herr mit Goethe und seiner übrigen Umgebung am vertraulichsten vernehmen lasse. Hier entspannen sich wohl alle die Pläne für die ernsten Geschäfte, wie für die Belustigungen, welche dann auch so schnell als möglich verwirklicht wurden.«

Goethe spielte mit den Steinschen Söhnen, plauderte mit der Hausfrau und genoß ein Stück Familienleben, ohne eigentlich dazuzugehören. Josias von Stein aß nahezu immer an der Hoftafel, oder er war im Auftrag des Herzogs unterwegs, so daß Goethe den Ehemann Charlottes, mit dem er sich im übrigen gut verstand, äußerst selten zu Hause antraf.

Auch Charlotte besuchte – mit ihrer Mutter, ihren Kin-

Haus Charlottes von Stein

dern, ihrer Schwester, in Begleitung Knebels oder der Herzogin – Goethe in seinem Garten.

Als die Familie von Stein ihre Wohnung wechselte und von der Kleinen Teichgasse, wo man seit 1764 – in großer Nähe zum Haus von Charlottes Eltern in der Scherfgasse – wohnte, in den ehemaligen Husarenstall an der Ackerwand umzog, waren sich Charlotte und Goethe räumlich noch näher gekommen, waren die täglichen Besuche noch einfacher geworden.

Goethe, der auch zur Baukommission gehörte und somit die Häuser der zum Hof gehörigen Personen betreuen mußte, betrieb den Umbau der oberen Stockwerke in dem früheren Stallgebäude mit Eifer; von Februar bis zum November 1777 richtete er seiner Freundin die neue Wohnung ein. Schon am 2. Februar hatte er ihr geschrieben: »Hab ich doch wieder eine Puppe, womit ich spielen kann. Eine Wohnung für Sie!«, und das Tagebuch Goethes vermeldet, daß er sich »das Logie besehn« hat und danach zu Charlotte zum Essen ging.

Fast immer brachte Goethe einige Naturalien mit, um die Tafel zu bereichern oder um wenigstens eine Kleinigkeit zu schenken, denn das machte ihm Freude. Charlotte erhielt Früchte und Gemüse aus Goethes Garten, Braten, Wildbret, Wein und revanchierte sich nicht selten dadurch, daß sie dem jungen Freund eine Mahlzeit in sein Gartenhaus schikken ließ, wenn er keine Zeit hatte, zu ihr zu kommen. Ganz freundschaftlich, ohne Umstände, verlief dieses Tauschgeschäft: »Hier, bester Engel, schick ich was, da ich nicht selbst kommen kann«, »Verzeihen Sie, daß ich schon wieder allerlei Zeug schicke. Sie sehen daraus, daß ich von der ältern Kirche bin, da man sich den Göttern ohne Gaben nicht zu nähern traute ... Darf ich diese Nacht mit Ihnen essen? Zum Mittage bitt' ich mir durch Überbringern eine Wurst oder so etwas zu schicken.«

Außer am Mittags- oder Abendtisch sah Charlotte ihren Verehrer in den Wintermonaten beim gemeinsamen Eislaufen und sonst während des Jahres bei den Hofveranstaltungen: bei den Redouten, Bällen, Liebhaberaufführungen. Das Schlittschuhlaufen hatte Goethe in Weimar eingeführt und die Mitglieder der Hofgesellschaft für diesen neuen Zeitvertreib gewonnen, selbst Herzogin Luise fand Gefallen daran. Der Weimarer Hofminister Johann Friedrich Kranz berichtete Goethes Mutter von diesen Vergnügungen: »Neues wüßte ich Ihnen nichts zu schreiben, als daß der Geheime Legationsrat dann und wann mit den Herrschaften abends Schlitt-Schuhe läuft, und zwar en masque. Die Herzoginnen, gnädige Frauen und Fräuleins lassen sich im Schlitten schieben. Der Teich, welcher nicht klein ist, wird rundum mit Fackeln, Lampen und Pechpfannen erleuchtet ...«

Charlotte von Stein, die gewandte Tänzerin, entpuppte sich auch als begabte Eisläuferin, und häufig notierte Goethe ins Tagebuch: »aufs Eis mit ⊙«.

Um das Liebhabertheater des Weimarer Hofes kümmerte sich Goethe besonders; er schrieb kleine Dramen oder Singspiele, so daß die Laienbühne nicht mehr nur auf Übersetzungen angewiesen war. »Die Mitschuldigen«, »Lila« – als Geburtstagsgeschenk für Herzogin Luise –, »Erwin und Elmire«, »Triumph der Empfindsamkeit« und »Die Laune der Verliebten« wurden mit großem Erfolg aufgeführt. Siegmund von Seckendorff, der als Komponist zu so manchen Aufführungen seinen Teil beitrug, berichtete im März 1777 seinem Bruder: »Da in gewissem Sinne eine Verbesserung unserer Lage eingetreten ist, so hat man sich meistenteils mit dem Liebhabertheater die Zeit vertrieben, welches sich mehr und mehr vervollkommnet. Wir haben acht Tage lang den Prinzen Ferdinand hier gehabt, der sich gut unterhalten zu haben scheint ... Er sowohl wie das Publikum haben bei dieser Gelegenheit das neue, von mir in Musik gesetzte

Goethesche Stück ›Lila, ein Feenspiel‹ sehr beifällig aufgenommen. Es ist ein großes spectacle mit Chören und Tanz und einer Anzahl von Dekorationen, die vielleicht einzig in ihrer Art sind und von denen ich wohl wünschte, daß Du sie gesehen hättest...«

Frau von Stein spielte zwar bei den Theateraufführungen nicht mit, nahm aber an allen Amüsements des Hofes, soweit es ihre Gesundheit erlaubte, teil. Noch immer kränkelte sie häufig, zog sich dann zurück, oft nach Großkochberg, wo Goethe sie und die Kinder besuchte, wann immer er dazu Zeit fand. Anfang Juni hielt sich Charlotte einige Zeit auf ihrem Gut auf, und Goethe war vom 14. bis 16. Juni ihr Gast.

Bei seiner Rückkehr fand er in Weimar einen Brief vor, der ihm den Tod seiner Schwester Cornelia meldete. Goethe, der sehr an seiner Schwester hing, vermochte seinen Schmerz nicht in Worte zu fassen; er schrieb seiner Freundin: »Um achte war ich in meinem Garten, fand alles gut und wohl und ging mit mir selbst, mitunter lesend auf und ab. Um neune kriegt ich Brief, daß meine Schwester tot sei. – Ich kann nun weiter nichts sagen.« Im Mai 1776 hatte Goethe bereits Charlotte von Stein gebeten, seiner unglücklich verheirateten Schwester zu schreiben, und ihr auch gestanden, daß er ihr einige Briefe Cornelias nicht gezeigt, aber auch nicht beantwortet hatte, wohl weil er diesem Leid hilflos gegenüberstand: »Hier einen Brief von meiner Schwester. Sie fühlen, wie er mir das Herz zerreißt. Ich hab schon ein paar von ihr unterschlagen, um Sie nicht zu quälen. Ich bitte Sie flehentlich, nehmen Sie sich ihrer an, schreiben Sie ihr einmal, peinigen Sie mich, daß ich ihr was schicke.«

An seine Mutter schrieb Goethe, nachdem er vom Tod Cornelias erfahren hatte: »Ich kann Ihr nichts sagen, als daß das Glück sich gegen mich immer gleich bezeigt, daß mir der Tod der Schwester nur desto schmerzlicher ist, da er

Cornelia Goethe
Brustbild in Rötel und schwarzer Kreide über Bleistift
von J. L. E. Morgenstern, um 1770

mich in so glücklichen Zeiten überrascht. Ich kann nur menschlich fühlen, und lasse mich der Natur, die uns heftigen Schmerz nur kurze Zeit, Trauer lang empfinden läßt. Lebe Sie glücklich, sorge Sie für des Vaters Gesundheit, wir sind nur einmal so beisammen.«

Abgesehen davon, daß dieser Brief zeigt, wie sehr sich Goethe gegen übermäßige Trauer wehrt, indem er seinen eigenen glücklichen Zustand realistisch konstatiert, ist auch von allgemeinerem Interesse, daß er sich im Sommer 1777 als *glücklich* bezeichnet, wozu das Zusammensein mit Charlotte sicherlich nicht unwesentlich beitrug. Kurz bevor er eine Reise zur Wartburg unternahm, schrieb Goethe an Charlotte, die eine Zeitlang krank gewesen war: »Wie lieb ich Sie habe, fühlt ich erst wieder in den Augenblicken, da Sie vergnügt und munter waren, die Zeit her hab ich Sie nur leiden sehn und das drückt mich so, daß ich auch meine Liebe nicht fühle.« Einige Tage später antwortete er ihr aus Eisenach auf ein Paket und einen Brief, in dem sie wohl wieder einmal darauf hingewiesen hatte, wie wichtig die zeitweise Trennung für beide sei: »Ja, lieb Gold, ich glaub wohl, daß Ihre Liebe zu mir mit dem Absein wächst. Denn wo ich weg bin, können Sie auch die Idee lieben, die Sie von mir haben, wenn ich da bin, wird sie oft gestört durch meine Tor- und Tollheit.«

Es hatte sich also augenscheinlich nichts geändert. Goethe behauptete zwar, Charlottes Liebe sicher zu sein, aber er hatte keine Beweise für ihre Zuneigung, zumindest nicht solche, die er erhoffte: »Ich weiß, daß Sie an mich denken, denn sonst dächt' ich nicht so viel an Sie. Ich weiß, daß Sie mich lieben, ich spür's daran, daß ich Sie so lieb habe.« Charlotte von Stein blieb eine schwierige Freundin und weigerte sich beharrlich – gegen ihr Gefühl –, den Liebesbeteuerungen Goethes zu glauben. Am 31. Oktober 1777 beklagte er ihr Mißtrauen, das stets von neuem ausbrach

Brief Charlottes von Stein an
Friedrich Hildebrand von Einsiedel

und ihn peinigte: »Warum das Hauptingredienz Ihrer Empfindung neuerdings Zweifel und Unglaube ist, begreif ich nicht, das ist aber wohl wahr, daß Sie einen, der nicht festhielte in Treue und Liebe, von sich wegzweifeln und träumen könnten, wie man einem(!) glauben machen kann, er sähe blaß aus und sei krank.«

Die Gespräche, die Charlotte mit Goethe führte, gingen wohl im Ausdruck ihres Zweifels so weit, daß auch ihr Verehrer, wiewohl er davon überzeugt war, »in Treue und Liebe« nicht zu wanken, auf merkwürdige, sich selbst mißtrauende Gedanken kam. Davon schrieb er ihr am 8. November: »Gestern von Ihnen gehend, hab ich noch wunderliche Gedanken gehabt. Unter andern, ob ich Sie auch wirklich liebe oder ob mich Ihre Nähe nur wie die Gegenwart eines so reinen Glases freut, darin sich's so gut bespiegeln läßt.« Sicherlich war Charlottes pessimistische Art, die Menschen und deshalb auch Goethe zu betrachten, häufiger Anlaß zu langen, nicht immer angenehmen Gesprächen. Wenn im Tagebuch des Dichters am 9. November verzeichnet ist: »Bei ⊙ gessen ernstl. Gespräch über die Verhältniss.«, kann dies auf einen solchen Diskurs hindeuten.

Charlotte erwartete viel von den Menschen, mit denen sie umging, und ihr Hang zum Perfektionismus zeigte sich nur allzu oft in der Lust am Kritisieren; ihre Söhne klagten später sehr darüber. So ist es verständlich, daß Goethe es in seinen Tagebuchnotizen festhielt, wenn Charlotte einmal einen ganzen Abend »leidlichen Humors« war oder sich gut und lieb betrug.

Unbeschwert heiter oder weiblich-kokett zeigte sich die Frau des Oberstallmeisters wohl äußerst selten, aber sie konnte auch necken und scherzen, wie ein – undatierter – Einladungsbrief an den Kammerherrn Friedrich Hildebrand von Einsiedel zeigt: »Lieber, allerbester Einsiedel! Ist's möglich, Sie zu erweichen, den(!) Club untreu zu werden und Ihr Mittagsmahl morgen in Gesellschaft ... bei mir einzunehmen ... wir wollen Ihnen alle recht schön tun, denn es ist gar ein großer Mangel an Herren und besonders von der artigen Sorte: Schlagen Sie mir ja meine Bitte nicht ab. Möge auch die Nacht Ihr Schlaf recht sanft und Ihren Träumen recht lieblich sein.« Charlotte von Stein besaß wenige vertraute Freunde: Knebel, Herzogin Luise, später Charlotte von Schiller; an diesen hielt sie mit unverbrüchlicher Treue fest, zeigte sich auch diesen Menschen stets von der sanften Seite, konnte auch bei ihnen nicht über ihren Schatten springen und mußte kritisieren, was zu manchen Verstimmungen führte. Aber man konnte sich auf Frau von Stein verlassen, hatte man sie erst einmal zur Freundin gewonnen.

Besonders die junge Herzogin Luise, der es in Weimar gar nicht wohl erging und die deshalb zu schwermütigen Betrachtungen neigte, schloß sich eng an die fünfzehn Jahre Ältere an, deren Temperament dem ihren entsprach. Die formelle, etwas steife Luise schrieb an Charlotte von Stein erstaunlich offene Briefe, die sie sicherlich niemandem sonst zukommen ließ. Denn sie konnte sicher sein, daß ihre Bekenntnisse bei Frau von Stein diskret behandelt und ernst genommen wurden.

Als Charlotte im Juli 1777 nach Bad Pyrmont fuhr, um dort ihren erkrankten Mann zu treffen, schrieb ihr Luise aus Belvedere: »Das Wetter begünstigt mich wenig; kaum kann ich aus dem Hause gehen, obgleich die Stimmung meiner sehr teuren Schwiegermutter ein wenig besser ist als zu Ihrer Zeit ... Der Herzog schmollt seit einigen Tagen mit mir und ich weiß nicht weshalb, aber ich bin sehr ruhig. Was macht Ihr Englisch? Ich habe das Wenige, was ich davon wußte, vergessen, aber den nächsten Winter will ich mich daran geben ... Leben Sie wohl, meine teure Stein! Ich liebe Sie von ganzem Herzen; seien Sie dessen versichert. Ihre treue

Luise Herzogin von Sachsen-Weimar
Gemälde von Johann Ludwig Strecker, 1772/73

Freundin Luise. Kommen Sie bald zurück und vergraben sich nicht in Kochberg.« Luise machte immer wieder deutlich, wie sehr ihr an der Freundschaft mit Charlotte von Stein lag, wie nötig ihr die Gespräche mit der Freundin schienen.

»Ich muß wegen Ihrer langen Abwesenheit mit Ihnen zanken! Welchen unüberwindlichen Reiz hat denn Ihr Kochberg, daß Sie es trotz des kalten und trüben Wetters solange zurückhält? Oder sind Sie gegen Ihre Freunde gleichgültig geworden, daß es Ihnen nichts verschlägt, ob Sie diese sehen oder nicht? ... Adieu, meine liebe und gute Stein, denken Sie einige Male an mich und lieben mich, die ich Sie von ganzem Herzen liebe.«

Nach Großkochberg ging Charlotte auch häufig, um sich von Weimar und den dortigen Freunden, vor allem von Goethe, zu entfernen, um allein zu sein. Aber sehr lange gönnte man ihr die Einsamkeit nie. Entweder erhielt Charlotte Briefe, die sie zur Rückkehr aufforderten, oder man besuchte sie auf ihrem Gut. Wenn Goethe die Abwesenheit der Freundin nicht länger ertragen konnte, ritt er zu ihr nach Kochberg hinaus. Oft war er auch dort anzutreffen, wenn Charlotte verreist war – nach Bad Pyrmont oder zu ihrer mit Imhoff verheirateten Schwester. Indem er die Kinder der geliebten Frau aufsuchte und einige Tage mit ihnen verlebte, glaubte sich Goethe Charlotte wieder näher.

Einen weiteren, aber nicht so stürmischen und gefährlichen Verehrer besaß Charlotte in Carl Ludwig von Knebel, dem ehemaligen Erzieher des Prinzen Konstantin. Ihm war Frau von Stein auch Besänftigerin; denn seit Knebel 1780 sein Hofamt niedergelegt hatte, bekam er zwar eine angemessene Pension, aber der Herzog gab ihm keine neue Beschäftigung, und die Untätigkeit machte Knebel reizbar und unzufrieden. Charlotte riet ihm, sich mit der Landwirtschaft zu beschäftigen, damit sich seine Stimmung bessere: »Die Natur hat sehr weise dem Menschen sein Brot im

Karl Ludwig von Knebel
Brustbild nach einer Kreidezeichnung
von Unbekannt

Schweiß seines Angesichts zu essen gegeben: Dabei kann das Moralische unverdorben erhalten werden, und wem eine Ahnung eines göttlichen Funkens gegeben war, kann immer bei den prächtigen Morgen, im Fortgang der Arbeit und der milden Abendkühle seinen Geist erheben und vergißt so sein Leben dahin.«

Für eine Weile verließ Knebel Weimar und versuchte in Nürnberg sein Glück, aber bald war er wieder da und verbrachte seine Zeit mit diversen Studien als eine Art »Privatgelehrter«. Als Schiller Carl Ludwig von Knebel zum ersten Mal begegnete, berichtete er über den gebildeten und einflußreichen Mann: »Aus diesem Knebel wird hier erstaunlich viel gemacht und unstreitig ist er auch ein Mann von Sinn und Charakter. Er hat viel Kenntnisse und einen planen hellen Verstand. Es wurde mir als notwendige Rücksicht anempfohlen, die Bekanntschaft dieses Menschen zu machen, teils weil er hier für einen der gescheitesten Köpfe gilt und zwar mit Recht, teils weil er nach Goethe den meisten Einfluß auf den Herzog hat.«

Goethe hat Knebel, der sein engster und treuester Vertrauter, der »Urfreund«, war, literarisch gewürdigt, so im Gedicht »Ilmenau«, wo er den stets pfeiferauchenden, in fränkischem Dialekt redenden Knebel porträtiert.

> Wie nennt ihr ihn? Wer ist's, der dort gebückt
> Nachlässig stark die breiten Schultern drückt?
> Er sitzt zunächst gelassen an der Flamme,
> Die markige Gestalt aus altem Heldenstamme.
> Er saugt begierig am geliebten Rohr,
> Es steigt der Dampf an seiner Stirn empor.
> Gutmütig trocken weiß er Freud und Lachen
> Im ganzen Zirkel laut zu machen,
> Wenn er mit ernstlichem Gesicht,
> Barbarisch bunt in fremder Mundart spricht.

Prinz Friedrich Ferdinand Konstantin
von Sachsen-Weimar
Gemälde von Johann Georg Ziesenis

Und der Offizier, Herr von C., in »Wilhelm Meisters theatralische(r) Sendung« ist ein liebevoll gezeichnetes Bild von Knebel: »Der Offizier war eine von den guten Seelen, die an dem, was andern widerfährt und was andere leisten, einen herzlichen Anteil zu nehmen von der Natur bestimmt sind. Sein Vergnügen war die aufkeimende deutsche Literatur. Er war darin bis auf jede Kleinigkeit bekannt, er wußte, was wir hatten und nicht hatten, er hoffte, er wünschte, und ob er gleich einige fremde Sprachen besaß und ihre besten Schriftsteller las, so gab er doch in seinem Herzen dem engen Haushalte seines Vaterlandes vor jenen Reichtümern den Vorzug, indem er sich ihnen näher fühlte. Man konnte ihn einen wahren Patrioten nennen, einen von denen, die in der Stille zur Aufnahme und Aufmunterung der Wissenschaften bei uns, ohne es zu wissen und zu wollen, so vieles beigetragen haben.«

Von Knebel stammt die ausführlichste und sehr freundschaftliche Charakteristik Charlotte von Steins, eine Beschreibung, die, bei dem Versuch, sich die Freundin Goethes vorzustellen, äußerst hilfreich ist.

»Frau von Stein ist diejenige hier unter uns allen, von der ich am meisten Nahrung für mein Leben ziehe. Reines, richtiges Gefühl bei natürlicher, leidenschaftsloser, leichter Disposition haben sie bei eigenem Fleiß und durch den Umgang mit vorzüglichen Menschen, der ihrer äußerst feinen Wißbegierde zustatten kam, zu einem Wesen gebildet, dessen Dasein und Art in Deutschland schwerlich oft wieder zustande kommen dürfte. Sie ist ohne alle Prätension und Ziererei, gerade, natürlich, frei, nicht zu schwer und nicht zu leicht, ohne Enthusiasmus und doch mit geistiger Wärme, nimmt an allem Vernünftigen Anteil und an allem Menschlichen, ist wohlunterrichtet und hat feinen Takt, selbst Geschicklichkeit für die Kunst.«

Carl Ludwig von Knebel war Charlotte von Stein sehr

zugetan, aber nicht in sie verliebt. Als ein sehr kritischer Kopf, der bisweilen den Weimarer Hof und die Weimarer Hofschranzen bissig beurteilte, neigte er auch bei der Charakterisierung von Freunden nicht zur Schwärmerei, hatte sich vielmehr sorgfältig seine wenigen Vertrauten aufgrund ihres Charakters ausgesucht. Wir können davon ausgehen, daß sich Knebel in der Zeichnung der Persönlichkeit Charlottes bemühte, objektiv zu sein, besonders, weil er auch zu erklären versuchte, warum diese Frau eine so große Bedeutung für ihn selbst hatte. Das Bild Charlottes, wie es Knebel entwarf, zeigt viele Eigenschaften, von denen im Zusammenhang mit Frau von Stein stets die Rede war: ihren Mangel an Koketterie, ihre Ehrlichkeit, ihre Leidenschaftslosigkeit, ihre Bildungsbereitschaft, ihre geistige Beweglichkeit, ihren Sinn fürs Schickliche, ihr Vernünftig-Sein, ihren Fleiß, ihre Ausgeglichenheit.

Charlotte von Stein bot dem Betrachter keine Extreme, man erwartete von ihr keine Ausbrüche irgendwelcher Art, nichts Unberechenbares und nichts Spontanes schien diese Frau zu haben – für einen Freund. Aber dem, der sie liebte, erschien sie in ihrer Kühle, in ihrem Entgegenkommen und dann wieder Abweisen mehr als unberechenbar, ja sogar geheimnisvoll. Aber dieses Schwanken zwischen Zu- und Abneigung war nicht gespielt, war keine weibliche Ziererei oder bewußtes Kokettieren. Charlotte von Stein war sich ihrer Gefühle lange nicht sicher, unterdrückte sie auch aus Angst vor dem Gerede der Leute und aus Furcht vor sich und dem, was aus ihrer Liebe entstehen könnte. Ihre ernste Grunddisposition verbot ihr ein oberflächliches Liebeln, und für ein außereheliches Verhältnis war sie zu tugendhaft.

Ihr Ehrbegriff war viel zu sehr von den gesellschaftlichen Normen geprägt, und für eine innige, liebevolle, reine Freundschaft erschien ihr der junge Verehrer Goethe wohl nicht reif genug, der Goethe, um den sich die Damen rissen, der nichts so liebte wie Flirten und auf den selbst die Erbprinzessin von Sachsen-Koburg-Saalfeld neugierig war, wie sie ihrer Mutter im November 1777 schrieb: »Findet Oheim den von Goethe nicht hübsch? Denn alle die von Weimar machen einen Adonis aus ihm, und die Frauen reißen sich ihn aus den Händen, und die, der er den Hof macht, ist ein beneidetes Geschöpf.«

Das beneidete Geschöpf machte es dem Adonis und sich aber auch 1778 noch schwer; am 1. Januar schrieb Goethe an Charlotte: »Ich habe gestern abend viel an Sie gedacht, indem ich Briefe und das ganze vergangne Jahr zusammenpackte. Ich mögt Ihnen so gern was zum neuen Jahre schicken und finde nichts, ich bin in Versuchung kommen, Ihnen von meinen Haaren zu schicken und hatte sie schon aufgebunden, als mir's war, als wenn diese Bande keinen Zauber für Sie hätten.« Greifbare, sinnliche Zeichen der Liebe, wie Goethe sie benötigte, der Charlotte um ihr Halstuch, ihre Handschuhe, ihr Schnupftuch usw. bat, waren nicht nach Frau von Steins Geschmack. Sie erschienen ihr, die immer noch nicht ihre Gefühle bekennen wollte, wohl auch zu deutlich.

Das alte Spiel – das Hin und Her zwischen schönen gemeinsamen Stunden und zeitweiligem Besuchsverbot – zieht sich wieder durch viele der Briefe, die Goethe der geliebten Frau schrieb. Am 1. Februar 1778 neckte er sie, indem er ihre Taktik durchschaute: »Es ist doch hübsch von Ihnen, daß Sie den, den Sie nicht mehr lieben, doch mit eingemachten Früchten nähren wollen. Dafür dank ich. Ob's gleich aussieht, als wenn Sie mir Gerichte schickten, damit ich nicht kommen solle, sie bei Ihnen zu verzehren.« Im April schmollte er, obwohl er auch zugeben mußte, sich nicht richtig benommen zu haben, launisch gewesen zu sein: »Ich weiß sehr wohl, wie Sie meine Picks traktieren, daß es mir aber ernst ist, sehen Sie daran, daß ich nicht komme, ob ich gleich gern käme. Adieu, lieber Engel, hier schick ich

Ihnen Blumen. Wenn ich's übers Herz bringen kann, so geh ich auf den Montag fort. Wenn man nicht sagen kann, wie lieb man eins hat, so scheint's, man wolle sich mit Bösem helfen, wenn's im Guten nicht fort will.«

Und das Tagebuch verzeichnet für Anfang April 1778: »Weiter vegetiert in tausend Gedanken an unsre Verhältnisse und unser Schicksal.« Immer wieder erhielt Charlotte Briefe, die ihr Goethes Liebe versicherten, ihr begreiflich zu machen versuchten, daß ihr Mißtrauen unbegründet war: »Ich bin leider an Ihre Liebe zu fest geknüpft, wenn ich manchmal versuche, mich loszumachen, tut mir's zu weh, da laß ich's lieber sein«, »Liebste, ich habe gestern abend bemerkt, daß ich nichts lieber sehe in der Welt als Ihre Augen und daß ich nicht lieber sein mag als bei Ihnen. Es ist schon was Altes und doch fällt mir's immer einmal wieder auf«, »Überall such ich Sie, bei Hof, in Ihrem Haus und unter den Bäumen, auch ohne es zu wissen, geh ich herum und suche was, und endlich kömmt's heraus, daß Sie mir fehlen.«

Und dennoch schrieb Charlotte von Stein um Ostern 1778 an die Verlobte ihres Bruders, Sophie von Bernstorff: »Es ist mir eine heimliche Ahnung von seltener Liebe für Sie. Ich hab' Ihre reine, gute Seele aus Ihren Briefen gesehen, und daß diese gute, reine Seele meine wird (denn Sie gehören mir ja, wenn Sie meine Schwester sind), ist mir Siegel dafür. Sie haben noch die glücklichen Jahre der Jugend, wo man so weit umfangend liebevoll ist; Sie werden also auch einen Platz für mich haben; und noch ist es Zeit, daß mir ein Engel wie Sie begegnet, da mein Herz eben im Zuschließen war.« Welch traurige, resignative Töne für eine Frau, die täglich erfuhr, wie sehr sie geliebt wurde!

Das Gedicht »Mit einer Hiazynthe«, das Charlotte am 25. April von Goethe erhielt, betont in der ersten Strophe erneut, daß der Dichter seine Liebe von ihr nicht genügend gewürdigt glaubt:

Sophie von Schardt, geb. von Bernstorff
Farbige Kreidezeichnung von Helferich Peter Sturz

Aus dem Zaubertal dortnieden,
Das der Regen still umtrübt,
Aus dem Taumel der Gewässer
Sendet Blume, Gruß und Frieden,
Der dich immer treu und besser,
Als du glauben magst, geliebt.

Vom 10. Mai bis zum 1. Juni 1778 ging Goethe mit dem Herzog auf eine Reise nach Berlin. In der preußischen Hauptstadt besuchte der Dichter auch die Lyrikerin Anna Louisa Karsch, die darüber in einem Brief an Gleim berichtete: »Ich frug ihn, ob er nicht auch das Vergnügen kosten wollte, Vater zu sein; er schien's nicht weit von sich zu werfen. Er ist ein großer Kinderfreund, und eben dieser Zug läßt mich hoffen, daß er auch ein guter Ehemann werden wird ... er liebt die freimütigen, offenherzigen Leute und mag's gern haben, wenn er geliebt wird. Das gefällt ihm besser als hohes Lob.«

Goethe hatte gern Kinder um sich, er spielte häufig mit den Söhnen Charlottes, besonders liebte er Fritz, den Jüngsten, zu dem sich auch die Mutter am meisten hingezogen fühlte. Als Charlotte ihrem Kleinen im Juni 1778 erlaubte, die Nacht bei Goethe im Gartenhaus zu verbringen, wertete es dieser als besonderes Zeichen ihrer Liebe.

Im Sommer fuhr Charlotte für einige Tage zu einer Hochzeitsfeier, am Vorabend der Abreise erhielt sie von Goethe die Zeilen:

Von mehr als einer Seite verwaist,
Klag ich um deinen Abschied hier.
Nicht allein meine Liebe verreist,
Meine Tugend verreist mit dir.

Der Zettel, auf dem dies kleine Gedicht steht, enthält auf der Rückseite eine Nachricht Frau von Steins, sie schrieb: »Ich geb nichts gern wieder, was ich von Ihnen habe. In Belvedere sehe ich Sie heute.« Da Goethe das Gedicht im September 1782 fortgesetzt hat, ist anzunehmen, daß er Charlotte eines Tages um Rückgabe des Zettelchens gebeten hatte. Ihre zögernden Worte zeigen, daß ihr die Liebesgaben Goethes wichtig waren und daß sie diese eifersüchtig hütete.

Im September 1778 zog sich Charlotte wieder nach Kochberg zurück und wurde vermißt von Goethe und von der Herzogin, die ihr scherzhaft-scheltend Vorhaltungen machte: »Aber wenn Sie in Kochberg sind, kümmern Sie sich gar nicht um das Menschengeschlecht, und vergessen Ihre Freundinnen (ich sage nicht Ihre Freunde) zu lieben. Meine liebe Stein, halten Sie sich wohl und glauben, daß, obgleich ich kein guter Gärtner bin, ich Sie von ganzem Herzen liebe... Ich wünsche Ihnen gute Laune, gutes Wetter und gute Augen, um dies Gekritzel zu lesen.« Erst gegen Ende November kam Charlotte zurück nach Weimar und fand dort einen schwierigen, verärgerten Goethe vor, der davon sprach, von einer »Eiskruste« umgeben zu sein, sie aber bat, ihn dennoch lieb zu haben: »Lieben Sie mich und machen Sie sich keine Plage um meinetwillen, denn das Leben ist vorübergehend, und die gute Zeit nicht wiederbringlich.«

Trotz der großen Kälte wohnte Goethe in seinem Gartenhaus, von dem aus er zu seiner Freude die erleuchteten Fenster in der Wohnung Charlottes sehen konnte: »Ich dachte Sie so weit von mir, und in der Herrlichkeit, daß mir so Ihr Gruß in die Finsternis desto lieber ist. Es ist sehr Nacht... und wenn die Liebe nicht noch so ein Reflexgen herein würfe, wär's völlig ägyptische Finsternis, so aber wird's ein Clairobscur. Gute Nacht, Engel. Gott lohn's.«

Zu Neujahr 1779 erhielt Charlotte anonym lustige Verse. Von Seckendorff und Goethe hatten sich gemeinsam für viele Mitglieder der Hofgesellschaft zum Jahresbeginn kleine Gedichte ausgedacht. Die Worte, die auf Frau von Stein gemünzt waren, lassen wieder einmal erkennen, daß die Ausgewogenheit ihres Charakters, ihre Abneigung gegen alles Extreme und ihr ausgleichendes Wesen am stärksten ins Auge fielen, wenngleich auch die drei letzten Zeilen auf Goethes problematisches Verhältnis zu Charlotte anspielen:

> Du machst die Alten jung, die Jungen alt,
> Die Kalten warm, die Warmen kalt,
> Bist ernst im Scherz, der Ernst macht dich zu lachen.
> Dir gab auf 's menschliche Geschlecht
> Ein süßer Gott sein längst bewährtes Recht,
> Aus Weh ihr Wohl, aus Wohl ihr Weh zu machen.

Die ersten Tagebucheintragungen Goethes vom Januar 1779 deuten auf ein entspanntes Verhältnis Charlottes zu ihrem Verehrer: »Abends zu ⊙ sehr lieb und viel geschwätzt«, »War ⊙ sehr lieb«.

Im Februar begann Goethe seine »Iphigenie« zu diktieren, die am Osterdienstag 1779 aufgeführt wurde – mit Corona Schröter in der Titelrolle, Goethe als Orest, Knebel als Thoas, den Pylades spielte Prinz Konstantin, und der Konsistorialsekretär Seidler stellte Arkas dar. Die Gestalt der Priesterin Iphigenie trägt gewiß einige Züge Charlottes, Züge der Frau, die Goethe am meisten faszinierte während der Zeit, in der er die erste Fassung dieses Dramas schrieb. Auch Iphigenie ist eine besänftigende Schwester, die den von den Furien verfolgten Bruder Orest nicht nur beruhigt, sondern heilt.

... Die strengen Bande
Sind nun gelöst; du bist den Deinen wieder,
Du Heilige, geschenkt. Von dir berührt,
War ich geheilt; in deinen Armen faßte
Das Übel mich mit allen seinen Klauen
Zum letztenmal und schüttelte das Mark
Entsetzlich mir zusammen; dann entfloh's
Wie eine Schlange zu der Höhle. Neu
Genieß ich nun durch dich das weite Licht
Des Tages. Schön und herrlich zeigt sich mir
Der Göttin Rat. Gleich einem heil'gen Bilde,
Daran der Stadt unwandelbar Geschick
Durch ein geheimes Götterwort gebannt ist,
Nahm sie dich weg, dich Schützerin des Hauses;
Bewahrte dich in einer heil'gen Stille
Zum Segen deines Bruders und der Deinen.

Die Beziehung Charlottes zu Goethe war im Frühsommer
1779 allerdings noch nicht so still und abgeklärt; Goethe
plagte seine Freundin mit Eifersucht, mit seinen Liebesbeteuerungen und seinen Bitten um Gegenliebe. Als Charlotte im Mai für einige Herren der Hofgesellschaft Pfeffer-
kuchenherzen buk, revanchierte sich ihr Verehrer mit
scherzhaften Sticheleien:

Man will's den Damen übel deuten
Daß sie wohl zu gewissen Zeiten
Ihr Herz mit mehrern teilen können!
Doch dich kann man gar glücklich nennen,
O du, des Hofes Zierd und Ehre.
Du schonst gar weislich deins
Und hast gelegentlich für jeden eins
Und wenn's auch nur von Mehl und Farben wäre.

Am 30. Mai erreichte Charlotte folgende Mahnung: »Sie auf unsern Wegen vergnügt zu wissen, ist mein ganzer Wunsch, und daß sie mich lieben mögen und mögen mir's gerne zeigen. Denn der Glaube lebt von dem himmlischen Manna der Sakramente...«, an ihrem Namenstag bekannte Goethe: »Ich kann mir diesen ominosen Namenstag nicht vorbeigehn lassen, ohne Ihnen, anders als alle Tage, zu sagen, daß ich Sie liebe.« Als Goethe im September seine Reise in die Schweiz antrat, erhielt Charlotte regelmäßige Berichte von jeder Station, ein Reisejournal als eine Art Vorläufer des einige Jahre später für sie geschriebenen Tagebuchs der großen Reise nach Italien. Auch Sesenheim und Friederike Brion besuchte Goethe und erzählte Charlotte, der er diese Affäre sicherlich längst gebeichtet hatte, wie er, verändert, geläutert – nicht zuletzt durch die geliebte Freundin in Weimar –, dort friedliche und versöhnliche Stunden erlebte: »Abends ritt ich etwas seitwärts nach Sesenheim, indem die andern ihre Reise grad fortsetzten, und fand daselbst eine Familie, wie ich sie vor acht Jahren verlassen hatte, beisammen und wurde gar freundlich und gut aufgenommen. Da ich jetzt so rein und still bin wie die Luft, so ist mir der Atem guter und stiller Menschen sehr willkommen ... Ich blieb die Nacht und schied den andern Morgen bei Sonnenaufgang, von freundlichen Gesichtern verabschiedet, daß ich nun auch wieder mit Zufriedenheit an das Eckgen der Welt hindenken und in Friede mit den Geistern dieser Ausgesöhnten in mir leben kann.«

Auch Lili, die noch nicht ganz aus Goethes Herz verbannt war, als er Charlotte kennenlernte, wurde in Straßburg besucht, und mit Vergnügen konnte festgestellt werden, daß sie glücklich verheiratet war und daß man ihr freundschaftlich und leidenschaftslos begegnen konnte.

Charlotte fehlte Goethe sehr, er sehnte sich – trotz der interessanten Reise und der vielen Eindrücke – so stark zu ihr zurück, daß er beim zweiten Aufenthalt auf dem St. Gotthard selbst den Gedanken an eine in greifbare Nähe gerückte Italienreise weit von sich schob: »Zum zweitenmal bin ich nun in dieser Stube, auf dieser Höhe, ich sage nicht, mit was für Gedanken. Auch jetzt reizt mich Italien nicht. Daß dem Herzog die Reise nichts nützen würde jetzo, daß es nicht gut wäre, länger von Hause zu bleiben; daß ich Euch wiedersehen werde, alles wendet mein Auge zum zweitenmal vom gelobten Lande ab, ohne das zu sehen, ich hoffentlich nicht sterben werde, und führt meinen Geist wieder nach meinem armen Dache, wo ich vergnügter als jemals Euch an meinem Camin haben und einen guten Braten auftischen werde, dabei sollen die Erzählungen die Abende kurz machen . . .«

Noch war die Faszination, die Charlotte von Stein auf den Dichter ausübte, größer als die Anziehungskraft des »gelobten Landes«. Ende November schrieb Goethe Charlotte nach Weimar als Antwort auf einen Brief von ihr: »Ihren Brief vom 12. Nov. aus Kochberg hab ich, nun werden Sie wohl in der Stadt sein, bereiten Sie uns dort einen freundlichen Empfang von allen guten Geistern, denn meine Seele sehnt sich stark zurück.«

In Weimar fand Charlotte dann einen wunderschönen Schreibtisch vor, den Goethe für sie als Geschenk hatte anfertigen lassen, eine Gabe, auf die er sehr stolz war, da er die Entstehung miterlebt und geleitet hatte, ein Geschenk, das er ihr als wahre Liebesgabe beschrieb: »Glauben Sie mir, ich halt ihn auch für kostbar und muß, denn seit Anfang dieses Jahrs hab ich mich beschäftigt, ihn zusammenzutreiben, alles selbst ausgesucht, davon viel Anekdoten zu erzählen wären, bin oft vergnügt von Ihnen weg zum Tischler gegangen, weil etwas im Werk war, das Sie freuen sollte, das nicht auf der Messe erkauft, das von seinem ersten Entwurf meine Sorge, meine Puppe, meine Unterhaltung war. Wenn

Karl August von Sachsen-Weimar
Silhouette, 1785

Freundschaft sich bezahlen läßt; so ist, dünkt mich, das die einzige von Gott und Menschen geliebte Art. Also, meine Beste – Verzeihen Sie mir diese Rodomontade! Ich werde verleitet, Sie auf den eigentlichen Preis des Dings zu weisen, da Sie nur einen Augenblick an einen andern denken konnten.« Charlotte hatte wohl, überrascht durch das ausgezeichnet gearbeitete, mit Intarsien verzierte Geschenk, Goethe erschreckt wegen der großen Geldausgabe gerügt – deshalb wies er sie so deutlich auf den nicht-materiellen Wert des Schreibtisches hin.

Erst am 13. Januar 1780 kehrten der Herzog und Goethe nach Weimar zurück, Goethe nahm sofort seine regelmäßigen Besuche bei Charlotte wieder auf, er kam häufig zum Essen, und man traf sich oft bei Hofe. Charlotte versprach im Frühjahr, Goethe einen Ring als Beweis der Freundschaft zu schenken, und er bat sie, diesen mit C.v.S. gravieren zu lassen, und gestand: »freue mich auf dies Zeichen der Liebe«. Am 14. Juni erhielt Goethe dann Charlottes Geschenk und bedankte sich für das »Wunderding«, das ihm »bald zu weit« und dann »wieder völlig recht« am Finger säße – als Anspielung auf die immer noch nicht völlig harmonische Beziehung zwischen ihnen.

Charlotte besuchte im Sommer 1780 ihre Schwester Luise auf deren Gut im Fränkischen. Als Willkommensgruß Goethes wartete auf sie bei ihrer Rückkehr ein bezeichnendes Geschenk: ein Paar Freimaurerhandschuhe. Am 23. Juni war der Dichter in die Loge Anna Amalia aufgenommen worden; es entsprach dem allgemeinen Brauch im Maurertum, daß dem neuen Mitglied zwei Paar Handschuhe übergeben wurden, eines zum eigenen Gebrauch bei den Ritualen, das zweite Paar waren Frauenhandschuhe, die der neugewonnene »Bruder« der vom Bund ausgeschlossenen »Schwester« überreichen sollte. Sie waren bestimmt – nach den Regeln von 1760 –, »sie dem Frauenzimmer zu geben, für welches Sie die größte Achtung hegen. Allein, lassen Sie solche nie unreine oder Hurenarme bekleiden!«

Als Charlotte diese Handschuhe von Goethe erhielt, konnte sie sicher sein, daß sie seinem Herzen am nächsten stand, daß sie die einzige Frau von Bedeutung in seinem Leben war. Die Wichtigkeit seiner Geste war Goethe durchaus bewußt: »Ein geringes Geschenk, dem Ansehn nach, wartet auf Sie, wenn Sie wiederkommen. Es hat aber das Merkwürdige, daß ich's nur einem Frauenzimmer, ein einzigesmal in meinem Leben schenken kann.«

Charlotte wurde mehr und mehr – wie in einem Rollentausch – nun diejenige, die Goethe an das Leben band, die seinen häufigen, scheinbar grundlosen Kummer zerstreute, seine depressiven Anfälle milderte; während sie in seiner Verehrung aufblühte – seit 1780 mußte sie nicht mehr regelmäßig zur Kur fahren –, schien er, seit er sich nicht länger als Stürmer und Dränger fühlen konnte, an sich zu zweifeln, an der Welt zu leiden, unzufrieden zu sein.

»Mir mögten manchmal die Knie zusammenbrechen, so schwer wird das Kreuz, das man fast ganz allein trägt... Wenn Sie nicht bald wiederkommen oder dann bald nach Kochberg gehn, muß ich eine andre Lebensart anfangen. Eine Liebe und Vertrauen ohne Grenzen ist mir zur Gewohnheit geworden. Seit Sie weg sind, hab ich kein Wort gesagt, was mir aus dem Innersten gegangen wäre... Wir wollen uns lieb und wert behalten, m. Beste. Denn des Lumpigen ist zu viel auf der Welt...«, »Die ganze Nacht hab ich von Ihnen geträumt, nur haben wir nie einig werden können. Adieu, in meiner Seele will's noch nicht recht helle werden.«

Charlotte scheute sich immerhin im Sommer 1780 nicht mehr, Knebel, ihrem vertrauten Freund, von ihrer großen Zuneigung zu Goethe zu schreiben. Als sie ihm von der erfolgreichen Aufführung des Lustspiels »Jerry und Bätely« berichtete und von ihrem Wohlgefallen an diesem Stück, gestand sie freimütig: »Auf mich wirkt die Liebe zum Autor mit…« Wenigstens das Stadium des ängstlichen Verbergenwollens hatte sie überschritten, es war wohl auch in dem kleinen Weimar, wo jeder jeden kannte, kaum möglich gewesen, Goethes Verehrung für sie geheimzuhalten.

Ein sehr deutliches Zeichen seiner Liebe setzte ihr der Dichter dann in der Gestalt der Prinzessin Leonore von Este im »Torquato Tasso«, an dem er seit Oktober 1780 schrieb und der auch seine Stellung als Dichter am Hof zu Weimar reflektierte. Zum fünften Jahrestag seiner Ankunft in der kleinen Residenzstadt zog Goethe ein positives Resümee für Charlotte: »Heute sind's fünf Jahre, daß ich nach Weimar kommen bin. Es tut mir recht leid, daß ich mein Lustrum nicht mit Ihnen feiern kann… Ihrer Liebe wieder ganz gewiß, ist mir's ganz anders, es muß mit uns wie mit dem Rheinwein alle Jahre besser werden. Ich rekapituliere in der Stille mein Leben seit diesen 5 Jahren und finde wunderbare Geschichten. Der Mensch ist doch wie ein Nachtgänger, er steigt die gefährlichsten Kanten im Schlafe. Behalten Sie mich lieb. Das muß einen befestigen, daß man mit allem Guten bleibender und näher wird, das andre wie Schalen und Schuppen täglich von einem herunterfällt.«

Daß Charlotte an seinem »Häutungs- und Läuterungsprozeß« maßgeblichen Anteil hatte, wußte Goethe nur allzu gut. Er schickte Charlotte, was er geschrieben hatte, freute sich an ihrer Zustimmung zum »Tasso« und bat sie weiterhin um ihre Erziehung und Hilfe: »Behalten Sie den Anteil, den ich oft leider einen Augenblick nicht fühle, an dem, was mich angeht, und helfen mir leben. Und lassen mir den Glauben, daß ich auch etwas zu Ihrer Zufriedenheit beitrage.« »Nur bitt ich Sie, sich täglich zu sagen, daß alles, was Ihnen an mir unangenehm sein konnte, aus einer Quelle kommt, über die ich nicht Meister bin, dadurch erleichtern Sie mir viel.«

Den »Tasso« verstand Goethe, wie er Charlotte immer wieder versicherte, als Anbetung, als »Anrufung an dich«; die Prinzessin verkörperte Goethes Bild von Charlotte und das ihrer Liebe zu ihm. Das Gespräch, das die Prinzessin in der ersten Szene des zweiten Aktes mit Tasso führt, mag ein Nachhall von Goethes Unterredungen mit Charlotte sein.

Prinzessin:
Wenn jener edle Kreis, wenn jene Taten
Zu Müh' und Streben damals dich entflammten,
So konnt ich, junger Freund, zu gleicher Zeit
Der Duldung stille Lehre dir bewähren.
Die Feste, die du rühmst, die hundert Zungen
Mir damals priesen und mir manches Jahr
Nachher gepriesen haben, sah ich nicht.
Am stillen Ort, wohin kaum unterbrochen
Der letzte Widerhall der Freude sich
Verlieren konnte, mußt ich manche Schmerzen
Und manchen traurigen Gedanken leiden.
Mit breiten Flügeln schwebte mir das Bild
Des Todes vor den Augen, deckte mir
Die Aussicht in die immer neue Welt.
Nur nach und nach entfernt' es sich und ließ
Mich wie durch einen Flor die bunten Farben
Des Lebens, blaß, doch angenehm, erblicken.
Ich sah lebend'ge Formen wieder sanft sich regen.
Zum erstenmal trat ich, noch unterstützt
Von meinen Frauen, aus dem Krankenzimmer,
Da kam Lukretia voll frohen Lebens
Herbei und führte dich an ihrer Hand.
Du warst der erste, der im neuen Leben
Mir neu und unbekannt entgegentrat.

Da hofft ich viel für dich und mich; auch hat
Uns bis hierher die Hoffnung nicht betrogen.

Tasso:

Und ich, der ich betäubt von dem Gewimmel
Des drängenden Gewühls, von so viel Glanz
Geblendet und von mancher Leidenschaft
Bewegt, durch stille Gänge des Palasts
An deiner Schwester Seite schweigend ging,
Dann in das Zimmer trat, wo du uns bald,
Auf deine Fraun gelehnt, erschienest – mir.
Welch ein Moment war dieser! O! vergib!
Wie den Bezauberten von Rausch und Wahn
Der Gottheit Nähe leicht und willig heilt,
So war auch ich von aller Phantasie,
Von jeder Sucht, von jedem falschen Triebe
Mit *einem* Blick in deinen Blick geheilt.
Wenn unerfahren die Begierde sich
Nach tausend Gegenständen sonst verlor,
Trat ich beschämt zuerst in mich zurück
Und lernte nun das Wünschenswerte kennen.
So sucht man in dem weiten Sand des Meers
Vergebens eine Perle, die verborgen
In stillen Schalen eingeschlossen ruht.
. . .

Prinzessin:

Mein Freund, die goldne Zeit ist wohl vorbei:
Allein die Guten bringen sie zurück;
Und soll ich dir gestehen, wie ich denke:
Die goldne Zeit, womit der Dichter uns
Zu schmeicheln pflegt, die schöne Zeit, sie war,
So scheint es mir, sowenig, als sie ist,
Und war sie je, so war sie nur gewiß,

Wie sie uns immer wieder werden kann.
Noch treffen sich verwandte Herzen an
Und teilen den Genuß der schönen Welt;
Nur in dem Wahlspruch ändert sich, mein Freund,
Ein einzig Wort: Erlaubt ist, was sich ziemt.
...

Prinzessin:
Willst du genau erfahren, was sich ziemt,
So frage nur bei edlen Frauen an.
Denn ihnen ist am meisten dran gelegen,
Daß alles wohl sich zieme, was geschieht.
Die Schicklichkeit umgibt mit einer Mauer
Das zarte, leicht verletzliche Geschlecht.
Wo Sittlichkeit regiert, regieren sie,
Und wo die Frechheit herrscht, da sind sie nichts.
Und wirst du die Geschlechter beide fragen:
Nach Freiheit strebt der Mann, das Weib nach Sitte.

Tasso:
Du nennest uns unbändig, roh, gefühllos?

Prinzessin:
Nicht das! Allein ihr strebt nach fernen Gütern,
Und euer Streben muß gewaltsam sein.
Ihr wagt es, für die Ewigkeit zu handeln,
Wenn wir ein einzig nah beschränktes Gut
Auf dieser Erde nur besitzen möchten,
Und wünschen, daß es uns beständig bliebe.
Wir sind von keinem Männerherzen sicher,
Das noch so warm sich einmal uns ergab.
Die Schönheit ist vergänglich, die ihr doch
Allein zu ehren scheint. Was übrigbleibt,
Das reizt nicht mehr, und was nicht reizt, ist tot.

Wenn's Männer gäbe, die ein weiblich Herz
Zu schätzen wüßten, die erkennen möchten,
Welch einen holden Schatz von Treu' und Liebe
Der Busen einer Frau bewahren kann,
Wenn das Gedächtnis einzig schöner Stunden
In euren Seelen lebhaft bleiben wollte,
Wenn euer Blick, der sonst durchdringend ist,
Auch durch den Schleier dringen könnte, den
Uns Alter oder Krankheit überwirft,
Wenn der Besitz, der ruhig machen soll,
Nach fremden Gütern euch nicht lüstern machte:
Dann wär uns wohl ein schöner Tag erschienen,
Wir feierten dann unsre goldne Zeit.

Leonore von Este, die wieder Lebensfreude durch Tasso gewinnt, die ihm als langgesuchtes Ideal erscheint, die ihn beruhigt und in die Grenzen der Schicklichkeit verweist, die männliche Liebe als etwas Vergängliches mißtrauisch betrachtet, die den Charme des Dichters und seine Anziehungskraft auf die Frauen durchschaut, die am Ende der Szene an sein besseres Ich appelliert und ihn zur Mäßigung aufruft – das ist Charlotte von Stein, wie sie uns in den Briefen Goethes erscheint.

Nicht weiter, Tasso! Viele Dinge sind's,
Die wir mit Heftigkeit ergreifen sollen:
Doch andre können nur durch Mäßigung
Und durch Entbehren unser eigen werden.
So, sagt man, sei die Tugend, sei die Liebe,
Die ihr verwandt ist. Das bedenke wohl!

Zur Zeit der Abfassung des zweiten Aktes des »Tasso« hatte sich eine entscheidende Veränderung im Verhältnis Charlottes zu ihrem Dichter ergeben. Die jubelnden Briefe Goethes legen es nahe zu glauben, Frau von Stein habe ihm endlich ihre Liebe bekannt, sie habe seine Bemühungen mit Vertrauen belohnt, ihn als ihrer Liebe würdig anerkannt. Am 7. März sprach Goethe die Überzeugung aus: »Noch nie hab ich Sie so lieb gehabt, und noch nie bin ich so nah gewesen, Ihrer Liebe wert zu sein«, am 8. März antwortete er ihr auf Zeichen ihrer Eifersucht mit einer quasi zusammenfassenden Beurteilung ihres Verhältnisses, das bereits mehr als fünf Jahre währte: »Gestern auf dem langen Weg dacht ich unsrer Geschichte nach, sie ist sonderbar genug. Ich habe mein Herz einem Raubschlosse verglichen, das Sie nun in Besitz genommen haben, das Gesindel ist draus vertrieben, nun halten Sie es auch der Wache wert; nur durch Eifersucht auf den Besitz erhält man die Besitztümer. Machen Sie's gut mit mir, und schaffen Sie gottselig den Grimmenstein in Friedenstein um. Sie haben es weder durch Gewalt noch List, mit dem freiwillig sich Übergebenden muß man aufs edelste handeln, und sein Zutrauen belohnen ... Setzen Sie Ihr gutes Werk fort, und lassen Sie mich jedes Band der Liebe: Freundschaft, Notwendigkeit, Leidenschaft und Gewohnheit mich täglich fester an Sie binden. Wir sind in der Tat unzertrennlich, lassen Sie es uns auch immer glauben und immer sagen.«

Auf diesen überzeugenden, bittenden Liebesbrief schien Charlotte von Stein zum Entzücken Goethes geantwortet zu haben; sein Brief vom 12. März ist – bis auf die letzte Zeile – zum ersten Mal der Brief eines sicheren, glücklich Liebenden:

»Meine Seele ist fest an die Deine angewachsen, ich mag keine Worte machen, Du weißt, daß ich von Dir unzertrennlich bin und daß weder Hohes noch Tiefes mich zu scheiden vermag. Ich wollte, daß es irgendein Gelübde oder Sakrament gäbe, das mich Dir auch sichtlich und gesetzlich zu eigen machte, wie wert sollte es mir sein. Und mein

Noviziat war doch lang genug, um sich zu bedenken. Adieu. Ich kann nicht mehr *Sie* schreiben, wie ich eine ganze Zeit nicht *Du* sagen konnte ... Leb wohl, ich kann nicht von Dir kommen, wenn nicht des Blätgens Ende wie zu Hause die Türe mich von Dir noch schiede.«

Allein die Tatsache der getrennten Wohnungen empfand der beglückte Verehrer noch als störend, obwohl er zeitweise mehr bei Charlotte als bei sich wohnte. Aber die Freundin war nun einmal verheiratet, und es gab kein Sakrament, das diese enge Verbundenheit auch äußerlich und legal anzeigen konnte. Goethe vermochte die geliebte Frau nicht ganz für sich zu gewinnen, er konnte nur ihre Liebe, ihr Vertrauen genießen und hoffen, daß sich an ihrem Verhältnis nichts änderte: »Wir haben noch so keinen schönen Frühling zusammen erlebt, mögte er keinen Herbst haben«, »O, könnt ich Dir sagen, was ich Dir schuldig bin«.

Als ihn Anfang Juli eine Erkrankung Charlottes und die Erkältung ihrer Kinder ängstigte, bekannte Goethe: »In sorglichen Augenblicken ängstigt mich Dein Fuß und Deiner Kinder Husten. Wir sind wohl verheiratet, das heißt: durch ein Band verbunden, wovon der Zettel aus Liebe und Freude, der Eintrag aus Kreuz, Kummer und Elend besteht. Adieu, grüße Steinen. Hilf mir glauben und hoffen.« Die Liebenden teilten im ehelichen Sinne Freude und Leid, fühlten sich füreinander verantwortlich und tief verbunden. Und doch ließ Goethe den Ehemann Charlottes grüßen. Der Dichter und der Oberstallmeister verstanden sich gut und respektierten sich. Goethe empfing Charlotte auch mit ihrem Mann im Gartenhaus, wenn Josias Stein in Weimar war. Gemeinsam unternahmen die beiden Männer Reisen mit dem Herzog, und Herr von Stein ließ Goethes Briefe an seine Frau zusammen mit seinen Nachrichten durch denselben Boten befördern. Er vertraute Charlotte und hatte gegen den Verehrer seiner Frau nichts einzuwenden. Ob-

Josias von Stein.
Aus dem Silhouettenalbum der Marianne von Willemer

wohl Goethe gewiß der Gedanke an eine Heirat mit Charlotte einige Zeit lang nicht fern lag, erwies er Josias von Stein aus Liebe zu Charlotte so manche Gefälligkeit und begegnete ihm freundlich: »Es wird mir recht natürlich, Steinen gefällig zu sein und ihm leben zu helfen. Ich bin es Dir schuldig, und was bin ich Dir nicht jeden Tag und den Deinigen schuldig. Was hilft alle(!) das Kreuzigen und Segnen der Liebe, wenn sie nicht tätig wird. Führe mich auf alles, was Dir gefallen kann, ich bitte Dich, denn ich fühl's nicht immer.«

Charlottes Biograph Wilhelm Bode berichtet, daß Josias von Stein auch an den gelegentlichen Klatschereien, die es gewiß in Weimar gegeben haben mag, keinen Anstoß nahm, weil er wußte, daß er sich auf seine Frau und ihre Anerkennung des Schicklichen fest verlassen konnte, obwohl er mit ihr nicht in leidenschaftlicher Liebe verbunden war.

Josias von Stein, die Mitglieder der herzoglichen Familie und der Hofgesellschaft fanden am Umgang Charlotte von Steins mit Goethe nichts auszusetzen. Eine außerehelichsexuelle Beziehung hätte in Weimar nicht verborgen bleiben können und wäre gewiß nicht von Herzogin Luise, die für ihre Sittenstrenge bekannt war, gebilligt worden, aber ihr war Charlotte stets die vertrauteste und geliebteste Freundin. Schiller gab die allgemeine Meinung, die in Weimar herrschte, wieder, als er seinem Freund Körner nach der ersten Begegnung mit Charlotte von Stein über deren Verhältnis zu Goethe berichtete: »Man sagt, daß ihr Umgang ganz rein und untadelhaft sein soll.«

Nachdem Goethe sich der Liebe Charlottes sicher sein konnte, brachte er auch endgültig Ordnung in seine Beziehungen zu anderen Frauen, um die Eifersucht der Einzigen nicht zu erregen. Mit dem »Miseln« war es zwar schon eine ganze Zeit vorbei, aber das Verhältnis zur schönen Corona Schröter schien noch nicht ganz geklärt.

Bei Mißverständnissen mit Charlotte und bei Abwesenheit Frau von Steins hatte Goethe häufig Trost bei der schönen Schauspielerin gesucht, manchmal auch gegenüber Charlotte mit seiner Freundschaft zur »Crone« kokettiert. Nun schrieb er einen klärenden Brief an Corona, nachdem es vorher zwischen ihnen einen Streit – vielleicht wegen der Zuneigung des Herzogs zu der jungen Schauspielerin – gegeben hatte: »Wie oft hab ich nach der Feder gegriffen, mich mit Dir zu erklären! Wie oft hat mir's auf den Lippen geschwebt. Ich habe groß Unrecht, daß ich es solang habe hängen lassen und kann mich nicht entschuldigen, ohne an Saiten zu rühren, die zwischen uns nicht mehr klingen müssen. Wollte Gott, Du mögest ohne Erklärung Friede machen und mir verzeihen. Mein Zutraun hast Du wieder, meine Freundschaft hast Du wieder, meine Freundschaft hast Du nie verloren ... Mein Herz ist gegen Dich gesinnt, wie Du es wünschen kannst, nimm es so an ... Mögte doch das so lange schwebende Verhältnis endlich fest werden.«

Hatte Goethe bereits im September 1780 Lavater gestanden, als dieser ihn auf die Begegnung mit der schönen Gräfin Branconi ansprach: »Auch tut der Talisman jener schönen Liebe, womit die St(ein) mein Leben würzt, sehr viel. Sie hat meine Mutter, Schwester und Geliebten nach und nach geerbt, und es hat sich ein Band geflochten, wie die Bande der Natur sind« – um wieviel mehr mußte ihm ab dem Frühjahr 1781 klar sein, daß Charlotte von Stein allein Anspruch auf seine Liebe machen konnte, Frau von Stein, über die der Lavater-Vertraute Tobler im Mai desselben Jahres befand, sie wäre »die angenehmste, umgänglichste« Frau in Weimar.

Am 9. Oktober 1781 schickte Goethe Charlotte von Stein ein Gedicht, das ihr recht gab, wenn sie – nun eifersüchtig – darauf bestand, die einzige Frau im Leben des Dichters zu sein, obwohl sie nicht seine Frau werden konnte oder wollte.

Den einzigen, Lotte, welchen du lieben kannst,
Foderst(!) du ganz für dich und mit Recht.
Auch er ist einzig dein. Denn seit ich von dir bin,
Scheint mir des schnellsten Lebens lärmende Bewegung
Nur ein leichter Flor, durch den ich deine Gestalt
Immerfort wie in Wolken erblicke,
Sie leuchtet mir freundlich und treu,
Wie durch des Nordlichts bewegliche Strahlen
Ewige Sterne schimmern.

Und das Jahr klingt voller Liebe aus: »Dem Himmel sei
Dank, daß ... Deine Liebe bleibend ist«, »Fahre fort, mir
wohltätig zu sein«.

Zweifel

»Ich kann nicht instinktmäßig lieben . . .«
1782-1786

Am 3. Februar 1782 bekannte Goethe seinem Freund Knebel: »Die Stein hält mich wie ein Korkwams über dem
Wasser, daß ich mich auch mit Willen nicht ersäufen könnte.«

So voller Zuversicht hatte er auch seine Geliebte am
ersten Tag des neuen Jahres begrüßt; seit Goethe der Liebe
Charlottes sicher sein konnte, glaubte er fest daran, daß ihm
nun nichts mehr geschehen könne: »Mit dem ersten lang-
samen Scheine des Tages sag ich Dir einen Willkomm in's
neue Jahr, Du weißt, mit welcher Zufriedenheit ich es an-
fange, und daß ich nur einen Wunsch habe, Dir recht
dankbar sein zu können, da ich Dir alles schuldig bin. Es ist
mir, als wenn mich nun kein Übel berühren könnte, die
schönsten Aussichten liegen vor mir.«

Obwohl Charlotte in den Wintermonaten häufig kränkelte und an vielen Vergnügungen während der Karnevalszeit
nicht teilnehmen konnte – so entging ihr etwa der gemeinsame Auftritt Goethes und ihres Mannes, die am 18. Januar
als Zauberer in einer Ritterposse mitspielten –, stand das
Verhältnis der beiden Liebenden zunächst unter einem har-
monischen Stern. Wenn Goethe Charlotte von Stein am
11. Februar bekannte: »Es ist mir in Deiner Liebe, als wenn
ich nicht mehr in Zelten und Hütten wohnte, als wenn ich
ein wohlbegründetes Haus zum Geschenk erhalten hätte,
drinne zu leben und zu sterben, und alle meine Besitztümer
drinne zu bewahren«, so hatte er sein Gefühl der Gebor-
genheit, das ihm Charlottes Zuneigung vermittelte, in ein
treffendes Bild gekleidet.

Immer wieder versicherte der Dichter Charlotte, wie glücklich sie ihn machte, wie sehr er ihr gehörte: »Mein ganzes Wesen wird Dir immer fester verbunden. Du weißt es, aber fühl es auch, und sei glücklich, wie Du mich glücklich machst«, »Lebe wohl, ich bin auf alle Weise Dein«. Er feierte sie sogar als die Erfüllung seines Lebenstraumes: »O, Du Beste! Ich habe mein ganzes Leben einen idealischen Wunsch gehabt, wie ich geliebt sein mögte, und habe die Erfüllung immer im Traume des Wahns vergebens gesucht, nun, da mir die Welt täglich klärer wird, find ich's endlich in Dir auf eine Weise, daß ich's nie verlieren kann«, »... Du liebste Aussicht meines ganzen Lebens ... Du Einzige, in die ich nichts zu legen brauche, um alles in Dir zu finden«. Charlotte mußte sich, wenn sie solche Beteuerungen las, darüber klar sein, daß sie Goethe als seine Zukunft erschien, daß sie der Garant war für sein weiteres glückliches Leben, daß sie ihm, so wie sie ihm entgegentrat, die einzige Frau geworden war, die er lieben konnte, durch die er sich beruhigt und sein Leben geordnet sah.

Diese Lobpreisungen und Dankesworte, die Goethe in den höchsten Tönen sang, waren dazu angetan, die geliebte Frau zu beglücken und sie immer wieder zu bitten, in ihrer Liebe nicht nachzulassen, auf seine Zuneigung zu vertrauen und ihm weiter zu helfen.

Jene doch eigentlich unnatürliche und unnatürlich-gesteigerte Liebe war nicht zuletzt eine Aufgabe. Wie häufig hatte Goethe Charlotte gebeten, ihn gut zu machen, ihr Werk an ihm zu vollenden, wie hatte er sie in seinen Gedichten, in der »Iphigenie« und im »Torquato Tasso« als seine Erzieherin gefeiert, der er ein ausgeglicheneres Wesen und eine harmonischere Stellung zur Welt verdankte.

Charlotte von Stein, die – wie schon mehrfach erwähnt – dazu neigte, an ihre Mitmenschen hohe Anforderungen zu stellen und zu kritisieren, investierte sicherlich einen gro-

Karl von Stein

ßen Teil ihrer Liebe zu Goethe in seine Erziehung, in die Aufgabe, ihn – in ihrem Sinne – zu vervollkommnen.

Was sie als alternde Frau, im September 1801, an ihren Sohn Fritz schrieb, kann als die Maxime ihrer Art zu lieben angesehen werden: »Ich kann nicht instinktmäßig lieben, wie ich's bei vielen sehe ... es verlangt mich nach Vollkommenheit, so viel es hier möglich ist, in dem Gegenstand, der mich an sich zieht.«

Diese apodiktische Aussage macht auch die Grenzen der Liebesfähigkeit Charlottes deutlich, ihre Liebe mußte ethisch zu begründen sein, Liebe um der Liebe willen war ihr fremd. Sie konnte nur lieben, wenn sie glaubte, einen Menschen gefunden zu haben, der sich ihrer Liebe wert erwies, z. B. in seinem Streben nach Vollkommenheit. Und sie war nicht leicht zufrieden! Ihre Söhne konnten ein Lied von der Kritisiersucht Charlottes singen: »Ich habe meine Mutter recht lieb, nur ihre Façons nicht, vermöge welcher sie mit dem besten Willen vielleicht die unangenehmsten Sachen sagt«, klagte Karl von Stein, als er längst ein verheirateter Mann war, einmal seinem Bruder Fritz.

Sogar bei Fritz, ihrem Lieblingskind, zeigte sich Charlotte nicht fähig zu instinktmäßiger Zuneigung. Selbst in den liebevollsten Briefen an ihren jüngsten Sohn fanden sich Ermahnungen und kritische Anmerkungen, etwa als sie ihm im September 1783 auf einen Brief antwortete, den er der Mutter von seiner Harzreise, die er gemeinsam mit Goethe unternahm, geschrieben hatte: »Es freut mich sehr, daß Du in der schönen weiten Welt meiner gedenkst, und mir dieses, obzwar nicht mit sehr wohlgestalten, doch mit leidlichen Buchstaben zu erkennen gibst. Da Du so viel länger weg bist, als ich glaubte, fürchte ich, es wird mit Deiner Garderobe schlimm aussehen. Wenn Deine Kleider nichts taugen und Du vielleicht dazu, so sage nur dem Geheimderat Goethe, daß er mein liebes Fritzchen ins Wasser werfe.

Dein Briefchen habe ich bestellt, auch an alle Pagen Dein Kompliment gemacht. Die jungen Zwiebeln zu legen, will ich besorgen. Die jungen Kätzchen machen Dir eine Empfehlung und springen und balgen sich wie ehemals die jungen Herren von Stein. Murz ist aber so ernsthaft worden wie Deine alte Mutter. Lebe wohl, erkenne Dein Glück, und bemühe Dich, durch Deine Aufführung dem Geheimderat wohlgefällig zu werden.«

Seit dem 25. Mai 1783 hatte Charlotte ihren Sohn Fritz Goethe zur Erziehung übergeben. Karl war bereits zum Studium fort, Ernst erlernte die Forstwirtschaft. Als Fritz im Zusammensein mit den anderen Pagen am Hof ein wenig zu verwildern drohte, wandte sich die Mutter im Frühjahr 1782 hilfesuchend an ihren Freund, der ihr, nachdem er sich einen ganzen Tag mit dem Kind beschäftigt hatte, beruhigend schrieb: »Ich hatte heute schon einen sehr schönen Anfang mit Fritzen gemacht. Er ist den ganzen Tag bei mir und fleißig, munter und gut... Sei ruhig, es wird sich geben... ich will ihm alles sein, was ich kann. Beruhige Dich. Lebe wohl und fürchte nicht.«

Goethe kümmerte sich väterlich um Fritz, auch dies verstand er als Liebesdienst an der Freundin: »... ich liebe Dich in ihm.« Fritz von Stein hat sich später gern an das Zusammenleben mit Goethe erinnert: »Nachdem mein Lehrer Kästner Pagenhofmeister geworden, erteilte er mir noch Unterricht, und ich schlief in seiner Wohnung. Mein zweiter Bruder Ernst, der Jagdpage des Herzogs war, ging zu dieser Zeit auf das Land zu einem Forstmanne, um das Forstwesen zu lernen. Hierdurch war ich öfter allein unter den Pagen, welches Goethe abzuändern, wie es notwendig wurde, mir ein Zimmer in seinem Hause gab. Unendlich war die Sorge und Liebe, mit der er mich behandelte, und ich verdanke ihm sehr viel in dieser glücklichen Epoche von 1782-86, wo er nach Italien reiste.«

Goethes Haus am Frauenplan

Als Goethe den jüngsten Sohn Charlottes ganz zu sich genommen hatte, berichtete Frau von Stein am 2. Juni 1783 voller Zufriedenheit über dieses Arrangement ihrer Schwägerin Sophie von Schardt: »Noch etwas, das mir sehr lieb ist. Goethe hat Fritzen zu sich genommen und benimmt sich so verständig und gütig in seiner Erziehung, daß man von ihm lernen kann. Er ist von den wenigen, der Rousseaus innern Sinn der Erziehung zu fassen weiß, und weil Fritz von Natur ein hübsches Ebenmaß in sich hat, macht's Goethen selbst Freude, sich mit ihm abzugeben.«

Charlottes Einwilligung, ihren jüngsten Sohn dem Freund zu überlassen, ist häufig als erneuter Beweis ihrer Kälte, der fehlenden mütterlichen Gefühle gewertet worden. Ohne zu bestreiten, daß Charlotte von Stein sicherlich keine übermäßig zärtliche Mutter war, daß sie die beständige Gegenwart ihrer Kinder gut entbehren konnte, liegt es aber doch auch nah, daß sie ihren Sohn als eine Form des Vertrauensbeweises ihrem Freund anvertraute. Goethe wertete es zumindest so: »Du weißt doch, wie sehr ich Dich auch in ihm liebe und wie ich mich freue, dies Pfand von Dir zu haben.« Für Goethe erhöhte sich die Verbundenheit mit Charlotte nur noch mehr dadurch, daß er die Verantwortung für ihren Sohn übernommen hatte.

Seit Goethe am 2. Juni 1782 auch in der Stadt ein Domizil besaß, das Haus am Frauenplan, das mit seinem Garten an die Rückseite der Steinschen Wohnung an der Ackerwand stieß, wurde das tägliche Zusammensein der Liebenden auch nicht mehr durch widrige Witterungsverhältnisse behindert.

Obwohl ihm die Einsamkeit und die Ruhe des Gartenhauses wohltuend waren, erschienen diese Vorteile Goethe angesichts der Tatsache, Charlotte nun so nah zu sein, gering. Am Einzugstag meldete er ihr fröhlich: »Zum erstenmale aus dem neuen Quartier schreib ich und schick ich Dir, was Du aus dem alten so oft erhieltest, einen Morgengruß und die Versicherung meiner Liebe. Es ist mir ganz einerlei, wo ich bin, wenn ich Dir nur nah wohne«, und am nächsten Tag: »Guten Morgen, meine liebste Nachbarin. Eine Kutsche, die Wielanden nach Hause brachte, und das Rufen der Wache hat mich schon fühlen lassen, daß ich von meiner schönen Einsamkeit getrennt bin. Bin ich es doch nicht von Dir, vielmehr Dir immer näher.«

Man sah sich häufig, aß regelmäßig zusammen, las und zeichnete auch gemeinsam. Charlotte besuchte die Zeichenschule und vervollkommnete sich immer mehr in Landschaftsmalerei und im Porträtzeichnen. Goethe, Knebel, ihre Söhne lobten ihr Talent, »ihre Geschicklichkeit für die Kunst«, wie der alte Freund Carl August von Knebel in seiner Charakteristik festgestellt hatte. In ihrer überkritischen Art machte Frau von Stein auch nicht vor der eigenen Person und ihren Leistungen halt und hielt – entgegen der Meinung ihrer Freunde – die meisten ihrer Zeichnungen für nichts Besonderes. Als Knebel sie im Januar 1783 um eine von ihr gemalte Landschaft bat, schickte sie ihm statt dessen ein Bild, das Goethe gezeichnet hatte, mit folgender Begründung: »Da ich bis jetzt nichts Ihrer würdig von meiner Arbeit habe, so schicke ich Ihnen ein Landschäftchen, das mir Goethe geschenkt. Hängen Sie es uns beiden zum Andenken an eine von Ihren Wänden!«

Man zeichnete nicht nur, man las auch gemeinsam und diskutierte über das Gelesene, was Charlottes Bildungseifer sehr entgegenkam, sie scheute sich nicht, Knebel mitzuteilen, wie froh es sie machte, an den intelligenten Gesprächen teilnehmen zu können: »Goethe, mein treuer Abendgast, . . . unterhält mich oft von Ihnen . . . Herder ist gar gutmütig und Wieland recht freundschaftlich . . . Der Herzog ist recht gut, verständig und liebenswürdig, Goethe weise. Erfahrung und Gesundheit können ihn noch zum Meister machen. Ich halte mich glücklich, daß mir beschieden ist, seine goldenen Sprüche zu hören.«

Goethe diktierte Charlotte Passagen aus seinem »Wilhelm Meister«, berichtete ihr vom Fortgang der Arbeit, ließ sich von ihr anspornen. Ja, Frau von Stein erwärmte sich auch seinetwillen für Spinoza und für die Naturwissenschaften, freute sich mit ihm über seine Entdeckung des Zwischenkieferknochens.

Im Mai 1784 berichtete Charlotte Knebel über ihr neues Interessengebiet: »Herders neue Schrift [›Ideen zur Philosophie der Geschichte der Menschheit‹, 1. Teil] macht wahrscheinlich, daß wir erst Pflanzen und Tiere waren; was nun die Natur weiter aus uns stampfen wird, wird uns wohl unbekannt bleiben. Goethe grübelt jetzt gar denkreich in diesen Dingen, und jedes, was erst durch seine Vorstellung gegangen ist, wird äußerst interessant. So sind mir's durch ihn die gehässigen Knochen geworden und das öde Steinreich.« Und im Herbst desselben Jahres schrieb sie an ihre Schwägerin, Sophie von Schardt, aus Kochberg: »Goethe hat mir gesagt, daß Du traurig wärst. Dies, hoffe ich, wird uns einander näher bringen, und wir werden veranlaßt werden, unsere Traurigkeit auf die großen Erscheinungen des Ernstes der Natur zu wenden. Ich lese jetzt eine Physik: das Kapitel über den Magnet ist so anziehend als möglich, und ich habe lange nichts gefunden, was meine Wißbegierde mehr gereizt hätte . . .«

Aber trotz des regen geistigen Austausches, trotz der gegenseitigen Liebesbeteuerungen – Goethe dankte häufig für ihre liebevollen Briefe, aus denen er ihre Treue erkannte – kam es immer wieder zu heftigen Auseinandersetzungen und tiefen Verstimmungen; Charlotte war nicht einfach im Umgang, aber eine beleidigte Charlotte stellte den Liebhaber vor eine harte Aufgabe. Sie hatte kein weiches Naturell, sie konnte nicht nachgeben und nur sehr schwer verzeihen. Ein Streit, der sich Mitte Juli 1782 abspielte, hatte eine Flut von bittenden Briefen Goethes zur Folge, die zeigen, welch ein kleines Drama sich zwischen Frau von Stein und ihrem Verehrer ereignete. Er schrieb ihr am 18. Juli: »Gib, L. L., ein Zeichen des Lebens und der Liebe von Dir. Gestern konnte mir den ganzen Tag nicht wohl werden«, am 19. Juli: »Sage mir, L. Lotte, wie bist Du aufgestanden? Sag mir, es ist physisch, oder hast Du etwas in der Seele, was Dich kränkt? Du glaubst nicht, was mich Dein Zustand gestern geängstigt hat. Das einzige Interesse meines Lebens ist, daß Du offen gegen mich sein magst. Das Eingeschlossne halt ich nicht aus«, am 20. oder 21. Juli: »Du hast mein Herz in Verwahrung, und also brauchst Du weiter nichts. Die Zeit wird ja wohl auch wieder kommen, wo das Deinige sich öffnet«, am 22. Juli: »Ich will nicht überlästig sein, aber nur so viel sagen, daß ich's nicht verdient habe. Daß ich's fühle. Und schweige ... Du mußt mir noch ein Wort sagen, sonst hab ich keine Ruhe. Ich bin Dir viel schuldig, das weiß ich wohl, aber Du bist mir's auch. Laß mich nicht so.«

Am 23. Juli erfolgte dann eine vermeintliche Versöhnung: »So war es denn, Gott sei Dank, ein Mißverständnis, das Dich Dein Billet schreiben ließ. Ich bin noch betäubt davon. Es war wie der Tod, man hat kein Wort und keinen Begriff für so etwas ... Öffne mir Dein Herz wieder, l. L.«, aber nur einen Tag später gab es eine erneute Katastrophe: »Noch weiß ich nicht, wie mir ist, daß der Zustand bald vorübergehn möge. Es ist noch so heiß, in einigen Stunden will ich kommen, will abwarten, wo es hinaus will, mein ganzes Wesen ist in seinem Innersten angegriffen. So tief Deine Liebe drang und mir wohl machte, so tief hat der Schmerz die Wege gefunden und zieht mich in mir selbst zusammen. Ich kann nicht weinen und weiß nicht wohin. Adieu, verzeih mir. Dein Schmerz ist's, der mich ängstigt. Wenn Dir's nicht wieder mit mir wohl werden kann, so geb ich auf, eine freudige Stunde zu haben.«

Am 24. Juli berichtete Goethe über seinen Zustand, nachdem es wieder zur Annäherung gekommen war: »Es wird, hoff ich, werden, noch sitze ich da und sehe vor mich hin, es ist mir so wie eine Leerheit in meinem ganzen Wesen. Tausend Dank für Deine Liebe. Ich kann nichts zusammenbringen. Ängstige Dich nicht, Du kannst alles. O, Geliebte«, und einen Tag später: »Ich habe lange geschlafen und gut, Dein frühes Zettelgen empfängt mich und ist der erste Gruß des neuen Tags. Mir ist um vieles besser, noch wie ein vom Blitz Gestreifter fühl ich eine kleine Lähmung, die wird aber bald verschwinden, wenn die einzige Arzenei angewendet wird. Wenn ich noch daran zurückdenke, so graust mich's wieder, und ich kann nicht eher ruhig werden, als bis ich für die Zukunft sicher bin. Wie gern will ich mich heute durch die Blechkasten und Akten durcharbeiten, da ich zu Dir mit Freuden meine Gedanken wenden kann. Lebe wohl und sei versichert, daß mein ganzes Wesen an Dich gebunden ist.« Noch einige Tage später wirkte die Erschütterung über die Auseinandersetzung nach: »Du bist herzlich gut und lieb, aber Du kannst auch nicht zu viel tun. Denn nur ein Hauch, nur ein Laut, der nicht stimmend von Dir zu mir herüberkommt, verändert die ganze Atmosphäre um mich«, »Meine Liebste, meine Einzigste, wie dank ich Dir für alles, was Du mir tust. Ich wäre auch ohngefordert gekommen, wie kannst Du es anders denken. Aber ich bedarf's auch, glaub es mir. Jeder Zweifel von Dir erregt ein Erdbeben in den innersten Festen der Tiefe meines Herzens.«

In dem Sommer, in dem es zu den Streitigkeiten gekommen war, hatte Goethe sich wohl noch einmal veranlaßt gesehen, der Freundin ein literarisches Denkmal zu setzen. Ab 1781 bemühte sich Goethe, seinen »Werther« umzuarbeiten, eine Arbeit, die erst 1786 mit der Fertigstellung der zweiten Fassung des Romans endete. Abgesehen davon, daß die Sprache gefeilt und von zu vielen Sturm und Drang-

Ausdrücken gereinigt, die Gestalt des Albert sympathischer gezeichnet und die äußerst wichtige Bauernburschen-Episode eingefügt wurde, gelang es Goethe auch, Charlotte von Stein in den Verlauf der Geschichte »einzuschmuggeln«. In der zweiten Fassung lesen wir im Brief vom 12. September 1772 (unter diesem Datum findet sich in der ersten Fassung keine Eintragung) von der Wiederbegegnung Lottes mit Werther nach einer kurzen Abwesenheit der Geliebten: »Sie war einige Tage verreist, Alberten abzuholen. Heute trat ich in ihre Stube, sie kam mir entgegen, und ich küßte ihre Hand mit tausend Freuden.

Ein Kanarienvogel flog von dem Spiegel ihr auf die Schulter. ›Einen neuen Freund‹, sagte sie und lockte ihn auf ihre Hand, ›Er ist meinen Kleinen zugedacht. Er tut gar zu lieb! Sehen Sie ihn? Wenn ich ihm Brot gebe, flattert er mit den Flügeln und pickt so artig. Er küßt mich auch, sehen Sie!‹

Als sie dem Tierchen den Mund hinhielt, drückte es sich so lieblich an die süßen Lippen, als wenn es die Seligkeit hätte fühlen können, die es genoß.

›Er soll Sie auch küssen‹, sagte sie und reichte den Vogel herüber. Das Schnäbelchen machte den Weg von ihrem Munde zu dem meinigen, und die pickende Berührung war wie ein Hauch, eine Ahnung liebevollen Genusses.

›Sein Kuß‹, sagte ich, ›ist nicht ganz ohne Begierde, er sucht Nahrung und kehrt unbefriedigt von der leeren Liebkosung zurück.‹

›Er ißt mir auch aus dem Munde‹, sagte sie. Sie reichte ihm einige Brosamen mit ihren Lippen, aus denen die Freuden unschuldig teilnehmender Liebe in aller Wonne lächelten.

Ich kehrte das Gesicht weg. Sie sollte es nicht tun! sollte nicht meine Einbildungskraft mit diesen Bildern himmlischer Unschuld und Seligkeit reizen und mein Herz aus dem Schlafe, in den es manchmal die Gleichgültigkeit des

Lebens wiegt, nicht wecken! – Und warum nicht? – Sie traut mir so! sie weiß, wie ich sie liebe!«

Charlotte besaß Kanarienvögel, die sie sehr liebte, die sie auch auf kleineren Reisen mitnahm und mit denen sie zärtlich umging, die vielleicht auch – wie später ihr Hund – Goethes Eifersucht hervorriefen. Später tröstete Goethe sie sogar einmal über den Tod eines ihrer Vögel, indem er ihr heimlich einen neuen Kanarienvogel in den Käfig setzen ließ.

Wenn Charlottes Biograph Bode meint, die eingeschobene Szene im »Werther« könne sich auf das Treffen Charlottes mit Goethe in Ilmenau am 5. August 1776 beziehen, als sie ihm entgegengefahren war und den Tag mit ihm verbrachte, ist dies nicht abwegig. Über diese Stunden mit Charlotte hatte Goethe damals entzückt an Herder geschrieben: »Einen ganzen Tag ist mein Aug nicht aus dem ihrigen kommen, und mein gnomisch verschlossen Herz ist aufgetaut.« Es ist also ohne weiteres vorstellbar, daß Goethe bei der Überarbeitung seines Jugendwerks der Frau, die ihm zu der Zeit am nächsten stand, die er so liebte, auch noch einen kleinen Platz in seinem Roman verschaffte.

Aber Unstimmigkeiten kamen zwischen Goethe und Charlotte weiterhin häufig vor; im Juni 1783 schrieb Charlotte an ihre Schwägerin, Sophie von Schardt, über ihr Verhältnis zu Goethe: »... mündlich ist nicht mit ihm zu sprechen, ohne daß wir uns beide weh tun, wie ich Dir schon letzt etwas davon geschrieben habe...« Und wenn man Goethes Briefe aus dem Juli 1782 betrachtet, so muß Frau von Stein in ihrem Zorn sehr scharf und verletzend und nicht schnell zu versöhnen gewesen sein. Ein unbedachtes, lockeres Wort, ein ihr allzu nonchalant erscheinendes Betragen riefen ihren Mißmut hervor, sie wünschte keine Extreme, zeigte sie doch selbst auch keine. Auch darin hat sie Goethe erzogen, ihm Manieren beigebracht: Vielen Besuchern, die noch von früher den Stürmer und Dränger kannten, verwunderten oder entsetzten sich über das ihnen steif, kalt, distanziert, »geheimrätlich« vorkommende Betragen des Dichters. Selbst so wohlwollende Freunde wie die Grafen Stolberg stellten eine nicht zu leugnende Veränderung fest. »Als wir bei Tische saßen, kam Goethe, blaß wie die Wand vor Freude und Rührung, war ganz unser alter Goethe von dem Augenblick an bis heute morgen, da er uns verlassen hat, weil er mit dem Herzog auf den Landtag muß. Er ist weniger brausend... (›brausend‹ ist nicht das wahre Wort), weniger leicht aufflammend, gewiß nicht weniger feurig als er war...«, berichtete Friedrich Leopold Graf zu Stolberg seinem Freund Johann Heinrich Voß. Als er einige Tage später seiner Schwester Katharina aus Karlsbad rückblickend vom Aufenthalt in Weimar erzählte, beschrieb er auch ihr, wie er Goethe angetroffen hatte: »In Weimar ward uns von Herzen wohl. Goethe war ganz der alte geist- und liebevolle Goethe und fühlte sich um neun Jahre verjüngt. Er ist zwar noch nicht alt, just zwischen meinem Bruder und mir, aber acht Jahre fataler Geschäfte sind doch keine kleine Zeit.«

Das Problem, das Graf Stolberg in seinem Brief anspricht, war in den folgenden Jahren eines der drängendsten für Goethe: Die Arbeit in der Regierung, die stetig zunehmenden Ämter belasteten ihn sehr, fraßen seine Zeit auf, ließen ihm nicht genügend Muße, um konzentriert an seinen Dichtungen zu schreiben. Auch Charlotte klagte er deswegen häufig sein Leid. Am 10. August 1782 berichtete er ihr über die Fortschritte bei der Arbeit am »Wilhelm Meister« und gestand: »Eigentlich bin ich zum Schriftsteller geboren. Es gewährt mir eine reinere Freude als jemals, wenn ich etwas nach meinen Gedanken gut geschrieben habe.« Ein Brief Charlottes an Knebel vom 20. April 1785 zeigt, daß Goethe sich im Laufe der Jahre immer weniger mit den Halbheiten

Johann Gottfried Herder
Kreidezeichnung von Friedrich Bury

abfinden konnte, die ihm seine Doppelexistenz als Minister und Schriftsteller aufzwang. Charlotte war ehrlich besorgt um den Freund, schien seine tiefen Selbstzweifel aber letztlich nicht zu verstehen, sein Leiden an der Welt, das ihn in seiner künstlerischen Entfaltung beschränkte, nicht begreifen zu können, da sie selbst keine schöpferische Natur und ihr oberstes Gesetz die Pflichterfüllung war. Sie schrieb: »Es ist sonderbar, daß eben, da ich Ihren Brief erhalte, ich still-traurig über denselben Gegenstand nachdachte, davon Sie mir schreiben. Aber leider ist's da auf der einen Seite, wo unser Freund die Hoffnung aufgegeben, nichts zu ändern, weil nichts zu hoffen ist und moralisch-unrichtiger Takt und Töne in unserm System herrschen. Aber als ein weiser Mann wird er sich's wohl mit der Zeit zurechtlegen.

Überdies geht unser Freund seinen ihm gehörigen Weg. Sie andere Philosophen wissen ja, daß gewisse notwendige Gesetze in der moralischen Natur so gut als in der physischen mit denen (!) Dingen verknüpft sind. So kann ein Verständiger, Edler, Großmütiger, Wohltätiger, Uneigennütziger keinen vergnüglichen Teil mit dieser Welt haben; oder wenn er ihn genießen will, so muß er seinen Himmel verlassen.«

Obwohl sie ihm in diesem entscheidenden Punkt seiner Unzufriedenheit mit seinem Dasein in Weimar nicht ganz folgen und somit auch nicht genügend beistehen konnte, war Charlotte – vor allem in Zeiten, in denen Goethe sich in der kleinen Residenzstadt unbehaglich, fehl am Platz fühlte – oft der alleinige Grund, warum er blieb. Schon die Aufenthalte Charlottes in Kochberg erschienen ihm als unzumutbare Entfernung: »An's Scheiden mag ich gar nicht denken. Ich bin Dir so fest angebunden, daß ich mein Leben zerreißen würde, wenn ich an eine Trennung dächte«, »Guten Morgen, leider bald nicht mehr so nah. Du weißt, daß der beste Teil meines Lebens mit Dir weggeht. Ich werde bestellen, daß ich noch, wenn Du vorbeifährst, Dich einen Augenblick sehe.« Wenn Charlotte nicht in der Nähe war, kamen die Bedenken an seiner ihm nicht ganz geheuren Existenz nur noch häufiger. Am 17. September 1782 schrieb Goethe der Freundin, die er für zwei Tage auf ihrem Gut besucht hatte: »Ganz stille hab ich mich nach Hause begeben, um zu lesen, zu kramen und an Dich zu denken. Ich bin recht zu einem Privatmenschen erschaffen und begreife nicht, wie mich das Schicksal in eine Staatsverwaltung und eine fürstliche Familie hat einflicken mögen«, und am nächsten Morgen: »Die ersten Tage meiner Entfernung von Dir sind immer sehr schmerzhaft, jeden Augenblick mögte ich zu Dir laufen und kann meine Gedanken nirgendhin ableiten... Wie schön wird es sein, wenn Du wieder da bist und nur die Ackerwand uns trennt, Du einzige.«

Charlotte fuhr jedoch in den nächsten Jahren immer häufiger und länger nach Kochberg hinaus, um auf dem Gut, auf dem nicht alles zum besten stand, als Hausherrin nach dem Rechten zu sehen. Im März 1784 meldete sich Knebel: »Ich gehe zu Ende Mai nach Kochberg und werde den Sommer in der größten Einsamkeit zubringen, denn der regierende Hof mit allem, was daran hängt, selbst die fürstlichen Kinder, gehen zu Anfang Juni auf vier Monate nach Eisenach. Unser Freund Goethe muß wegen dem Landtag auch dahin und wird alsdann eine Reise auf den Fichtelberg machen; und so versprech' ich mir selbst von den mir Ergebensten wenig Besuch.« Das Alleinsein in Kochberg kam Charlottes Ruhebedürfnis sehr entgegen, außerdem hatte sie auf ihrem Gut so viel zu erledigen, daß sie Besucher nicht gut gebrauchen konnte. Im Juni 1784 schrieb sie ihrer Schwägerin von ihrem ländlichen Treiben: »Es ist alles dürr und leer und der Geist Gottes schwebt über der Dürre. Doch ist mein größter Zeitvertreib, vor der Haustüre auf der Brücke zu sitzen, und da kann ich mit Recht singen:

Beschattet von der Pappelweide/Am grünbemoosten Bach.
Es verlangt mich nach keinen Gästen als nach Dir ... Stell
Dir nur vor, daß ich auch nicht einmal zum Klavierspielen
gekommen bin, kaum viermal gezeichnet habe. Ich habe
immer so viel zu schreiben, daß mir ganze Tage damit hin-
gehen, und um die Wirtschaft bekümmere ich mich auch;
denn ich studiere die Hausmutter und gehe auch manchmal
in den Kuhstall und kriege eine vortreffliche Einsicht, wie
ich betrogen werde, aber ohne etwas abhelfen zu können ...
Wenn Du nur so ganz allein bei mir wärst, wir wollten fein
unsere Lieblingssachen treiben.«

Als Charlotte im August desselben Jahres immer noch
nicht aus Kochberg zurückgekehrt war, mahnte Herzogin
Luise: »Wollen Sie sich in Kochberg begraben lassen? Ich
bitte, mir dieses zu sagen, damit ich mich darauf vorbereiten
kann, anzufangen, Sie zu vergessen, wenigstens das Gleiche
zu tun. Denn ich bin gewiß, daß Sie, wenn Sie dort sind, an
niemand denken. Leben Sie wohl, meine liebe Landfrau.
Trotz meines Ärgers über Ihre neue Leidenschaft werde ich
nie aufhören, Sie zu lieben und von ganzem Herzen zu sein
Ihre treue, gute Freundin Luise.«

Die »neue Leidenschaft« Charlottes hatte ganz handfeste
Gründe: Kochberg war kein Gut, das für den Besitzer er-
klecklichen Gewinn abwarf, und Josias von Stein war kein
Landwirt. Er hatte keine glückliche Hand bei der Auswahl
der Pächter, die ihn häufig betrogen, er experimentierte
dilettantisch nach neuen landwirtschaftlichen Theorien, um
den Ertrag zu steigern, scheiterte bei diesen Vorhaben und
verlor immer wieder schnell die Lust am Landleben. Bereits
am 12. April 1782 hatte Goethe der Freundin, die ihm von
den unglücklichen Unternehmungen ihres Mannes berichtet hatte, mitfühlend geschrieben: »Stein wird schwer geheilt werden, Du dauerst mich. Wenn Du noch von dieser
Seite beruhigt wärest, so würden wir die Last der Welt we-

nig fühlen. Ich habe mich diese Tage her recht bemüht, meine Gedanken auf die Erdschollen zu konzentrieren, und bin nur überzeugter, daß ein Mensch, der seine Lebzeit am Spieltisch zugebracht hat, nicht ein Bauer werden kann. Man muß ganz nah an der Erde geboren und erzogen sein, um ihr etwas abzugewinnen.« Aber im Sommer 1784, als sich Charlotte wieder einmal für längere Zeit nach Kochberg begeben hatte, um mit ihrer ganzen Autorität zu wirken, meldete Goethe ihr vom Landtag aus Eisenach: »Stein freut sich über Deine Wirtschaftlichkeit und ist gar gut gegen mich.« Und auch ihm schien es – wenigstens zeitweise – zu behagen, daß Charlotte auf eine solch praktische Art tätig wurde: »Dir geht es in der Wirtschaft wie mir manchmal in Geschäften, man sieht nur die Sachen nicht, weil man die Augen nicht hinwenden mag, und so bald man die Verhältnisse recht klar sieht, haben die Dinge auch bald ein Interesse. Denn der Mensch mag immer gerne mitwürken und der Gute gern ordnen, zurechtlegen und die stille Herrschaft des Rechten befördern.«

Ja, selbst seine Liebe zu ihr fühlte er durch ihren Einsatz in Kochberg verstärkt: »Der Eifer, wie Du in Kochb(erg) Deine Haushaltung angreifst, von dem mir Stein mit Vergnügen erzählt, vermehrt meine Neigung zu Dir, läßt mich Deine innerlich tätige und köstliche Seele sehn. Lotte, bleibe mir, und was Dich auch interessieren mag, liebe mich über alles«, um dann aber bald über ihre allzu lange Abwesenheit zu klagen. Charlotte von Stein bemühte sich aber nicht nur energisch, die Zustände auf ihrem Gut zu verbessern, sondern sie genoß das Landleben, die Stille, die Einsamkeit, das gelegentliche Ausreiten, wie sie Sophie von Schardt berichtete: »Heute früh bin ich ungeachtet der rauhen, unfreundlichen Luft auf meinem alten Schimmel allein in die Berge geritten. Mein Weg ward sehr eng... endlich fand ich mich wieder nach Haus, nachdem ich eine Stunde in der Irre geritten. Aus Furcht, mein Mann möchte mich sehr auslachen und clownischen Witz spielen, erzähl' ich nichts von meinem Unfall.«

Wenn sich Charlottes Aufenthalte in Kochberg über Monate hinzogen, forderten die Weimarer Freunde vehement ihre Rückkehr und spotteten – wie etwa Herzogin Luise, die nie lange auf Frau von Stein verzichten konnte: »Sind Sie allein mit Ihren Ochsen und Kühen oder haben Sie noch andere Gesellschaft?«

Besucher in Kochberg waren gelegentlich Goethe, häufiger Sophie von Schardt, Charlottes Mutter und die junge Charlotte von Lengefeld, die Charlotte wie eine Tochter behandelte und die sich bei »Tante Stein« offensichtlich wohl fühlte.

In Weimar selbst beschränkte sich der Verkehr Charlottes auf ebendiese ausgewählten Freunde und natürlich Knebel, wenn er anwesend war; gelegentlich kam sie auch – meist auf rein gesellschaftlicher Ebene – mit den Frauen der anderen Hofbeamten zusammen. Die oberflächliche, konventionell-geregelte Geselligkeit des Hofes behagte Charlotte nicht, obwohl sie sich ihr, streng und höfisch erzogen, wie sie war, nicht zu häufig und nur bei gutem Grund entzog.

Eine Ausnahme machte lediglich ihre Beziehung zu Emilie von Werthern, der Frau des Stallmeisters, einer hübschen, unglücklich verheirateten und äußerst koketten Frau, mit der Sophie von Schardt eng befreundet war. Charlotte warnte ihre Schwägerin zwar vor der leichtsinnigen Stallmeisterin, ging aber auch freundschaftlich mit ihr um, vielleicht um sie zu beeinflussen und ihr zu helfen. Aber nicht jede, unter ihrer Ehe seufzende Weimarer Dame besaß ein so beherrschtes Naturell wie Charlotte von Stein!

Emilie von Werthern sorgte in dem ansonsten etwas verschlafenen Residenzstädtchen für einen Skandal, brachte wieder einmal – denn der indische Nabob Imhoff war schon fast vergessen, zu Unrecht, wie sich bald herausstellen sollte – einen Hauch von Abenteuer an die Ilm[1]

Im Juni 1785 hieß es, die junge Frau von Werthern sei bei einem Besuch auf dem Gut ihres Bruders überraschend verstorben, aber in Wirklichkeit hatte sie dort eine Puppe begraben lassen und war mit ihrem Liebhaber, einem Bergrat von Einsiedel, auf dem Weg nach Afrika. Nach dieser, sehr unglückselig verlaufenden Reise kehrten die beiden Flüchtlinge zurück, Emilie wurde geschieden und heiratete Einsiedel. Auch ihr erster Mann fand in einem jungen Mädchen aus guter Familie ein neues Glück. Endlich gab es in Weimar wieder etwas spannenderen Gesprächsstoff! Aber Goethe erschien die ganze Angelegenheit dann doch als nichts Besonderes, vor allem der prosaische Ausgang des Abenteuers enttäuschte ihn: »Wie abscheulich! Zu sterben, nach Afrika zu gehen, den sonderbarsten Roman zu beginnen, um sich am Ende auf die gemeinste Weise scheiden und kopulieren zu lassen!... Es läßt sich in dieser Werkeltagswelt nichts Außergewöhnliches zustande bringen!«

Dagegen sorgte der Abenteurer in Charlottes Familie, Major von Imhoff, noch einmal nachhaltig für Aufregung und auch Traurigkeit. Die Schwester Charlottes war in ihrer Ehe mit dem angeblich so reichen Indienfahrer kreuzunglücklich geworden, selbst sein angeblicher Reichtum erwies sich als Trugschluß. Die finanziellen Sorgen wurden so groß, daß Luise von Imhoff nach London zur ersten Frau ihres Mannes fuhr, die als Gattin von Warren Hastings über beträchtliche Mittel verfügte. Marianne Hastings half auch wirklich ihrer Nachfolgerin, aber als die Angelegenheit ruchbar und dadurch an die Art, wie Hastings zu seiner Frau gekommen war, erinnert wurde, schadete diese Geschichte sogar der Karriere des Gouverneurs von Indien.

Imhoff verkaufte sein Gut im Fränkischen, bekam – durch Fürsprache Goethes – eine jährliche Unterstützung durch Herzog Karl August und zog mit seiner Frau nach Weimar. So konnte Luise von Imhoff immerhin in der Nähe ihrer Familie leben, die Ehe blieb allerdings weiterhin erbärmlich schlecht, und Charlotte mußte ihre Schwester häufig trösten.

Trost brauchte weiterhin auch die Herzogin Luise, die sich, nachdem sie im März 1783 einen Sohn zur Welt gebracht hatte, immer noch nicht mit ihrem Schicksal aussöhnen wollte, unter ihrem Ehemann und ihrer Schwiegermutter litt, sich aber auch häufig mißtrauisch verschloß, wo man ihr mit Zuneigung begegnete. Charlotte berichtete Knebel von der glücklichen Geburt des Erbprinzen und klagte über Luises Unfähigkeit, die Freude ihrer Umgebung als ehrlich gemeint anzuerkennen: ».. . auch wünscht das kleine Prinzgen sehr, Ihre Bekanntschaft zu machen, es ist ein gar schönes braves Kind. Ich hoffe, die Göchhausen hat Ihnen alle unzähligen Ärgerlichkeiten bei dieser Geburt erzählt, wenigstens hat sie es tun wollen: Viele Freunde oder Teilnehmende des Hauses haben sich in der Tat recht fröhlich dabei bewiesen; aber ich habe leider gesehen, daß der Zugang der Herzlichkeit verschlossen ist, und habe den Zustand der Großen beklagt, die nicht unterscheiden können, was man ihren (!) Stand oder ihrer Person tut.«

Charlotte tröstete ihre Schwester Luise über deren Ehe, tröstete den mit seiner Stellung unzufriedenen Knebel, tröstete Goethe und stärkte ihn, so daß er ihr im Juni 1784 dankbar schrieb: »Ja, liebe Lotte, jetzt wird es mir erst deutlich, wie Du meine eigne Hälfte bist und bleibst. Ich bin kein einzelnes, kein selbständiges Wesen. Alle meine Schwächen habe ich an Dich angelehnt, meine weichen Seiten durch Dich beschützt, meine Lücken durch Dich ausgefüllt. Wenn ich nun entfernt von Dir bin, so wird mein Zustand höchst seltsam. Auf einer Seite bin ich gewaffnet und gestählt, auf der andern wie ein rohes Ei, weil ich da versäumt habe, mich zu harnischen, wo Du mir Schild und Schirm bist. Wie freu ich mich, Dir ganz anzugehören.« Das Zusammengehörigkeitsgefühl wurde durch Goethes Fürsorge für Fritz noch fester. Goethe betrachtete den Kleinen wie seinen Sohn und erlaubte ihm, nach Frankfurt zu reisen, wo Fritz gut gefiel. Frau Rat Goethe freundete sich mit dem Jungen an und schrieb Charlotte von Stein: »Es hat mich sehr gefreut, daß Dero Herr Sohn mit seinem Aufenthalt bei mir so zufrieden war. Zwar habe ich die Gnade von Gott, daß noch keine Menschenseele mißvergnügt von mir weggegangen ist, wes Standes, Alters und Geschlechts sie auch gewesen ist. Ich habe die Menschen sehr lieb, und das fühlt alt und jung ... bemoralisiere niemand, suche immer, die gute Seite auszuspähen, überlasse die schlimmen dem, der den Menschen schuf und der es am besten versteht, die scharfen Ecken abzuschleifen, und bei dieser Methode befinde ich mich wohl, fröhlich und vergnügt.« Was mochte wohl Charlotte von Stein zu dieser fröhlichen Toleranz, die ihr doch höchstens als unverzeihliche Laxheit vorkommen konnte, gesagt haben?

Das Kind Charlottes war Goethe auch »Liebespfand«, dem er alle zärtlichen Gefühle, auch die ihm bei Charlotte verwehrten, erweisen durfte: »Fritz tanzt im Hemde zu Bette, ich habe ihn herzlich an mich gedrückt und fühle, daß ich nur gern um seinet- und Deinetwillen lebe.«

Doch nur allzubald wurde er daran erinnert, daß die Freundin noch andere Kinder hatte, deren Jugend nicht so problemlos und fröhlich verlief wie die des Kleinsten. Daß Karl, der Älteste, bei seinem Studium in Helmstedt an Heimweh litt, dort erhebliche Schulden machte, sich die Gunst der Herzogin von Braunschweig, die seine Gönnerin war, verscherzte und als Hofjunker nach Mecklenburg geschickt werden mußte, das mochte noch angehen angesichts des Elends, das der arme Ernst von Stein ertragen mußte.

Von seiner Ausbildung zum Forstamt war er krank heimgekehrt, nach vielen Untersuchungen, nach vielen vergeblichen Heilungsversuchen und Kuren stand das Unabänderliche fest: Der zweite Sohn Charlottes litt an Knochenkrebs.

Im Mai 1786 meldete die Mutter resigniert ihrem alten Freund Knebel: »Heute werden dem Ernst Krücken angemessen ... Dem sind die Übel hübsch bei Zeiten auf den Hals gerückt! *Den* Vorteil hat er, daß er nicht braucht vom Wahn der Jugend zurückzukommen, da ihn die Natur frühzeitig, wie es scheint, hinausweist«, und an Lotte von Lengefeld drei Tage später völlig niedergeschlagen und hoffnungslos: »Ihr Briefchen hat mich sehr gefreut, obgleich mein Herz zeither der Freude entwöhnt ist. Mein Sohn, der Jagdpage, ist seit Weihnachten krank, und ist auch wenig Hoffnung zur Besserung vorhanden. Der Tod wäre mir das Erträglichste für ihn, aber ich fürchte, er wird noch lange mit Schmerzen zu kämpfen haben. Und Krankheit und Mangel sind die zwei einzigen Übel, die meinem Herzen einschneiden, wo ich sie sehe; denn die übrigen Leiden hängen mehr oder weniger von unser Vorstellungsart ab, gegen jene aber gibt's keine Waffen. – Fritz ist bis jetzt noch schön, gesund und gut, aber ich traue den Dingen der Welt nicht mehr.«

Goethe holte den Rat mehrerer Ärzte ein, kümmerte sich um Ernst und bemühte sich, ihn aufzumuntern, berichtete Charlotte von seinen Besuchen bei ihm, als sie – ihm unverständlich – ohne ihren schwerkranken Sohn nach Karlsbad zur Kur gefahren war.

So teilte Goethe mit Charlotte ihren Kummer und ihre Freude, wuchs immer fester mit ihr zusammen, vertraute ihr grenzenlos, war übermäßig besorgt um ihre Gesundheit, da es für ihn keine schlimmere Vorstellung gab, als daß ihr etwas zustoßen könne, und zeigte ihr täglich seine Dankbarkeit, daß sie ihn zu dem gemacht hatte, was er war.

Charlotte von Stein und Goethe galten in der Weimarer Gesellschaft als ein allgemein anerkanntes Paar, dessen Freundschaft, wie Schiller 1787 erfuhr, nicht als anstößig galt. Frau von Stein als die Vertraute Goethes wurde von vielen auswärtigen Gästen aufgesucht, und alle berichteten nur Wohlwollendes. Schillers Geliebte, Charlotte von Kalb, kam im Frühjahr 1786 nach Weimar, sie kannte Frau von Stein bereits, hatte sie zehn Jahre zuvor schon einmal getroffen und damals von ihr geschwärmt: »Denn es ist etwas Seltenes, aber Erfreuliches, ein Weib zu erblicken, welches den Jahren nach Matrone genannt werden könnte und noch die sanfte Neigung grünender Gesinnung erregt ... Bedacht gewählt war ihre Kleidung ... weißer Taft, im braunen Haar eine dunkle Rose, vom Blondenschleier fast bedeckt, und also reichlich war auch ihr Gewand geziert. Und so gedenke ich auch, daß wir uns alle rosafarbene Schuhe machen ließen, weil sie ihr so wohl gekleidet.« Hatte sich Charlotte von Kalb damals durch die elegante Erscheinung der Frau von Stein beeindruckt gezeigt, so war sie ihr 1786 als Vertraute Goethes interessant und als beherrschte, äußerlich völlig harmonische Gestalt, die sich ihrer Wirkung bewußt war: »Nun fand ich, sie war verändert, doch bleibt der Schein alles Glückes dem Menschen eigen. Wenngleich auch vieles mit der Zeit vergeht, war stets ihr äußerer Zustand gesichert. Erwogene Berechnung bestimmte ihren gewaltsamen Einfluß in manchem Verhältnis. Gleichmäßig, ohne Betonung, ihre Rede ... Bald nach diesem ersten Sehen teilte sie mir schon manches von Goethe mit ... So las ich gierig Manuskripte, und auch Briefe wurden mir anvertraut.«

Die Tatsache, daß Charlotte von Stein einer ihr nicht sonderlich gut bekannten, wesentlich jüngeren Frau von ihrer Beziehung zu Goethe erzählte, sie Briefe von ihm lesen ließ, ja sich quasi mit dieser Freundschaft schmückte,

Charlotte von Kalb
Gemälde von Tischbein

erstaunt, wirkt wie weibliches Kokettieren, das Charlotte doch so fremd war, riecht nach Prätention, die ihr doch angeblich so fern lag!

War Charlotte im Frühsommer 1786 vielleicht doch nicht so ahnungslos, wie manche ihrer Biographen uns glauben machen wollen, hat sie sich nicht nur in scheinbarer Sicherheit gewiegt und statt dessen gemerkt, wie Goethe sich von ihr fortbewegte? Das könnte zumindest ihr befremdlich anmutendes Verhalten gegenüber Charlotte von Kalb erklären helfen: eine Frau, die um ihre Liebe fürchtet und die glaubte, sie durch öffentliches Zeigen festbannen zu können.

Goethe wurde immer schwieriger, immer unzufriedener mit seiner Lage in Weimar, immer unruhiger. Zwar kamen noch täglich seine Liebesbriefe, aber es mischten sich seltsame Töne in seine Dankbarkeitsbezeigungen und Treuegelöbnisse: »Meine Lotte sollte mir wirklich auf einige Zeit Urlaub geben und mich nicht immer enger und enger an sich ziehen und befestigen«, »Leb wohl, und wenn bei Dir eine Bitte stattfindet, so wecke den Amor nicht, wenn der unruhige Knabe ein Kissen gefunden hat und schlummert«, »Recht feierlich, liebe Lotte, möcht' ich Dich bitten, vermehre nicht durch Dein süßes Betragen täglich meine Liebe zu Dir!«, »Tue, meine Liebe, was und wie Dir's recht ist, und es soll mir auch so sein. Behalte mich nur lieb, und laß uns ein Gut, das wir nie wiederfinden werden, wenigstens bewahren, wenn auch Augenblicke sind, wo wir dessen nicht genießen können. Ich korrigiere am Werther und finde immer, daß der Verfasser übel getan hat, sich nicht nach geendigter Schrift zu erschießen.«

Charlotte zeigt sich in ihren Briefen an Freunde und Verwandte unzufrieden mit dem verschlossenen, mürrischen Goethe. Schon im Oktober 1784 hatte sie ihrer Schwägerin mitgeteilt: »Unser Freund Goethe, der einige Tage hier war, hat mir nicht das Geringste von allen diesem gesagt. Du kennst seine Art; er denkt viel, ohne etwas zu sagen; man könnte unter sein Bild setzen: El penseroso«, im Januar 1786 erfuhr Lotte von Lengefeld: ».. . er ist immer der Schweigende.«

Und Knebel gestand Charlotte im Mai 1786: »Goethe lebt in seinen Betrachtungen, aber er teilt sie nicht mit. Dies ist eine Tugend, die Sie nur besitzen! Aber ich bedaure den armen Goethe: Wem wohl ist, der spricht!«

Und Goethe fühlte sich nicht mehr wohl in Weimar, er war bedrückt und zutiefst unzufrieden, und daran konnte auch Charlottes Gegenwart nichts ändern.

Goethe fuhr am 27. Juli zu Charlotte nach Karlsbad, am 14. August begleitete er sie ein Stück auf ihrer Rückreise. Sie erhielt bald darauf Nachricht von ihm, daß er für einige Zeit verreisen wolle, was sie Knebel mitteilte: »Ich habe unsers Freundes Geburtstag mit der Imhoff in seinem Garten zugebracht und ihm eine kleine Gabe in seinen Schreibtisch gelegt; ich will Ihres Herzens Andenken noch dazulegen. Den 23. hab ich einen Brief von Goethe, wo er mir schreibt, er werde noch acht Tage in Karlsbad bleiben, alsdann dunkel und unbekannt eine Weile in Wäldern und Bergen herumziehen, so daß er unter sechs Wochen nicht hier sein wird.«

Am 1. September erhielt Charlotte einen ausführlichen Brief Goethes, der sich zwar auch nicht präziser über seine Reisepläne aussprach, aber seine Stimmung und seine Meinung zu ihrem Verhältnis sehr deutlich werden ließ. »Nun noch ein Lebewohl von Carlsbad aus, die Waldner soll Dir dies mitbringen; von allem, was sie erzählen kann, sag ich nichts; das wiederhol ich Dir aber, daß ich Dich herzlich liebe, daß unsre letzte Fahrt nach Schneeberg mich recht glücklich gemacht hat und daß Deine Versicherung: daß Dir wieder Freude zu meiner Liebe aufgeht, mir ganz allein Freude ins Leben bringen kann. Ich habe bisher im Stillen gar mancherlei getragen und nichts so sehnlich gewünscht, als daß unser Verhältnis sich so herstellen möge, daß keine Gewalt ihm was anhaben könne. Sonst mag ich nicht in Deiner Nähe wohnen, und ich will lieber in der Einsamkeit der Welt bleiben, in die ich jetzt hinausgehe. Wenn meine Rechnung nicht trügt; kannst Du Ende September ein Röllgen Zeichnungen von mir haben, die Du aber niemandem auf der Welt zeigen mußt. Du sollst alsdann erfahren, wohin Du mir schreiben kannst.«

Glücklich schien Goethe die Beziehung zu Charlotte in den letzten Monaten wohl nicht gemacht, ihn nicht mit Freude erfüllt haben, das Verhältnis war nicht so unanfechtbar, wie er sich gewünscht hatte, und er hat daran gelitten. Mit seinem geheimnisvollen Fortgehen verband er wohl auch die Hoffnung, in der Entfernung von Charlotte sich über sie und seine Liebe zu ihr klarzuwerden.

Am 2. September 1786 schrieb er ihr in Eile noch ein paar Zeilen: »Endlich, endlich bin ich fertig und doch nicht fertig, denn eigentlich hätte ich noch acht Tage hier zu tun, aber ich will fort und sage Dir noch einmal Adieu! Lebe wohl, Du süßes Herz! ich bin Dein.«

Danach hörte Charlotte noch wochenlang nichts von ihrem Freund, das versetzte sie in Unruhe und war ihr auch peinlich, denn alle Welt glaubte, sie müßte es nun doch wenigstens wissen, war sie doch Goethes Vertraute; zur Sorge um den Verschollenen gesellte sich bald Zorn über sein klammheimliches Verschwinden. Selbst Goethes Mutter wandte sich indirekt an Frau von Stein, um etwas über den Verbleib ihres Sohnes zu erfahren. Sie schrieb am 17. Dezember 1786 an Fritz von Stein – allerdings guter Dinge und ohne Mißmut oder Besorgnis –: »Wissen Sie denn noch immer nicht, wo mein Sohn ist? das ist ein irrender Ritter! nun, er wird schon einmal erscheinen und von seinen Heldentaten Rechenschaft ablegen, – wer weiß, wie viele

Riesen und Drachen er bekämpft, wie viele gefangene Prinzessinnen er befreit hat. Wollen uns im voraus auf die Erzählung der Abenteuer freuen und in Geduld die Entwicklung abwarten.«

Charlotte grämte sich unterdessen und schrieb bereits im September in Kochberg ein Gedicht, in dem sie sich als eine Verlassene sah, die vom ungetreuen Freund im Stich gelassen worden war:

> Ihr Gedanken, fliehet mich,
> Wie mein Freund von mir entwich!
> Ihr erinnert mich der Stunden
> Mit ihm liebevoll verschwunden.
> O, wie bin ich nun allein!
> Ewig werd ich einsam sein.

> Wenn mein Aug' die Träne quillt
> Und der Schmerz das Herz aufschwillt,
> Wenn es Dich den Lüften nennet,
> Aus der Brust der Atem brennet,
> Bleibt doch alles um mich leer,
> Keine Antwort wird mir mehr.

> Ach, ich möchte fort und fort
> Eilen und weiß keinen Ort,
> Weiß mein Herz an nichts zu binden,
> Weiß nichts Gutes mehr zu finden:
> Alles, alles floh mit Dir,
> Ich allein verarmt in mir.

> Was mir seine Liebe gab,
> Hüll' ich wie ins tiefste Grab.
> Ach, es sind Erinnrungsleiden,
> Süßer abgeschiedner Freuden,

Was mich sonst so oft entzückt
Und ich an mein Herz gedrückt.

Schutzgeist! hüll' mir auch noch ein
Seines Bildes letzten Schein,
Wie er mir sein Herz verschlossen,
Das er sonst so gern ergossen,
Wie er sich von meiner Hand
Stumm und kalt fast weggewandt.

Auf demselben Bogen Papier versuchte sie sich in einer
Umarbeitung von Goethes Gedicht »An den Mond«; in der
dritten und vierten Strophe bricht ihr Zorn über den Ver-
schwundenen auf:

Lösch' das Bild aus meinem Herz
Vom geschiednen Freund,
Dem unausgesprochner Schmerz
Stille Träne weint.

Mischet euch in diesen Fluß!
Nimmer werd' ich froh.
So verrauschte Scherz und Kuß,
Und die Treue so.

Durch ein Versehen Philipp Seidels, des Dieners von Goethe, erhielt Charlotte erst Anfang Dezember erste Nachricht von ihrem Freund aus Rom – wie andere auch. Die ihr
allein zugedachten ersten Briefe aus Venedig erreichten sie
verspätet; voller Zorn schrieb sie Goethe wenige schroffe
Zeilen, die ihn entsetzten und beleidigten: »Das war also
alles, was Du einem Freunde, einem Geliebten zu sagen
hattest, der sich so lange nach einem guten Worte von Dir
sehnt, der keinen Tag, ja keine Stunde gelebt hat, seit er

Dich verließ, ohne an Dich zu denken ... Ich sage Dir nicht, wie Dein Blätgen mein Herz zerrissen hat. Lebe wohl, Du einziges Wesen und verhärte Dein Herz nicht gegen mich.«

In der Hoffnung, daß sie sein Reisetagebuch bald erreichen könnte, schrieb ihr Goethe dann aber von seiner Vorfreude auf liebevollere Briefe von ihr, von seiner Trauer, über den Schmerz, den er ihr zugefügt hatte, den er aber nicht zu verstehen vermochte, und wurde unmutig, als er auch am 20. Dezember noch keine Nachricht von ihr besaß. Am 23. und 29. Dezember 1786 konnte Goethe Charlotte von Stein dann auf einen Brief antworten, der wohl nicht mehr so hart wie die wenigen Zeilen vom September war, der aber voller Klage steckte, der ihm berichtete, daß sie durch seine Schuld erkrankt war, daß sie Fritz aus seinem Haus genommen hatte und ihre Briefe zurückforderte, – immerhin schon ein Brief, der Goethe bereits jetzt um seine problemlose Rückkehr zu ihr fürchten ließ: »Laß mich Dir nur noch für Deinen Brief danken! Laß mich einen Augenblick vergessen, was er Schmerzliches enthält. Meine Liebe! Meine Liebe! Ich bitte Dich nur fußfällig, flehentlich, erleichtere mir meine Rückkehr zu Dir, daß ich nicht in der weiten Welt verbannt bleibe. Verzeih mir großmütig, was ich gegen Dich gefehlt und richte mich auf. Sage mir oft und viel, wie Du lebst, daß Du wohl bist, daß Du mich liebst.«

Aber großmütiges Verzeihen war nicht Charlottes Sache; sie empfand Goethes wortloses Verschwinden beleidigt als einen großen Vertrauensbruch, der viel in ihr zerstört hatte. Nach außen hin bemühte sie sich, als der erste heftige Schmerz vorbeigegangen war, um Haltung, gewann ihre gesellschaftliche Fassung wieder, aber die konventionelle Tünche war dünn und rissig, immer wieder verriet sie, wie sehr sie sich verwundet fühlte. An ihrem 44. Geburtstag, am 25. Dezember 1786, schrieb sie an Charlotte von Lengefeld: »Aus Rom habe ich viele hübsche Briefe vom Goethe, die

Charlotte von Stein
Profilbildnis nach einem Kupferstich
von G. Wolf

ich Ihnen, wenn Sie zu uns kommen, will zu lesen geben. Daß er wieder zu uns zurück will, ist gewiß sein Vorsatz, aber der Himmel beschließt manchmal anders als wir gebundenen Sterblichen wollen. Ein bißchen unartig hat er seine Freunde verlassen.«

Die große Enttäuschung

»... bei mir vernarbt keine Wunde«
1787-1793

In Goethes »Torquato Tasso« sagt Prinzessin Eleonore über ihre Liebe zum Dichter Tasso, über die Gründe ihrer Zuneigung, die sie zunächst ängstlich zu unterdrücken versuchte:

> Wie schön befriedigt fühlte sich der Wunsch,
> Mit ihm zu sein an jedem heitern Abend!
> Wie mehrte sich im Umgang das Verlangen,
> Sich mehr zu kennen, mehr sich zu verstehn!
> Und täglich stimmte das Gemüt sich schöner
> Zu immer reinern Harmonien auf.
> ...
> Die Sorge schwieg; die Ahnung selbst verstummte,
> Und glücklich eingeschifft, trug uns der Strom
> Auf leichten Wellen ohne Ruder hin:
> ...
> Ihn mußt ich ehren, darum liebt ich ihn;
> Ich mußt ihn lieben, weil mit ihm mein Leben
> Zum Leben ward, wie ich es nie gekannt.
> Erst sagt ich mir: Entferne dich von ihm!
> Ich wich und wich und kam nur immer näher,
> So lieblich angelockt...

Da in die Gestalt der Prinzessin von Este etliche Wesenszüge Charlotte von Steins eingeflossen sind, mag man in den Äußerungen Eleonores auch so etwas wie ein Bekenntnis der Freundin Goethes sehen. Die Liebesbeziehung zwischen der Frau des Oberstallmeisters und dem jungen

Dichter hatte ja, was Charlotte anbetraf, recht zögernd begonnen, furchtsam-zurückhaltend, aber dann doch der Faszination des Verehrers erliegend. Mit Goethe fing für Charlotte von Stein, die schon bereit war, zu resignieren und mit ihrem nicht sehr befriedigenden Leben abzuschließen, ein neues, reiches Dasein an – auch sie fühlte das Verlangen, ihren Freund täglich zu sehen, mit ihm zu reden, ihn immer besser kennenzulernen, auch sie verbannte ihre trüben Vorahnungen, ihre Befürchtungen und überließ sich einer bis dahin nicht gekannten Lebensfreude und dem beglückenden Gefühl, geliebt, ja angebetet zu werden. Ihr waren die Jahre mit Goethe – trotz so mancher Verstimmung und Schwierigkeiten – ein Genuß gewesen. Sie hatte sich in dieser so merkwürdigen, letztlich unnatürlichen Beziehung mehr als wohl gefühlt; sie hatte sich ja auch durchgesetzt: das Verhältnis pendelte sich ein auf eine zärtliche, freundschaftliche Ebene, sie blieb bei ihrem Ehemann und war dennoch für den Freund die einzige Frau, die ihm etwas bedeutete. Mit dem plötzlichen, unangekündigten und sie deshalb tief verletzenden Verschwinden Goethes sah sich Charlotte von Stein in all ihren Zukunftsvisionen, was das Zusammenleben mit ihrem Freund betraf, getäuscht, alleingelassen. Sie war zunächst wie betäubt, schwankte hilflos zwischen Zorn und Verzweiflung, sie verstand die Flucht Goethes nicht oder wollte sie nicht begreifen, denn dann hätte sie bereits Ende 1786 an ihrer Macht über den geliebten Mann zweifeln müssen, und sie hatte so unendlich viel mehr verloren, als der Dichter wahrhaben wollte oder konnte.

Zwar nahmen die beiden ihren regelmäßigen Briefwechsel ab 1787 wieder auf, zwar mußte Charlotte aufgrund der ihr zugehenden Tagebücher Goethes einsehen, daß der Geliebte auch im fernen Italien an sie dachte, aber hellsichtig fürchtete sie die Entfernung, die zwangsläufig eine Entfremdung mit sich bringen mußte, da der eine Partner so reiche Erfahrungen machte, sein Wissen so sehr erweiterte, während der andere dort stehenblieb, wo man ihn verlassen hatte. Bitter schrieb Charlotte an den treuen Knebel: »Es ist doch ein bös Ding um das Trennen, es ist gut, daß Sie sich niemand haben angehörig gemacht.« Und schmerzvolle Briefe erreichten auch wöchentlich Goethe, der dennoch voller Hoffnung für ihre Beziehung blieb: »Heute früh erhielt ich Deinen bittersüßen Brief vom 18. Dez. Unsere Korrespondenz geht gut und regelmäßig, daß sie nun nicht wieder unterbrochen werde, solange wir leben. Ich kann zu den Schmerzen, die ich Dir verursacht, nichts sagen als: *vergib*! Ich verstocke mein Herz nicht, und bin bereit, alles dahin zu geben, um gesund zu werden für mich und die Meinigen. Vor allen Dingen soll ein ganz reines Vertrauen, eine immer gleiche Offenheit mich aufs neue mit Dir verbinden.« Charlotte war dünnhäutig genug, um neben den Bitten um Vergebung auch die Vorwürfe herauszuspüren; wenn Goethe hoffte, in Italien zu gesunden, so hatte ihn Weimar – und damit auch sie – krank gemacht, wenn er auf eine neue Verbindung in Offenheit und Vertrauen setzte, so hatte er ebendies in der Vergangenheit vermißt. Immer wieder findet sich in den Briefen Goethes die Bitte, neu miteinander zu beginnen, und auch seine Zuversicht, in Italien Kraft für einen erneuten Anfang zu schöpfen: »Ich kann nur sagen und wiederholen, verzeih, und laß uns von neuem und freudiger zusammen leben.« Charlotte hingegen steigerte sich in den Gedanken hinein, den Freund nicht mehr wiedersehen zu dürfen, entweder glaubte sie, er käme in Italien um, oder aber sie meinte – aufgrund seiner freudigen Briefe –, es gefiele ihm im Süden so gut, daß er wohl für immer bleiben werde; in einigen ihrer Briefe zeigte sie sich geradezu besessen von diesen düsteren Ideen.

So schrieb sie am 3. März 1787 an Knebel: »Gestern habe ich

auch einige Zeilen vom Goethe erhalten, woraus ich sehe, daß er sehr glücklich ist, und wenn die Zeit ihm die Sehnsucht nach uns wird ausgelöscht haben, fürcht ich, wird er gar nicht zurückverlangen.« Einige Wochen später berichtete sie demselben Freund: »Neapel hat uns Goethe weggefischt. Er schreibt mir, wer das gesehen, dem könne kein Ort der Welt gefallen.« Und ihrer Schwägerin Sophie von Schardt berichtete sie am 4. September 1787 von ihren bösen Träumen: »Glücklicher bin ich jetzt, weil ich die Trennung meines Freundes, die mir vor dem Jahr so bitter war, verschmerzt habe … Ihr habt des Abwesenden Geburtstag gar artig gefeiert. Es ist mir lieb, daß ich nicht dabei war; ich konnte den Tag nicht fröhlich sein … Goethe wird bis Ostern in Rom bleiben. Die Nacht träumte ich sonderbar von ihm; ich fürchte, es wird ihm ein Unfall begegnen, und das in der Zeit, wenn er zu uns zurück gedenkt. So muß ich meinen Traum deuten; wenn ich Dich sehe, will ich Dir ihn erzählen.«

Auch Goethe schien Charlotte schon sehr früh ihre düsteren Gedanken mitgeteilt zu haben, und zu Beginn seines Italienaufenthalts, als er noch nicht sein inneres Gleichgewicht wiedergewonnen hatte, fielen sie auf fruchtbaren Boden, wie ein Brief des Dichters an seine Freundin vom 20. Januar 1787 zeigt: »Dein Brief vom 1. Jan. ist mir gekommen und hat mir Freude und Schmerzen gebracht. Dazu kann ich nichts weiter sagen als: Ich habe nur *eine* Existenz, diese hab ich diesmal ganz gespielt und spiele sie noch. Komm ich leiblich und geistlich davon, überwältigt meine Natur, mein Geist, mein Glück diese Krise, so ersetz ich Dir tausendfältig, was zu ersetzen ist. – Komm ich um, so komm ich um, ich war ohnedies zu nichts mehr nütze.«

Charlotte hatte große Schwierigkeiten, den Aufenthalt Goethes in Italien selbstlos als *die* große Chance für den Dichter anzuerkennen, wie es Herzog Karl August tat, der seinem Freund und Minister gerne einen längeren Urlaub bewilligte, oder wie Frau Rat Goethe in Frankfurt, die den ersten Brief ihres Sohnes aus Rom freudig begrüßte: »Eine Erscheinung aus der Unterwelt hätte mich nicht mehr in Verwunderung setzen können als Dein Brief aus Rom – Jubilieren hätte ich vor Freude mögen, daß der Wunsch, der von frühester Jugend an in Deiner Seele lag, nun in Erfüllung gegangen ist – Einen Menschen, wie Du bist, mit Deinen Kenntnissen, mit dem reinen, großen Blick vor alles, was gut, groß und schön ist, der so ein Adlerauge hat, muß so eine Reise auf sein ganzes übriges Leben vergnügt und glücklich machen – und nicht allein Dich, sondern alle, die das Glück haben, in Deinem Wirkungskreis zu leben.« Auch an Charlotte von Stein schrieb Goethes Mutter, um der Freundin ihres Sohnes mitzuteilen, wie fröhlich sie über dessen Reise war: »Ich freue mich, daß die Sehnsucht, Rom zu sehen, meinem Sohne geglückt ist. Es war von Jugend auf sein Tagsgedanke, nachts sein Traum. – Die Seligkeit, die er bei Beschauung der Meisterwerke der Vorwelt empfinden und genießen muß, kann ich mir lebendig darstellen und freue mich seiner Freuden ...« Und als ihr aus Weimar – indirekt über Fritz von Stein – die vagen Hoffnungen Charlottes zu Ohren kamen, Goethe könne nicht mehr lange in Italien bleiben, Hoffnungen, die mit den Befürchtungen, den Freund für immer zu verlieren, abwechselten, da schien Katharina Elisabeth Goethe gar nicht so erbaut: »Sie sind also nicht der Meinung, daß mein Sohn noch eine längere Zeit ausbleiben wird? Ich für meine Person gönne ihm gern, die Freude und Seligkeit, in der er jetzt lebt, bis auf den letzten Tropfen zu genießen, und in dieser glücklichen Konstellation wird er wohl Italien nie wiedersehen; ich votiere also aufs längere Dortbleiben, vorausgesetzt, daß es mit Bewilligung des Herzogs geschieht.« Und der Herzog hatte nichts dagegen, vergnügt schrieb er am 1. April 1787 an Knebel: »Goethen habe ich vorgestern einen sehr langen Brief geschrieben, auf dessen Beantwortung ich sehr neugierig bin. Dem Menschen scheint's gewaltig wohl zu gehen, und jetzt in seinem Alter hat er die Gewalt über sich, sich's nicht wohler werden zu lassen als sich's geziemt.«

Voller Verständnis für Goethe berichtete auch Karoline Herder am 8. Februar 1787 Gleim über den Italienaufenthalt des Freundes, sie hatte genau erkannt, daß dem Dichter eine Entfernung von Weimar nötig geworden war: »Von Goethe wissen Sie also noch nicht, daß er seit Oktober vorigen Jahres in Rom ist? Er lebt dort sehr glücklich. Sein Geist hatte hier keine bleibende Stätte mehr, und er eilte im stillen, ohne es den vertrautesten Freunden zu sagen, fort. Ihm ist diese Erholung äußerst nötig gewesen, und wir sehen schon, daß er in einem halben Jahr vergnügt wieder zu uns kehrt. Wir genießen sein Glück ganz mit ihm.«

Nun, Frau Rat Goethe, der Herzog, Herders, Knebel, sie konnten Goethe alle in Ruhe sein Glück gönnen – war er ihnen doch nicht mehr als ein lieber Freund oder ein seit Jahren nicht mehr gesehener Sohn. Aber Charlotte hatte mit Goethes Abreise viel zuviel verloren, als daß sie sich vorbehaltlos freuen konnte, und sie konnte die Art, wie der Geliebte verschwunden war, nicht verwinden. Diese Heimlichkeit hatte sie tief gekränkt, vielleicht, weil sie ahnte, daß Goethe ganz bewußt und vor allem *ihr* die geplante Reise verschwiegen hatte, aus Angst, sie könne ihn zurückhalten. Charlotte war es nicht gegeben, Beleidigungen zu vergeben, geschweige denn zu vergessen, für ihr ganzes Leben und besonders für ihre Beziehung zu Goethe galt, was sie später einmal sehr nüchtern ihrem Sohn Fritz über ihren Charakter mitteilte: »Ich habe keine glückliche Natur, bei mir vernarbt keine Wunde.«

Die Verletzungen, die ihr der Freund zugefügt hatte, nahmen im Laufe der Jahre noch zu, und obwohl sie augenscheinlich *nie* aufhörte, ihn zu lieben, hat sie ihm die

Kränkungen niemals verziehen. Sie bemühte sich redlich, sie schrieb Goethe auch freundliche, liebevolle Briefe nach Italien, wenn ihr Groll einmal schwieg, aber ihr Verhältnis zu Goethe, von dem sie sich hintergangen fühlte, blieb gestört, obwohl die zärtlichen Briefe aus Rom, Neapel, Palermo ihr die Stimmung vergangener Tage vorgaukelten. Denn Goethe war glücklich, lebte er doch so, wie er wollte, lernte er doch jeden Tag dazu, und erhielt er zudem freundliche Briefe der Freundin aus Weimar, an die er stets dachte – so steht es in seinen Mitteilungen immer wieder: »Meine Selbstgespräche bei den besten Gegenständen sind an Dich gerichtet, wenn sie nur gleich auf dem Blatt stünden«, »Den Gedanken, diese Gegend mit Dir zu genießen, kann ich nicht aufgeben und darf ihn nicht scharf denken. Ich sehe schon die Sachen nur mit dem Wunsche, sie Dir zu zeigen.« Doch Goethes Briefe aus Italien sprechen auch von den Belastungen, denen diese Beziehung ausgesetzt war, sie bitten um Verständnis für seine Eigenarten: ». . . behalte mich sehr lieb, ob ich gleich so wunderlich bin, ich habe so viel mit mir selbst auszustehn, daß ich meine Freunde nicht dispensieren kann, ihr Teil davon zu tragen und am wenigsten Dich.« Auf Charlottes ihm seltsam erscheinende Wünsche wird aber auch, wenngleich widerwillig, eingegangen: »Deine Briefe werden alle gleich verbrannt, wie wohl ungern. Doch Dein Wille geschehe.« Es ist bezeichnend, daß Frau von Stein nicht nur im ersten Zorn ihre Briefe aus der Weimarer Zeit von Goethe zurückgefordert hatte, sondern daß sie ihn aufforderte, ebenso ihre Briefe, die sie ihm in regelmäßigen Abständen nach Italien schickte, zu verbrennen – das spricht nicht gerade für ihren Glauben an den Bestand der Liebe, sondern vielmehr erneut für ein ängstliches Vertuschen des Sachverhalts, und in keiner Weise entsprach sie damit Goethes Wunsch nach einer Beziehung in Offenheit und Vertrauen. Die Entfernung der Liebenden voneinander verklärte nicht mehr – wie vorher etwa bei kurzen Abwesenheiten –, sie machte das Verhältnis wieder problematisch und ließ alte heikle Themen zwischen Charlotte und Goethe erneut auftauchen.

In Italien wagte es Goethe zum erstenmal, der Freundin schriftlich mitzuteilen, daß sie es nicht vermocht hatte, ihn in einer freundschaftlichen, nicht-sexuellen Liebe zu beruhigen. Er hatte sich zwar gefügt und sich erziehen lassen, hatte Haltung gezeigt und sich den Wünschen Charlottes gebeugt – aber offensichtlich nur mit halbem Herzen. In Goethes Brief vom 21. Februar 1787 wird das Unnatürliche des Verhältnisses, der Zwang, den diese Beziehung dem jungen Mann auferlegte, unverblümt ausgesprochen; ja, es scheint so, als ließe sich – nach diesen Zeilen – die Problematik der Liebesbeziehung zwischen Frau von Stein und Goethe auf die fehlende sexuelle Erfüllung reduzieren: »An Dir häng ich mit allen Fasern meines Wesens. Es ist entsetzlich, was mich oft Erinnerungen zerreißen. Ach, liebe Lotte, Du weißt nicht, welche Gewalt ich mir angetan habe und antue, und daß der Gedanke, Dich nicht zu besitzen, mich doch im Grunde, ich mag's nehmen und stellen und legen, wie ich will, aufreibt und aufzehrt. Ich mag meiner Liebe zu Dir Formen geben, welche ich will, immer, immer – Verzeih mir, daß ich Dir wieder einmal sage, was so lange stockt und verstummt. Wenn ich Dir meine Gesinnungen, meine Gedanken der Tage, der seltsamsten Stunden sagen könnte. Leb wohl. Ich bin heute konfus und fast schwach. Lebe wohl, liebe mich . . .«

Obgleich es sich bei diesem Brief Goethes um ein einmaliges emotionsgeladenes Dokument handelt, mußte er Charlotte als ein ungeheuerlicher Rückfall in von ihr längst verdrängte Phasen ihrer Beziehung erschienen sein – um wieviel mehr konnte sie nach der Lektüre dieser verzweifelten Zeilen den unheilvollen Einfluß des Südens auf ihren

Freund fürchten, ahnend, daß ihre Einwirkung auf ihn proportional zur Entfernung abgenommen hatte.

Auch sanftere Briefe, die eine zärtliche, freundschaftliche Liebe heraufbeschworen, waren nicht dazu angetan, ihr Herz zu erfreuen. Am 18. April 1787 schrieb ihr Goethe aus Palermo: »Leb wohl, Geliebteste, mein Herz ist bei Dir, und jetzt, da die weite Ferne, die Abwesenheit alles gleichsam weggeläutert hat, was die letzte Zeit über zwischen uns stockte, so brennt und leuchtet die schöne Flamme der Liebe, der Treue, des Andenkens wieder fröhlich in meinem Herzen« – wiederum für Charlotte ein Beweis, daß er sich in ihrer Gegenwart nicht glücklich gefühlt hatte, daß er auch vor ihr geflohen war und Entfernung brauchte, um seine Liebe zu ihr neu zu fühlen!

Goethe ging in manchen seiner Briefe nicht gerade taktvoll vor, bei einigen seiner Schreiben drängt sich dem Leser der Eindruck auf, sie enthielten ganz gezielt die kleinen Spitzen, die Charlotte treffen und verwunden müßten – kalkulierte Bösartigkeit, um sich zu rächen für zuviel Erziehung und zuwenig Entgegenkommen, Vorsorgemaßnahmen, um sich bei einer eventuellen Rückkehr nicht wieder völlig vereinnahmen zu lassen?

Wie mag es wohl auf Charlotte gewirkt haben, immer wieder zu lesen, alles Heil sei in Italien zu finden und das alte Unbehagen bei der Rückkehr zu fürchten?

So schrieb Goethe am 25. Mai 1787 aus Neapel: »Gewiß fühl' ich mich hier schon ganz anders, nur fürchte ich, das nördliche Klima wird mir vor wie nach allen Lebensgenuß rauben. Wir wollen es abwarten.« Und am 8. Juni 1787 meldete er aus Rom voller Überzeugung: »Rom ist der einzige Ort in der Welt für den Künstler, und ich bin doch einmal nichts anders.«

Als Charlotte ihm ihre körperlichen Beschwerden klagte, die sie in ihrer traurigen Grundstimmung nun ganz besonders belasteten, erfüllte dies Goethe wiederum nur mit bösen Vorahnungen für sich: »Wenn ich von Deinen Übeln, von Deinem Zahnweh höre, wird mir's im Gemüte, wie ich Dir's nicht ausdrucken (!) kann, daß Dir unter dem unglück-lichen Himmel das Leben unter Schmerzen hingehn soll. Ich habe doch diese ganze Zeit keine Empfindung aller der Übel gehabt, die mich in (!) Norden peinigten und lebe mit eben derselben Konstitution hier wohl und munter, so sehr als ich dort litt. Ich habe manche Anzeigen, daß ich dieses Wohlsein, wie manches andre Gute, in Italien zurücklassen werde.«

Da Charlotte wußte, wie sehr Goethe immer unter dem Klima in Thüringen gelitten hatte und wie häufig er die unfreundlichen Temperaturen für jegliche Art von Unwohl-sein verantwortlich machte, hoffte sie, obwohl sie seine Rückkehr herbeisehnte, er möge nicht im Winter kommen. Das schrieb sie bereits am 26. März 1787 an Knebel: »Goethe ist nun wahrscheinlich nach Sizilien; er hat in Neapel nur 4 Wochen bleiben wollen, zu Ende Mai will er von Sizilien zurück. Es ist mir ein unangenehmer Gedanke für ihn, wenn er im Winter hier eintreffen sollte, und doch mag ich auch nicht denken, daß er noch ein ganzes Jahr wegbleibt. Ein Stückchen von meinem Briefe, aus dem Vesuv angeraucht, hat er mir zurückgeschickt.« Goethe blieb noch bis Mitte 1788 fort, Charlotte hatte er davon rechtzeitig unterrichtet, sie schien sich auch immer mehr mit der Abwesenheit des Geliebten abzufinden. Als die Weimarer Freunde Goethes Geburtstag – wieder einmal ohne Frau von Stein – feierten, schrieb diese ein paar Tage später an Knebel: »Sie haben unseres Freundes Jahresfest sehr artig gefeiert; das ist mir allerwegens erschollen, und alle diese Briefe nebst dem Ih-rigen habe ich ihm den Spaß gemacht, nach Rom zu schicken. Mit letzterer Post hatte ich wieder einen Brief von ihm. Er ist sehr glücklich, und ich kann ihn deswegen auch gar nicht zurückwünschen! Bis Ostern gedenkt er nun in Rom zu bleiben.«

Der Entfernte schrieb fleißig Briefe, nicht nur an Charlotte, auch an Knebel, den Herzog, Herders – manchmal steckte er mehrere Schreiben in einen Umschlag, dabei konnte es auch zu Verwechslungen kommen. So sah sich Charlotte am 31. August 1787 genötigt, Johann Gottfried Herder, der versehentlich einen an Frau von Stein gerichteten Brief Goethes erhalten hatte, zu erklären, warum sie sich von dem abwesenden Freund duzen ließ: »Wie ich eben von Rudolstadt komme, wo ich ein paar Tage war, find ich Ihren lieben Brief und die Einschlüsse. Im ersten Augenblick, als ich Ihren Brief lese, verstehe ich, Sie schicken mir Goethes Brief an Sie zum Lesen, und ich hatte die Verwechslung nicht begriffen, genug, ohne indiscret sein zu wollen, lese ich den ganzen Brief, zum Glück, daß kein Geheimnis drin war. Ich schicke Ihnen den meinigen auch wieder mit und ist mir lieb, daß die Bahn gebrochen ist und mir künftig das brüderliche Du, das mich freut, mit Ihnen gemein zu haben, kein Hindernis mehr ist, sie Ihnen mitzuteilen. Unser Freund war einmal tief von mir beleidiget, als ich diese lateinische Sitte unter uns ablehnte, und von der Zeit an habe ich es so begriffen, als es aus seiner treuen Seele kam, könnte ich nur die Empfindung von einem Niewiedersehen vergessen, die mir mit ihm geblieben ist und die sich mir heute schrecklich erneuert.«

Aus jeder Zeile sprechen der Rechtfertigungsversuch und das schlechte Gewissen. Wie wenig stand Charlotte zu ihrer Liebe, wie sehr versuchte sie wieder zu täuschen! Goethes Briefe wagte sie – vor Herders Entdeckung – niemandem von ihren Weimarer Bekannten zu zeigen, weil sie nicht wollte, daß das freundschaftliche »Du« der Anrede zu Gerede führte; und nachdem Herder davon erfahren hatte, stellte sie es als einen Akt nachsichtiger Nächstenliebe ihrerseits hin und behauptete, Goethe die Vertraulichkeit nur erlaubt zu haben, um ihn nicht zu kränken.

War Goethe mit seinem Geständnis, daß er immer noch daran litte, die Freundin nicht ganz besitzen zu dürfen, in die Probleme früherer Zeiten zurückgefallen, so zeigte sich auch Frau von Stein wieder – wie in den ersten Jahren ihres Zusammenseins mit Goethe – ängstlich, verkrampft und übertrieben bemüht, die gesellschaftlichen Formen ja nicht zu verletzen –, daß die Entfernung alte Klüfte zwischen den Liebenden erneut aufriß, Gräben, die gemeinsam und mühsam zugeschüttet worden waren, und daß Entfremdung eingetreten war, war nicht mehr zu leugnen.

Während Goethe die Kunst und Kultur Italiens begierig in sich aufsaugte, sich an den Naturschönheiten des südlichen Landes begeisterte, erlebte Charlotte im kleinen Weimar nichts dergleichen; und die wenigen Ereignisse, die sie, während der Freund sich in der Ferne aufhielt, betrafen, waren dazu angetan, sie nur noch in ihrer depressiven Stimmung zu bestärken.

Am 14. Juni 1787 starb ihr zweiter Sohn Ernst – in Wildental, auf der Reise nach Karlsbad, wohin Charlotte ihn endlich mitnehmen wollte, nach langem, entsetzlichem Leiden. Die Reaktion Frau von Steins auf diesen Tod war befremdlich. Zwar hatte sie dem geplagten Sohn die Erlösung gewünscht, zwar schrieb sie an ihre Schwester, Luise von Imhoff, und ihre Schwägerin, Sophie von Schardt, sie befürchte, daß ihr Herz aufhören könne zu schlagen, aber in demselben Brief berichtete sie auch von zerstreuenden Vergnügungen in Karlsbad, das sie – obwohl Ernst auf der Reise verstorben war – zur Kur aufsuchte: »Wir leben hier in Festen von allerlei Art, und die Situation ist so, daß man weder am liebsten noch am traurigsten Gegenstand kann hängen bleiben.« Und sie fuhr fort: »Den 16. Juli hoffe ich, wieder von hier wegzugehen. Ich kann das Zuhause nicht erwarten, ob ich schon fürchte, daß mir noch ein Leiden nahe ist. Ein Traum, den ich vor mehr als siebzehn Jahren hatte, ist mir in Wildental eingetroffen. Aber nichts mehr davon! Das ganze Leben ist ja ein Traum!«

Der Tod ihres Sohnes kam für Charlotte nicht überraschend, er fügte ihr keinen übergroßen Schmerz zu, bestärkte sie lediglich in ihrer resignativen, pessimistischen Grundhaltung. Dennoch muß es unverständlich erscheinen und mehr als befremden, daß Karl von Stein über den Tod seines Bruders nicht von der Mutter unterrichtet wurde, daß er erst Anfang 1788, als sein Vater, Josias von Stein, ihn besuchte, vom Sterben Ernsts erfuhr und seinen Bruder Fritz kurz danach, im Februar, bat, ihm doch Einzelheiten zu erzählen: »Ich habe eine Bitte an Dich … Ich armer Schelm weiß hier in der Fremde weder, wo Ernst begraben ist, noch wer sein Begräbnis besorgt hat. Dies als sein Bruder und Freund nicht zu wissen, ist mir kränkend … Ich habe nicht gewagt, bei meinem Vater während seines Hierseins danach zu fragen, weil er so traurig über unsern guten Bruder war, daß ihm bei ein paar Gelegenheiten, die ihn dran erinnerten, die Tränen in die Augen traten. Ich habe alle Gelegenheit vermieden, mit ihm von Ernst zu sprechen.«

Wollte Charlotte alle Erinnerungen an Ernst, an seine Krankheit und sein Sterben, endgültig verdrängen, weigerte sie sich, sich darüber mitzuteilen, weil sie ein schlechtes Gewissen hatte? Denn einerseits hatte sie zärtliche Liebe stets nur für ihren jüngsten Sohn Fritz empfunden, und andererseits hatte sie Ernst schon sehr früh aufgegeben – ihre schonungslose Ehrlichkeit, ihre Unfähigkeit, sich Illusionen hinzugeben, hatte sich dem Sohn gegenüber als lieblose Härte entpuppt. Erst als es zu spät war, fand sie sich bereit, Ernst mit nach Karlsbad zu nehmen, obwohl Goethe sie bereits im Sommer 1786 darum gebeten hatte – doch da reiste sie lieber allein und überließ ihren Sohn fremder Pflege.

Züge von Schroffheit und Kälte zeigen sich häufig bei Frau von Stein – nicht zuletzt auch Goethe hatte wiederholt unter der Schärfe und Hartherzigkeit Charlottes gelitten. Bis auf wenige glückliche Jahre, als sie sich von Goethe wahrhaftig geliebt glaubte, schützte sich Charlotte ganz bewußt gegen Emotionen jeglicher Art, panzerte sich – die Unzuverlässigkeit der Welt und der Menschen fürchtend. Und hatte sie nicht recht, sich so distanziert zu verhalten, bereute sie nicht bereits die tiefe Zeit der Offenheit, der Zärtlichkeit, mußte sie ihr nach der Flucht des Freundes nicht wie ein sträfliches »Sich-gehen-Lassen« erscheinen? Und die Angst, vielleicht einem Unwürdigen zuviel von sich enthüllt zu haben, bewirkte eine neue, stärkere Verkrampfung und Verhärtung als je zuvor.

Goethe erfuhr spät vom Tod Ernst von Steins, um den er sich in den letzten Monaten vor seiner Abreise besonders gekümmert hatte. Doch auch sein Augapfel war stets Fritz gewesen, an den er selbst in Italien dachte und um dessen Wohl er besorgt war. Anfang 1788 schrieb er deshalb seinem Diener Philipp Seidel nach Weimar; denn Fritz wurde bald sechzehn, und an seine Zukunft mußte gedacht werden: »Überlege doch, ob Du Zeit, Muße und Lust hast, Dich seiner anzunehmen und ihm einigen Unterricht zu geben. Ich wünsche es besonders, da ich noch nicht weiß, wie es mit mir auf Ostern wird. Mein Gedanke wäre: daß Du ihm von dem Rechnungswesen im allgemeinen Begriffe gäbst; dann im besonderen, was zu dieser und jener Art, besonders bei Kammern und Ämtern nötig ist ... Du findest wohl Zeit hierzu und übernimmst wohl gern dieses Geschäfte, das löblich ist und wodurch Du mir eine Sorge abnimmst.

Denke zugleich an sein physisches Wohl und mache Dir eine Angelegenheit zu sehen, wie es mit der Entwicklung seiner Kräfte geht und wirkt. Sprich Frau v. Stein über das alles; ich habe ihr schon deshalb geschrieben. Du begreifst meine Absicht . . .«

Um etwa die gleiche Zeit, am 12. Januar 1788, schrieb Charlotte, die von Goethes Sorge um Fritz vielleicht noch nichts wußte, die ihren Sohn ja auch im ersten Zorn über das heimliche Verschwinden des Freundes aus Goethes Wohnung zurück zu sich geholt hatte, einen bitteren Brief an Lotte von Lengefeld, den Brief einer resignierten, alten Frau, die nichts mehr vom Leben erwartete.

Goethe hatte einen italienischen Bekannten nach Weimar geschickt – als Reisebegleitung für die Herzogin Anna Amalia, denn auch sie verspürte die Lust, das gelobte Land aufzusuchen. Das war ein Wunsch, den Charlotte mehr oder weniger als fixe Idee abtat, vor allem bei alten Leuten, zu denen sie sich – mit gerade 45 Jahren – ganz offensichtlich zählte. »Der Italiener, auf welchen Sie neugierig sind, ist der Sohn von Goethe's Hauswirt, ein Zuckerbäcker in Rom, und soll die Herzogin Mutter auf ihrer Reise nach Italien begleiten. Goethe hat ihn ihr geschickt, weil sie niemand um sich hat, der die Sprache versteht. Alles will nach Italien bei uns; ich sage alles, und es ist doch nicht so ganz wahr; ich selbst lobe mir mein Zuhaus, und wem zu Haus nicht wohl ist, dem ist nirgend wohl und ist nur eine solche Reise eine Palliativkur. Ein andres ist's in der Jugend, welche glaubt, es sei noch außen herum etwas zu finden.«

Hier findet sich einmal wieder eine typische Reaktion Charlottes: eine Mischung aus Resignation und Rechthaberei! Aber gealtert zu sein schien Frau von Stein in den zweiundzwanzig Monaten der Abwesenheit Goethes über Gebühr. Schiller, der sie im August 1787 zum erstenmal sah, berichtete nichts über ihre Anmut, ihre Leichtigkeit, ihre schönen Augen und Haare, nein, er glaubte sogar: »Schön kann sie nie gewesen sein . . .« – aber dennoch erschien sie ihm, wie er Körner schrieb, »als die Beste unter allen . . . eine wahrhaft eigene, interessante Person«, und er glaubte zu begreifen, »daß Goethe sich so ganz an sie attachiert« hatte. Ihn beeindruckte, daß »ihr Gesicht ... einen sanften Ernst und eine ganz eigene Offenheit« hatte – demnach wirkte sie immer noch durch Ungekünsteltheit und ihre leichte Melancholie –, und ihr »gesunder Verstand« und »Gefühl und Wahrheit«. Am Ende seines Briefes teilte Schiller seinem Freund dann noch mit, über die Beziehung dieser zumindest interessanten Frau zu Goethe, von dem sie »vielleicht über tausend Briefe« besitze, sei ihm in Weimar nichts Nachteiliges bekannt geworden: »Man sagt, daß ihr Umgang ganz rein und untadelhaft sein soll.«

Ebenso wie Schiller zeigte sich auch der alte, treue Freund Knebel – unverändert – von Charlotte beeindruckt, sie erschien ihm weiterhin als eine ideale Frau und Freundin, der er vertraute, von der er sich aufrichten ließ, deren Kummer er aber auch teilte. Seiner Schwester Henriette schrieb Knebel am 1. Januar 1788: »Frau von Stein ist mir stets unter den hiesigen Freundinnen das Werteste. Ich sehe sie fast täglich. Sie liebt Dich und weiß Dich zu schätzen. Nach ihr ist Frau von Kalb mir sehr wert. Reicher und wärmer als die erstere, doch hat sie die ganz bestimmte reine Linie von derselben noch nicht ...«

Vor allem imponierte Charlotte von Stein Knebel, obwohl er auch bekannte: »Diese Frau habe ich sehr lieb.« Besonders schätzte er an ihr die Klarheit und das Unprätentiöse: »Sie ist eine gar seltene, gute Frau und lebt eigentlich bloß in der Klarheit, die ihr bei ihrer reizbaren, feinen Natur schon die Stelle der Wärme vertritt. Sie lebt eigentlichst im Verstand und hat doch so gar keine Prätension von Verstand.« Knebel war auch Charlotte lieb und wert, und sie schrieb ihm geradezu zärtliche Briefe, besonders zu der Zeit, als sie sich von Goethe verlassen glaubte und deshalb die Treue des alten Freundes um so mehr schätzte: »Meine

Zettelchen an Sie sind keine schönen Kompositionen, aber eine klare Wahrheit und ein innerer Beifall meiner selbst erwächst mir, wenn ich Ihnen drin ausdrücken kann, wie sehr ich Sie verehre und liebe.« Selbst ein klein wenig Koketterie erlaubte sich Charlotte gegenüber ihrem langjährigen Verehrer: »Sie haben mir einen so gar lieben Brief geschrieben, daß ich mich drüber anklagen möchte, daß ich Sie nicht genug dafür lieb habe. Doch der alten Frauen Liebe ist eben auch nicht was sehr Begehrenswürdiges. Dafür verspreche ich sie Ihnen doppelt, wenn ich einmal wieder jung werde.«

Immer wieder lobte Knebel – wie in seiner schon erwähnten Charakteristik Charlottes – die Geradlinigkeit ihres Charakters, wenn ihr auch die Wärme, der emotionale Reichtum einer Charlotte von Kalb fehlten.

Charlotte von Kalb, auch eine für die damalige Zeit so typische, unglücklich verheiratete junge Frau, war »auf Schillers Spuren« in Weimar angelangt. Sie liebte den aufstrebenden Dichter und hoffte wohl damals noch, ihn – nach der Scheidung von ihrem ungeliebten Ehemann – heiraten zu können.

Ebenso wie die »Kalbin« litt die ältere Schwester Lottes von Lengefeld, Karoline, unter ihrer Ehe mit Herrn von Beulwitz, einem reichen, aber sehr prosaischen Mann, der die geistigen Bedürfnisse seiner Frau nicht verstand. Karoline von Beulwitz verliebte sich auch in den jungen Dichter Schiller, der seinerseits seine Empfindungen zwischen Lotte und Karoline aufteilte. Da Lotte ein häufiger Gast Charlotte von Steins war, erfuhr diese recht bald von den Schwärmereien ihres »Töchterchens« für den Dichter, was ihr zunächst gar nicht behagte, hatte sie doch ihre Erfahrungen mit den Poeten!

Frau von Stein gehörte zu den ersten, denen Lotte von Lengefeld von ihrer heimlichen Verlobung mit Schiller im

Karoline von Wolzogen, geb. von Lengefeld
Ölgemälde von Carl v. Ambère, 1808

August 1789 mitteilte, und sie berichtete ihrer mütterlichen Freundin auch von ihren Befürchtungen, der geliebte Mann könne immer noch ihre geistreichere, hübschere Schwester vorziehen. Charlotte betrachtete die »Doppelliebe« Schillers mit Besorgnis und nahm entschieden Partei für die Jüngere der Schwestern Lengefeld; mit Karoline, die zuweilen recht exaltiert auftrat und Frau von Steins distanzierte Kühle mißverstand, konnte es nichts Gemeinsames geben. Und während Lotte von Lengefeld in ihren Briefen an Schiller Lobeshymnen auf Frau von Stein sang: »Glaube ja nicht, daß die Stein indiskret ist und es unserm Verhältnis nachteilig sein könnte, daß sie es weiß! Sie schweigt gewiß. Ihre Teilnahme an meinem Glück ist so innig... Könnte sie etwas entfernt beitragen, uns glücklich zu machen, sie wendete alle ihre Kräfte an«, so beklagt sich Karoline von Beulwitz über Charlotte von Stein in den Briefen, die sie an den Dichter schrieb: »Die Stein ist ein verständiges Weib, aber für die zartesten Herzensverhältnisse ist ihr jetzt der Sinn verschlossen; sie ist ohne Glauben daran. Diese Stellung des Gemüts wirkt Entfernung zwischen uns; ihr Zustand tut mir weh, und ich kann ihr nichts geben; nichts tönt in ihrem Wesen wieder, dessen das meinige voll ist.«

Frau von Stein setzte sich bei Herzog Karl August dafür ein, daß dieser Schiller eine Unterstützung zahlte, damit er Lotte heiraten konnte, denn sie wollte ihr »Töchterchen« glücklich sehen. Auch nach der Eheschließung der beiden kümmerte sich Charlotte weiterhin um das Glück Lottes; sie wollte Schiller, der sich wegen seiner schwachen Gesundheit Bewegung verschaffen sollte, ihren Billardtisch aus Kochberg schicken, und sie versuchte die junge Frau zu trösten, wenn diese traurig war: »Daß Sie die Welt nicht mehr wie ehemals im schönen Glanze sehen und das Glück, das Sie sich durch so viel Widersprüche dennoch errungen hatten, nicht genießen können, fühl' ich innigst mit Ihnen;

Charlotte von Lengefeld,
die spätere Ehefrau Schillers
Miniaturportrait von Franz Kotta,
um 1790

denn jede Fassung und Ergebung in das Schicksal beraubt uns auch der neben herumliegenden Freuden.

Doch wenn man noch jung ist, wie Sie sind, und der Weg noch lang, bringt das Erdreich mit sich, daß einem noch hie und da Blumen begegnen; meiner ist leider durch Wiese, Garten und Feld schon vorüber, ich sitze nun am Abhang und sehe in das ruhige dunkle Tal.« Trösten mußte Charlotte Lotte Schiller aber nur wegen der schwankenden Gesundheit Schillers, die zu mancherlei Sorge Anlaß gab, denn die Schillersche Ehe war eine der wenigen glücklichen Verbindungen in Weimar.

In allernächster Nähe konnte Frau von Stein das Drama eines unglücklichen Zusammenlebens miterleben – die Ehe ihrer Schwester Luise mit Imhoff. Selbst nachdem die Familie sich in Weimar niedergelassen hatte und alle Schulden bezahlt waren, blieb Luise ein bedauernswertes Geschöpf, das Charlotte tief bemitleidete: »Mein Herz blutet oft ihretwegen, und meine arme Mutter schmerzt mich, eins von ihren liebsten Kindern so unglücklich zu sehen«, »Meine arme Schwester ist wie ein Schatten aus dem Grabe, ihr Blühen und ihre Munterkeit ist alles dahin. Noch ist's nicht dezidiert, ob die Trennung vor sich geht; wollte Gott, es geschehe!«

Obwohl todkrank, reichte Imhoff noch die Scheidung ein, denn er fühlte sich mit seiner Frau ebenso gestraft wie sie mit ihm, er verließ auch Weimar, wo ihn – im Gegensatz zu seiner Frau – niemand leiden mochte, und ging nach München. Dort starb er im Sommer 1788. Eine Hinterlassenschaft des Schwagers, die älteste Tochter Amalie, sorgte dann in ihrer impulsiven und zuweilen egozentrischen Art dafür, daß Charlotte von Stein die unglückselige »Affaire Imhoff« nicht vergaß. Die temperamentvolle Amalie, eine recht begabte Dichterin und selbstbewußte Frau, war häufig mit ihrer Tante zusammen. Charlotte vermißte an der Nichte die ihr so notwendig erscheinende Contenance, und Amalie erkannte kritisch die kalten, harschen Züge Frau von Steins. Sie hat später wenig schmeichelhaft über ihre – für sie zeitweise furchteinflößende – Tante berichtet, bemühte sich aber, Frau von Stein gerecht zu werden: »Frau von Stein hielt sich meist in etwas herber Zurückgezogenheit ... Die praktisch-kluge Frau erfüllte gewissenhaft ihre häuslichen Pflichten, wenngleich ihr kühler Verstand sich dieselben erleichtern ließ. Ein alter Kammerdiener, Schach, war Faktotum im Haus; er begleitete seine Herrschaft auch auf der Promenade, wo er den vom Podagra gequälten Gebieter führte. Einst bei der Heimkehr hörte die auf der Treppe vorausschreitende Hausfrau einen schweren Fall hinter sich; sie kannte die Gebrechlichkeit ihres Mannes, und, ohne sich umzukehren, mit dem Daumen rückwärts deutend, ruft sie: ›Schach! heb' er mal da auf!‹ Für sie durchaus nicht herzlos-böse gemeint, sondern nur praktisch gedacht, da sie mit ihrer Kraft den Dienst nicht leisten konnte. Charakteristisch ist es, wie sie bei der Erziehung ihrer Kinder nicht die Sorge für alle kleinen Einzelheiten selbst übernahm, um desto weniger das weitere Ziel aus dem Auge zu verlieren, das sie sich gesteckt hatte ... Sie blieb sich ihrer Eigentümlichkeit ganz bewußt und war sehr stetig dadurch, daß sie dieselbe nicht abzulegen strebte. Eine unbeirrte Gewissenhaftigkeit war ihr der Riegel für ihre Hausehre geblieben. Der große, aufrichtige Zug ihres Wesens versöhnte andere mit mancher egoistischen Härte. So schenkte sie einer ihrer Nichten Imhoff einst ein Paar neue Handschuhe, und als diese, tief gerührt über diese ganz unerwartete Gabe, ihr danken wollte, wehrte sie kühl ab: ›Kind, wenn ich sie hätte tragen können, würdest du sie nicht erhalten haben; sie paßten mir nicht.‹«

Charlottes Beherrschtheit und ihre Kühle, die wohlmeinenden, verehrenden, männlichen Betrachtern als bewun-

Friedrich Schiller
Gemälde von Ludovike Simanowiz, 1793

derungswürdige Geradlinigkeit erscheinen mochte, wirkte auf weibliche Beobachter konträren Charakters zumindest erschreckend, wenn nicht abstoßend.

Daß Ehrlichkeit auch verletzen konnte, schien Frau von Stein nicht wahrhaben zu wollen; die krude, realistische Sicht des Gegebenen war ihre Art des Überlebens. Im Fall ihres kranken Mannes, des ungeliebten Josias von Steins, darf ihre äußerliche Härte nicht darüber hinwegtäuschen, daß sie sich sorgsam und aufopfernd um den schwierigen Kranken kümmerte, der ihr mit seinen sich steigernden Wahnvorstellungen und depressiven Anfällen – letzte Auswirkungen einer in jungen Jahren erlittenen Kopfverletzung – das Leben schwer machte.

Am 29. April 1791 schrieb Charlotte von ihrem Tagesablauf und dem Zusammenleben mit ihrem kranken Mann an Lotte Schiller: »Ich war schon lang in keiner Stimmung, meiner lieben Lollo zu schreiben, mein trauriger kranker Gesellschafter hemmt den Lauf meiner Gedanken, und ich werde stumm mit ihm. Zu Beschäftigungen, die mir lieb sind, bin ich jetzt immer unfähig; daher suche ich mir die hervor, die mir Mühe oder gar Schmerzen machen, und weil aus der Verbindung der Dinge entweder, wenn es zum Schlimmern geht, eine gänzliche Zerstörung oder etwas Gutes wieder entstehen muß, so werden Sie bald aus mir eine Virtuosin einer guten Wirtschaftsfrau sehen, denn ich besorge alles ordentlich, was ehemals meine Jungfer, die nunmehr weg ist, sehr unordentlich besorgte. Dieses nimmt mir die schöne Zeit, die ich sonst zum Lesen, Schreiben, Zeichnen anwendete, ziemlich ganz hinweg, ermüdet meine Füße und legt mich in einen festen Schlaf wie gewöhnlich, ja läßt sogar meine Einbildungskraft vor allen Träumen ruhen.«

Josias von Stein erlitt mehrere Schlaganfälle, die er recht gut überstand, die ihn aber in seiner Hypochondrie und melancholischen Stimmung bestärkten. Wie schon bei ihrem

Sohn Ernst sah Charlotte sehr früh ein, daß dem Kranken nicht mehr zu helfen war: »Mit meinem Gatten geht es immer schlechter, und seine Krankheit ist von der Art, daß man sein Leben nicht wünschen kann.« Obwohl das Zusammenleben mit Josias von Stein in den letzten Jahren nicht einfach gewesen sein dürfte, hat sich Charlotte in ihren Briefen nie beschwert. Wenn aber Herzogin Luise ihrer Freundin über deren Mann schrieb: »Ich hoffe, daß er Sie nicht quält und Sie in Ruhe läßt«, kann man sich vorstellen, daß der »kranke Gesellschafter« auch ein plagender Gesellschafter war.

An Charlottes einundfünfzigstem Geburtstag, am 25. Dezember 1793, erlitt Josias von Stein einen erneuten Schlaganfall, dem er drei Tage später erlag. »Er sah schön im Tod aus, und all das Verzogene in seinem Gesicht, durch die Seelenkrankheit erwirkt, womit er sich und andere quälte, hatte ein sanfter Tod wieder in Ruhe gebracht und sein schönes Ebenmaß wiederhergestellt.«

Wie ihre Mutter hatte Charlotte in den letzten Lebensjahren ihres Mannes die Rolle einer Pflegerin übernommen, ihr Vater war nur drei Jahre vor ihrem Gatten, im November 1790, fast achtzigjährig gestorben. Der Hofmann Schardt war durch Herzogin Luise, die streng auf Etikette und Benehmen hielt, auf seine alten Tage noch einmal zu Ansehen gekommen, wie sich Karl von Lyncker in seinen Memoiren erinnerte: »Der alte Schardt war ein Muster von einem Hofmann und als ein Siebziger beständig auf das eleganteste und hofmäßigste angetan ... Diesem Greise dauerte kein Hofgelage zu lange; er stand bei allen Gelegenheiten fest auf den Beinen, jedoch trug er einen Stock, weil er einst Hofmarschall gewesen war. Nächstdem war er wohl der größte Gourmand seiner Zeit. Fast zu jedem Gericht bereitete er sich seine eigene Sauce mit Himbeeressig, Pfeffer, Zimt, Öl, Senf und dgl., und es war eine wahre Unterhaltung, seine derartige Geschäftigkeit zu beobachten. Die

Herzogin selbst, neben der er, wenn keine Fremden da waren, den Sitz hatte, lächelte darüber.«

Aber wie sehr hatte dieser perfekte Höfling durch seine Launen und seine Rechthaberei Frau und Kinder gequält!

Die Todesfälle in ihrer Familie erschütterten Charlottes Gesundheit, die durch die Pflege ihres Mannes ohnehin angegriffen war, noch mehr. Zeitweise verließ sie aufgrund der häufigen Schmerzen und der verschiedenartigen Übel, von denen sie geplagt wurde, jegliche Lebenslust, und sie wünschte sich den Tod, wie sie Lotte von Lengefeld am 13. Januar 1789 schrieb: »Ich habe die Gräfin Bogda kennen lernen, die sich in Jena kurieren läßt, es ist eine lustige Frau; sie liebt das Leben außerordentlich und sagte mir, das gewisse Plätzchen hier wäre ihr lieber als das ungewisse, was da kommen sollte. Ich habe keine Anhänglichkeit daran und freue mich auf den Schlaf, denn ich bin müde. Aus des Aeschylus und Sophokles Tragödien kann man sehen, daß die nämlichen Leiden damals in der Menschheit zu Hause waren wie jetzt, man findet darin tiefe Gefühle davon...«

Doch obwohl sie überzeugt war: »Ich habe meine Gesundheit schon so lange verloren, daß ich nun aufgehört habe, ferner Anspruch darauf zu machen«, siegte immer wieder ihre Disziplin, die sie auch in schweren Zeiten zwang, Haltung zu bewahren und in Maßen am Leben des Hofes teilzunehmen. Die dort gebotenen Abwechslungen lenkten sie auch häufig ab, und sie verspürte wieder so etwas wie Freude am Dasein. »Cour sonntags, mittwochs bei der Herzogin-Mutter, Tanzklub freitags alle vierzehn Tage. Montags bei der Herzogin-Mutter die Assemblee der schönen Geister oder so eine Akademie, wo gezeichnet, gelesen und Champagnerwein getrunken wird.«

Die Zerstreuungen des täglichen Lebens ließen aber Charlottes Pessimismus nie verstummen, und ihr Standpunkt, daß das Leben eine traurige Angelegenheit sei, die man nur still und resigniert erdulden könne, änderte sich nicht. »Denn mich stört keine Sorge des Lebens mehr, denn ich bin in einer völligen Ergebung von allem, was da kommen könnte, und das Gegenwärtige habe ich überwunden«, so schrieb sie voller Ergebung im Herbst 1791 an ihren Sohn Fritz.

Zur Gegenwart, die Charlotte angeblich nicht mehr tangierte, gehörte zu diesem Zeitpunkt auch wieder Goethe. Am 18. Juni 1788 war er nach Weimar zurückgekehrt – zweiundzwanzig Monate hatte er sich in der Ferne aufgehalten und war voll der Neuigkeiten. »Er ist seit dem 18. abends um 10 Uhr mit dem Vollmonde hier, ist gesund und wohl und hat uns schon tausend Dinge erzählt«, vermeldete Herder am 22. Juni 1788 an Knebel. Ein wenig später berichtete Sophie von Schardt in einem Brief an Christoph Albrecht von Sekkendorff, daß Goethe durch seine Italienreise eine »Fröhlichkeit erlangt« habe, »wie er sie seit langer Zeit nicht gehabt« habe. Aus den ersten Lebenszeichen, die Goethe aus Weimar an ferne Freunde verschickte, lassen sich seine freudige Stimmung und seine Hoffnung auf eine glückliche Zukunft ablesen, die ihm das Leben in Italien eingeflößt hatte. So schrieb er etwa am 21. Juli 1788 an Jacobi: »Ja mein Lieber, ich bin wieder zurück und sitze in meinem Garten, hinter der Rosen-Wand, unter den Aschenzweigen und komme nach und nach zu mir selbst. Ich war in Italien sehr glücklich, es hat sich so mancherlei in mir entwickelt, das nur zu lange stockte, Freude und Hoffnung ist wieder ganz in mir lebendig geworden. Mein hiesiger Aufenthalt wird mir sehr nützlich sein. Denn da ich ganz mir selbst wiedergegeben bin; so kann mein Gemüt, das die größten Gegenstände der Kunst und Natur fast zwei Jahre auf sich würken ließ, nun wieder von innen heraus würken, sich weiter kennen lernen und ausbilden.«

Aber nur wenig später ist keine Rede mehr von »Freude

und Hoffnung«, der Brief, den Goethe Ende Juli 1788 an Charlotte schrieb, zeigt eine andere, recht niedergeschlagene Tonart: »Gerne will ich alles hören, was Du mir zu sagen hast, ich muß nur bitten, daß Du es nicht zu genau mit meinem jetzt so zerstreuten, ich will nicht sagen zerrissenen Wesen nehmest. Dir darf ich wohl sagen, daß mein Innres nicht ist wie mein Äußeres.« Das Auseinanderklaffen von äußerem Benehmen und innerem Wesen machte Goethe hier nicht zum erstenmal für seine Haltung Charlotte gegenüber geltend. Offensichtlich konnte er sich – nach der Rückkehr – nicht wirklich so zeigen, wie er war, und außerdem schien er durch die Berufung auf sein »zerstreutes Wesen« auch zu hoffen, der geforderten Unterredung mit Charlotte zu entgehen oder diese zu mildern.

Denn Frau von Stein stimmte nicht in den allgemeinen Jubel über die Rückkehr des Freundes ein. Sie erlebte einen neuen, fröhlichen Goethe, der erzählen wollte von all dem Schönen, das er erlebt hatte, der keinen Trost mehr brauchte, der Erfahrungen gesammelt hatte, die sie nicht teilen konnte, der sich von ihr unabhängig gemacht hatte. Hinter ihr dagegen lagen zweiundzwanzig Monate der Sehnsucht, des Zorns, des Leidens, der Trauer und der Krankheit – sie hatte nichts Schönes erlebt und also auch nichts dergleichen zu berichten. Die Entfremdung zwischen Charlotte und Goethe war beim Wiedersehen spürbar und sichtbar, die Risse in ihrer Beziehung waren nicht mehr so einfach zuzudecken.

Charlotte warf ihrem Freund Untreue und Vertrauensbruch vor, weil er sie heimlich verlassen hatte, und vermißte bei dem Heimgekehrten die freundschaftliche Stimmung, die sie erwarten zu dürfen glaubte. Sie schrieb am 27. Juni 1788 an Sophie von Schardt; in diesem Brief teilte sie der Schwägerin Verse aus Goethes Singspiel »Klaudine« mit. Die Verse waren von fremder Hand verunstaltet worden, und Charlotte interpretierte sie auf sich bezogen und zeigte so ihr tiefes Mißtrauen: »Prinz August ist noch immer hier. Gestern gab er mir einen Vers zur Kontinuation des Verses, welchen Klaudine singt.

> Du besinnst Dir ihn doch?
>> Liebe schwärmt auf allen Wegen
>> Treue wohnt für sich allein u.s.w.
> Nun die Fortsetzung von Prinz August:
>> Treue weinet oft im Stillen,
>> Wenn die Liebe scherzt und lacht;
>> Liebe schläft, fängt keine Grillen,
>> Wenn vor Schmerz die Treue wacht.

Wie wahr! – Knebel ist noch nicht angekommen. Wenn er alle seine Endzwecke so verfehlt wie den, Goethen entgegenzugehn, wird's ihm weh, doch attisch weh werden!

Den 30. vorgestern war ich mit der Herzogin Louise und Herders bei Goethen, der uns einige Kupferstiche von Claude Lorrain und geschnittene Antiken wies. Wir waren nicht lange bei ihm, als Knebel auch hereintrat, und so war denn unser altes Häufchen zusammen; mit dem alten Geist, glaub' ich schwerlich ... Ich war acht Tage so kraftlos, daß ich nichts getan als schlafen ...« Eine unangenehme Spannung herrschte zwischen Frau von Stein und Goethe, gegenseitig schoben sie sich die Schuld zu.

Karoline Herder – zunächst parteiisch für Frau von Stein – schrieb ihrem Mann über das Verhältnis der ehemals Liebenden am 15. August 1788: »Goethe besucht mich fleißig ... Im ganzen will es mir nicht wohl mit ihm werden. Er lebt jetzt, ohne seinem Herzen Nahrung zu geben. Die Stein meint, er sei sinnlich geworden, und sie hat nicht ganz unrecht. Das Hofgehen und Hofessen hat etwas für ihn bekommen. Er will sich diesen Winter ganz an die Her-

Karoline Herder
Kreidezeichnung von Adam Weide

zogin halten; das sei die einzige, die ihm geblieben. Mitunter sollte ich und die Imhoff zu ihm zum Tee kommen. Ich sagte ja, wenn die Stein mitkäme. ›Ach, mit der ist nicht viel anzufangen‹, sagte er; ›sie ist verstimmt, und es scheint nicht, daß etwas werden will.‹ Ich nahm ihre Partei, so gut ich konnte; ich glaube aber nicht, daß er ihr entgegengeht.«

Ein paar Tage später meldete Karoline: »Sie ist noch immer nicht herzlich mit Goethe, das merk ich aus allem. Er sollte männlicher sein und sie bei der Hand nehmen, wie Du's oft getan hast, wenn ich unwillig herumging.« Doch hier handelte es sich nicht um kleinen Streit, der eventuell auf die von Karoline beschriebene Art beigelegt werden mochte, und Charlotte von Stein war keine Frau, die sich, wenn sie verstimmt war, so einfach »männlich« an die Hand nehmen ließ. Sie zeigte ihren Unmut deutlich und vergällte damit auch einigen Besuchern in Kochberg den schönen Spätsommertag, wie wiederum Karoline berichtete: ». . . etwas von der Kochberger Fahrt . . . Den 5., früh 6 Uhr, fuhren wir ab, Goethe, die kleine Schardt, ich und Fritz. Der schönste Himmel war's, kein Wölkchen den ganzen Tag; wir waren alle gleich heiter gestimmt . . . Um halb 11 Uhr hatten wir den stoßigen Weg geendigt. Lotte Lengefeld kam zuerst, uns zu empfangen; dann die Frau von Stein, die uns alle freundlich empfing, doch ihn ohne Herz. Das verstimmte ihm den ganzen Tag.«

Charlotte von Stein sah alle Schuld bei Goethe und erwartete, daß er auf sie zuging, doch er stieß sich an ihrer Kälte, und so blieb es dabei: »Sie will nicht verzeihen und er nicht um Verzeihung bitten«, wie Karoline Herder auch noch im Februar 1789 ihrem Mann mitteilte, und sie setzte hinzu: »Ich denke, er sei's wohl wert, daß man um ihn etwas leidet.«

Nicht nur »etwas« litt Charlotte, sie ertrug große Schmerzen, weil sie erleben mußte, wie ihre Freundschaft, wie ihre Liebe zerbrach, aber ihr Stolz hätte ihr niemals erlaubt, anderen gegenüber zuzugeben, Goethe sei es wert, daß man als Frau seinetwegen leide. Da war sie sich ihres eigenen Wertes doch zu bewußt! Und nur einigen auserwählten Freunden verriet sie ein wenig von ihren Qualen, etwa wenn sie am 15. August an ihre Schwägerin Sophie von Schardt schrieb: »Die Ahnung, daß der Kreis der Lieben zerrissen wird und das Häuflein zerstreut, schwebt auch mir im Herzen. Goethe hat auf seinem Gewissen, den ersten Schritt dazu gemacht zu haben, doch hoff' ich, *wir* bleiben uns... Die Gores, über die der Herzog brütet und doch nichts herausbringen wird, haben mir, so gute Wesen sie auch sind, Langeweile gemacht. Ich habe sehr Unrecht gehabt, ihret- und Goethes wegen meine schöne Zeit in Kochberg zu versäumen; denn um beide schob ich meine Abreise auf: aber erstere und letzterer haben mich auf völlig fremden Fuß entlassen, und ist nichts als Langeweile zwischen uns ausgewechselt worden.«

Es ist bezeichnend für Charlotte von Stein, daß sie sich nicht scheute zu gestehen, mit Goethe verbrachte Stunden erschienen ihr als langweilig und als Zeitverlust. Sie war so tief verwundet, daß sie selbst dem Freund Verletzendes schrieb, das auch sie wiederum treffen mußte.

Zu Resignation und Verhärtung kamen Scham und unbändige Wut, als Charlotte dann im März 1789 durch Zufall davon erfuhr, daß Goethe mit einem jungen Mädchen zusammenlebte – mit Christiane Vulpius.

Am 12. Juli 1788 hatte die Liebesgeschichte zwischen der jungen Frau, die dem Geheimrat eine Bittschrift ihres Bruders überreicht hatte, und Goethe begonnen. Christiane war ein südlicher Typ, ein wenig derb und mochte den Dichter wohl an die italienischen Frauen erinnert haben – vielleicht sogar an seine römische Geliebte Faustina? Die beiden tra-

Christiane Vulpius
Kreidezeichnung von Fritz Bury, 1800

fen sich heimlich im Gartenhaus, und Goethe genoß eine unkomplizierte Liebschaft – ohne ständige gesellschaftliche Rücksichtnahme. Besonders letzteres machten ihm dann einige konventionelle Weimaraner zum Vorwurf. Christiane war Waise, ihr Vater, ein Advokat, hatte sein Amt nicht gut geführt und Schulden hinterlassen; das Mädchen arbeitete, um die Geschwister zu unterstützen, in der Bertuchschen »Fabrik«, einer Manufaktur, in der künstliche Blumen aus Stoff hergestellt wurden. Solch ein Mädchen war nicht der geeignete Umgang für Goethe, den Dichter, den Geheimrat! Die meisten Zeitgenossen empörten sich nicht darüber, daß Goethe ein außereheliches Verhältnis hatte – das war normal bei »hohen Herrn« –, nein, es herrschte Entsetzen über die Tatsache, mit *wem* er zusammenlebte.

Sozusagen »brandheiß« berichtete Karoline Herder ihrem Mann, der sich zu der Zeit in Italien befand, von dem Skandal: »Ich habe nun das Geheimnis von der Stein selbst, warum sie mit Goethe nicht mehr recht gut sein will. Er hat die junge Vulpius zu seinem Klärchen und läßt sie oft zu sich kommen usw. Sie verdenkt ihm dies sehr. Da er ein so vorzüglicher Mensch ist, auch schon 40 Jahre alt, so sollte er nichts tun, wodurch er sich zu den andern so herabwürdigt. – Was meinst Du hierüber? ... Sie ist sehr, sehr unglücklich, und Goethe beträgt sich nicht hübsch. Da die Unglücklichen immer unter der Zahl der Heiligen bei mir sind, so steht auch sie jetzt bei mir in dieser Zahl, und ich fürchte, der Kummer verkürzt ihr Leben. – Er hat sein Herz, wie sie glaubt, von ihr gewendet und sich ganz dem Mädchen, die eine allgemeine H ... vorher gewesen, geschenkt.«

So typisch es scheint, daß der Weimarer Hofgesellschaft Christianes einfache Herkunft reichte, um aus ihr gerüchteweise eine ehemalige Prostituierte zu machen, so typisch war die Antwort Herders auf die Neuigkeit. Er führte diese »Entgleisung« Goethes auf dessen freies Leben in Italien

Friedrich Justin Bertuch
Brustbild nach J. F. A. Tischbein

zurück, konnte aber in seinem empörten Schreiben einen gewissen Neid nicht ganz unterdrücken: »Was Du von Goethens Klärchen schreibst, mißfällt mir mehr, als daß es mich wundern sollte. Ein armes Mädchen – ich könnte mir's um alles nicht erlauben! Aber die Menschen denken verschieden, und die Art, wie er hier auf gewisse Weise unter rohen, obwohl guten Menschen gelebt hat, hat nichts anders hervorbringen können. Auf mich macht Italien in allem nun einmal den ganz entgegengesetzten Eindruck. Ich kehre wie ein Geist zurück und kann Dir nicht sagen, wie mir vor dem gewöhnlichen Troß der Buhlereien usw. ekelt.«

Charlotte war zutiefst verletzt – sie konnte Goethe nicht mehr verstehen, der Gedanke an ihn machte sie krank, wie sie Lotte von Lengefeld Ende März 1789 schrieb. Noch im Februar – vor der Entdeckung des für sie so peinlichen und schmerzlichen Geheimnisses Goethes – hatte es so ausgesehen, als könne man wieder miteinander reden, als sei Goethe bereit, Zugeständnisse zu machen. Denn im Februar schrieb er Charlotte: »Wenn Du es hören magst, so mag ich Dir gern sagen, daß Deine Vorwürfe, wenn sie mir auch im Augenblick empfindlich sind, keinen Verdruß und Groll im Herzen zurücklassen. Auch *sie* weiß ich zurechtzulegen, und wenn Du manches an mir dulden mußt, so ist es billig, daß ich auch wieder von Dir leide. Es ist auch so viel besser, daß man freundlich abrechnet, als daß man sich immer einander anähnlichen will, und wenn das nicht reuissiert, einander aus dem Wege geht.

Mit Dir kann ich am wenigsten rechnen, weil ich bei jeder Rechnung Dein Schuldner bleibe. Wenn wir übrigens bedenken, wie viel man an allen Menschen zu tragen hat, so werden wir ja noch liebe(r) einander nachsehen. Lebe wohl und liebe mich.« Was sollte Charlotte im Frühjahr 1789 davon halten, daß Goethe sie gebeten hatte, ihn weiterhin zu lieben, obwohl er zu dem Zeitpunkt, als er seinen Brief schrieb, bereits mehr als ein halbes Jahr mit Christiane zusammenlebte? Das ging über ihr Fassungsvermögen!

Bevor sie am 5. Mai zu einem Kuraufenthalt abreiste, schrieb Charlotte wohl wieder einen scharfen, womöglich ultimativen Brief an Goethe – sie wollte endgültig Klarheit, wird wohl auch die Beendigung seines Verhältnisses gefordert haben. Goethe antwortete ihr am 1. Juni, und seine Zeilen zerstörten in ihr die letzten Reste von Hoffnung auf ein Wiederbeleben der alten Freundschaft und Liebe.

»Ich danke Dir für den Brief, den Du mir zurückließest, wenn er mich gleich auf mehr als eine Weise betrübt hat. Ich zauderte, darauf zu antworten, weil es in einem solchen Falle sehr schwer ist, aufrichtig zu sein und nicht zu verletzen.

Wie sehr ich Dich liebe, wie sehr ich meine Pflicht gegen Dich und Fritzen kenne, hab ich durch meine Rückkunft aus Italien bewiesen. Nach des Herzogs Willen wäre ich noch dort ... Was ich in Italien verlassen habe, mag ich nicht wiederholen. Du hast mein Vertrauen darüber unfreundlich genug aufgenommen. Leider warst Du, als ich ankam, in einer sonderbaren Stimmung, und ich gestehe aufrichtig, daß die Art, wie Du mich empfingst, wie mich andre nahmen, für mich äußerst empfindlich war ... Und das alles eh von einem Verhältnis die Rede sein konnte, das Dich so sehr zu kränken scheint. Und welch ein Verhältnis ist es? Wer wird dadurch verkürzt? Wer macht Anspruch an die Empfindungen, die ich dem armen Geschöpf gönne? Wer an die Stunden, die ich mit ihr zubringe? Frage Fritzen, die Herdern, jeden, der mir näher ist, ob ich unteilnehmender, weniger mitteilend, untätiger für meine Freunde bin als vorher? Ob ich nicht vielmehr ihnen und der Gesellschaft erst recht angehöre.

Und es müßte durch ein Wunder geschehen, wenn ich allein zu Dir das beste, innigste Verhältnis verloren haben sollte. Wie lebhaft habe ich empfunden, daß es noch da ist, wenn ich Dich einmal gestimmt fand, mit mir über interessante Gegenstände zu sprechen.

Aber das gestehe ich gern, die Art, wie Du mich bisher behandelt hast, kann ich nicht erdulden. Wenn ich gesprächig war, hast Du mir die Lippen verschlossen, wenn ich mitteilend war, hast Du mich der Gleichgültigkeit, wenn ich für Freunde tätig war, der Kälte und Nachlässigkeit beschuldigt. Jede meiner Mienen hast Du kontrolliert, meine Bewegungen, meine Art zu sein, getadelt und mich immer mal à mon aise gesetzt. Wo sollte da Vertrauen und Offenheit gedeihen, wenn Du mich mit vorsätzlicher Laune von Dir stießest.

Ich möchte gern noch manches hinzufügen, wenn ich nicht befürchtete, daß es Dich bei Deiner Gemütsverfassung eher beleidigen als versöhnen könnte.

Unglücklicher Weise hast Du schon lange meinen Rat in Absicht des Kaffees verachtet und eine Diät eingeführt, die Deiner Gesundheit höchst schädlich ist. Es ist nicht genug, daß es schon schwer hält, manche Eindrücke moralisch zu überwinden, Du verstärkst die hypochondrische, quälende Kraft der traurigen Vorstellungen durch ein physisches Mittel, dessen Schädlichkeit Du eine Zeitlang wohl eingesehn und das Du, aus Liebe zu mir, auf eine Weile vermieden und Dich wohl befunden hattest. Möge Dir die Kur, die Reise recht wohl bekommen. Ich gebe die Hoffnung nicht ganz auf, daß Du mich wieder erkennen werdest. Lebe wohl.«

Mit diesem harten Brief Goethes, der nicht nur keinesfalls um Verzeihung bat, sondern Charlotte mit – z. T. berechtigten – Vorwürfen überhäufte, hatte Frau von Stein nicht gerechnet. Darauf konnte sie nicht mehr antworten, nur noch ein großes »O« mit drei Ausrufezeichen hat sie auf den Briefbogen geschrieben – Zeichen des hilflosen Entsetzens und des ohnmächtigen Zorns.

Man kann sich des Eindrucks nicht erwehren, Goethe habe in seinem Brief vom 1. Juni 1789 Charlotte endlich einmal alles das geschrieben, was er schon lange mit sich herumgetragen hatte. Zunächst einmal glaubte er, wegen seiner Rückkehr aus Italien Lob zu verdienen, weil er doch – wie er immer wieder in seinen Briefen aus Rom, Neapel, Palermo zu verstehen gab – am liebsten geblieben wäre. Offensichtlich war es ihm nicht möglich zu begreifen, daß die Art seiner Abreise, seine Heimlichkeit, dann seine offensichtliche Bevorzugung des fremden Landes und die Länge seiner Abwesenheit nicht gerade zu Charlottes Glück beigetragen hatten. Er war fortgeeilt, um sich selbst wiederzufinden, um zu gesunden, er wollte sich retten – ohne Rücksicht auf andere. Er hatte sein Ziel erreicht – allein – und verstand einfach nicht, daß die von ihm über Nacht Verlassene nicht in Dankbarkeit über den wiedergefundenen, neuen Goethe dahinschmolz, daß sie auch zu verstimmt war, seinen Hymnen auf Italien zu lauschen, die *ihr* letztlich immer nur wieder bestätigten, daß sie in seinem Leben nicht mehr das wichtigste und überflüssig geworden war. Goethe sah und spürte Charlottes Kälte, weigerte sich, die Schuld bei sich zu suchen, mied statt dessen die Freundin und wurde durch die eisige Atmosphäre, die ihm entgegenschlug, um so geneigter, ein unkompliziertes, ihn wärmendes Liebesverhältnis einzugehen.

Zu Recht weist er darauf hin, daß Charlotte ihm bereits, bevor sie von Christiane wußte, unfreundlich begegnete. Und geradezu brutal spricht er ihr jegliche Berechtigung ab, seine Liebschaft zu kritisieren. Nicht nur, daß er behauptet, erst durch seine Beziehung zu seiner jungen Geliebten wieder richtig seinen Freunden und der Gesellschaft zu gehören – das schließt indirekt den Vorwurf ein, Charlotte sei an seiner vorherigen Isolation zumindest mitschuldig –, nein, er stößt die Freundin unnachsichtig darauf, daß die Liebe, die Christiane ihm gewähre, sie nicht zu stören habe, weil sie ja die Art von Liebe sei, die sie ihm nie gewährt habe – also hätte sie auch kein Recht, sich zu beschweren.

Es muß für Charlotte ungeheuerlich gewesen sein, daß Goethe behauptete, nur durch ein Wunder könne die innige Beziehung zwischen ihnen durch sein Abenteuer mit Christiane tangiert werden – bei allen anderen Freunden mache es ja nichts aus. Als hätte er vergessen, wieviel mehr sie ihm war als Freundin, als wisse er nicht mehr, daß der größte Teil ihrer – von ihm geforderten – Erziehungsarbeit darauf hinausgelaufen war, ein *reines* liebevolles Verhältnis zu ermöglichen. Und nun plötzlich nahezu selbstverständliche Ansprüche an sexuelle Befriedigung, die er fein säuberlich von ihrer Beziehung getrennt wissen wollte! Charlotte konnte, verwundet und beleidigt, nun bestimmt nicht mehr begreifen, daß sie Goethe die ganze Zeit hindurch überfordert hatte, indem sie an ihre gegenseitige Liebe übermenschliche Maßstäbe angelegt hatte. Maßstäbe, die sie, enttäuscht von der Sexualität in der Ehe, ängstlich körperliche Liebe und ungewünschte Schwangerschaft gleichsetzend und gesellschaftliche Konflikte befürchtend, leichter erfüllen konnte als Goethe.

Nun mußte ihr allerdings klarwerden, daß sie gescheitert war, daß ihre gesamte Erziehungsarbeit nichts gefruchtet hatte. Aus Italien hatte Goethe ihr geschrieben, daß er nie aufgehört habe, darunter zu leiden, sie nicht besitzen zu dürfen, und nun hatte er sich Ersatz beschafft und war zu allem Überfluß auch noch der festen Überzeugung, das ginge sie nichts an!

Ohnehin schien er überhaupt nichts von ihren pädagogischen Maßnahmen zu halten. Wenn er ihr in seinem Brief vorwirft, er habe sich – bedingt durch ihr kritisierendes Benehmen – in ihrer Gegenwart unwohl gefühlt, so ist dieses Unbehagen sicherlich nicht nur auf die Monate nach der

Rückkehr zu beziehen. Goethes unbändiges Freiheitsgefühl, das ihn in Italien erfüllte und fröhlich stimmte, bezog sich nicht nur darauf, daß er seinen lästigen Amtspflichten entronnen war, es war auch Befreiung von der Erzieherin – Goethe hatte »schulfrei«. Und er war nun nicht länger gewillt, sich freiwillig Charlottes Diktat zu beugen. Charlotte war intelligent und sensibel genug, um zu verstehen, um zu begreifen, daß die Liebe vorbei war – Goethes komischverzweifelter Versuch, die für beide Parteien unerfreuliche Situation Charlottes Kaffeekonsum anzulasten, wäre, um sie in helle Empörung zu treiben, nicht mehr nötig gewesen.

Wie unerträglich Charlotte in ihrer Kritisiersucht sein konnte, haben die ihr Nahestehenden oft erfahren, die Familie, die Freunde; an dem ungeliebten ältesten Sohn Karl, der immer noch gutmütig Entschuldigungen für die Mutter suchte, ließ Frau von Stein besonders häufig ihre Krittelei aus. Fritz, der vergötterte Jüngste, erfuhr von seinem Bruder, wie sehr dieser unter Charlotte litt: »Ich habe meiner Frau einen Schreibtisch gekauft und da findet sie, ich hätte lieber sollen eine eichene Stubentür machen lassen, die wir doch nicht brauchen. Ich habe ganze Schüsseln voll selbstgezogener Melonen beinahe täglich auf den Tisch gebracht, und sie hat immer geklagt, daß ich keine Pfirsiche nicht hätte. Meine Spargel hatten nicht süß geschmeckt, meine neue Obstdarre war nicht recht, mein Ofen nicht, meine Milchwirtschaft nicht. Ich habe Pfirsiche angelegt, habe 300 fortgekommene gestopfte Bäumchen und habe nun wieder den ganzen Garten voll Kirschbäumen, lasse immerfort welche vermehren und gebe mir alle Mühe, und siehe da, nun taugt meine Obstwirtschaft nicht. Und das geht in allen Dingen, je den kleinsten so, die ich nur unternehme. Eine solche immerwährende Ängstlichkeit und Tadelsucht von meiner Mutter ... bringt mich manchmal fast in Verzweiflung ... Indes, die Mutter hat uns doch lieb, und ich will mir

Mühe geben, das Gewicht nicht auf Sachen zu legen, deren Unverbesserlichkeit meine mechante Eigenliebe oft ganz ohne Grund mir zueignet.«

Besonders perfide scheint Charlottes Argumentationsstil gewesen zu sein, mit dem sie geistig weniger wendige Partner stets in die Enge trieb, wie wiederum Karl von Stein berichtete: »... weil sie nicht disputiert, sondern gleich beleidigend wird, indem sie nicht meine Meinung, sondern meinen Verstand attackiert, daß er sich auf solche Meinung verschnappt. Diese Art zu streiten macht eine unvermerkte Diversion, denn man vergißt auf einige Momente sein Sujet, um seinem angegriffenen Verstand beizuspringen.«

Charlottes Rechthaberei ging so weit, daß sie auch, wenn sie eindeutig unrecht hatte, nicht bereit war, dieses zuzugestehen: »Der Mutter fehlten Bücher; sie beschuldigte den Onkel, er habe sie; die Tante kam dazu. Dies gab Disput. Nun da sich die Bücher in meiner Mutter Schrank finden, beschuldigt sie die beiden, sie haben sie ihr heimlich hineingelegt. Neues Feuer, neuer Disput, Vorwürfe über Denkungsart, Konduite – förmliche Brouillerie...«

All diese Beispiele, die Charlottes unangenehme Seiten bezeugen, stammen aus späterer Zeit, aus den Jahren, nachdem sie Goethes Zuneigung verloren hatte, unglücklich war und mehr denn je dazu neigte, Befriedigung aus dem Gefühl ihrer Überlegenheit zu beziehen.

Doch Ansätze dieses Hochmuts, dieser schier unerträglichen Erziehungswut und dieser Selbstgerechtigkeit gab es immer schon: Als Goethe Charlotte noch liebte, bewunderte er ihren starken, unabhängigen Charakter und erwartete von ihr, daß sie ihn zurechtbog, weil es ihm an vielem, nicht zuletzt an gesellschaftlichem Schliff, mangelte. Doch er emanzipierte sich von den Schulmeistereien Charlottes, wurde selbstbewußt auch ihr gegenüber und skeptisch, was ihre aristokratischen Prinzipien betraf, fühlte sich eingeengt von ihrer ständigen Forderung nach Contenance, kurz, sie ging ihm auf die Nerven! Und als er aus Italien zurückgekehrt war, gereift und befreit von so vielen Zwängen, fand er endlich auch den Mut, es ihr zu sagen.

Bevor Frau von Stein diesen Brief erhielt, hatte sie in Frankfurt Frau Rat Goethe besucht, die beiden Frauen fanden Gefallen aneinander. Charlotte schrieb an Fritz: »Ich habe mich hier recht wohl amüsiert. Die Rätin Goethe hat mir ausnehmend gefallen, und ich könnte sie recht lieb haben und mit ihr leben...« Auch Goethe erfuhr von seiner Mutter, daß sie Charlotte empfangen hatte; vielleicht entschloß er sich deshalb, einen erneuten Brief an seine alte Freundin zu schreiben, der ein wenig versöhnlicher klang, vielleicht war der erste Zorn am 8. Juni aber auch schon verraucht: »Es ist mir nicht leicht, ein Blatt saurer zu schreiben geworden als der letzte Brief an Dich, und wahrscheinlich war er Dir so unangenehm zu lesen als mir zu schreiben. Indes ist doch wenigstens die Lippe eröffnet, und ich wünsche, daß wir sie nie gegeneinander wieder schließen mögen. Ich habe kein größeres Glück gekannt als das Vertrauen gegen Dich, das von jeher unbegrenzt war; sobald ich es nicht mehr ausüben kann, bin ich ein andrer Mensch und muß in der Folge mich noch mehr verändern. Ich klage nicht über meine hiesige Lage, ich habe mich gut hinein gefunden und hoffe, darin auszuhalten, obgleich das Klima schon wieder mich angreift und mich früher oder später zu manchem Guten untüchtig machen wird.

Wenn man die kalte, feuchte Sommerzeit, die strengen Winter bedenkt... wenn man fast keinen Menschen nennen kann, der in seinem Zustande behaglich wäre; so gehört schon Kraft dazu, sich aufrecht, in einer gewissen Munterkeit und Tätigkeit zu erhalten, und nicht einen Plan zu machen, der einen nach und nach loslösen könnte; wenn nun aber gar ein übles Verhältnis zu den Nächsten entsteht, so weiß man nicht mehr, wohin man soll. Ich sage das so gut in *Deinem* als *meinem* Sinne und versichere Dich, daß es mich unendlich schmerzt, Dich unter diesen Umständen noch so tief zu betrüben.

Zu meiner Entschuldigung will ich nichts sagen. Nur mag ich Dich gern bitten: Hilf mir selbst, daß das Verhältnis, das Dir zuwider ist, nicht ausarte, sondern stehenbleibe, wie es steht.

Schenke mir Dein Vertrauen wieder, sieh die Sache aus einem natürlichen Gesichtspunkte an, erlaube mir, Dir ein gelassenes wahres Wort darüber zu sagen, und ich kann hoffen, es soll sich alles zwischen uns rein und gut herstellen.

Du hast meine Mutter gesehen und ihr viel Freude gemacht... Laß auch mir Deine Wiederkunft freundlich sein... Lebe wohl! Gedenke mein in Liebe.«

Nach diesem Brief, den Goethe als Versöhnungsangebot verstand, war der Bruch zwischen Charlotte und ihrem »ehemaligen Freund«, wie sie ihn ab jetzt nannte, vollständig. Für Frau von Stein enthielten die Zeilen lediglich Unwahrheiten und ungeheuerliche Zumutungen. Wie konnte Goethe von unbegrenztem Vertrauen reden, wenn er ihr sowohl die Italienreise wie auch das Verhältnis mit Christiane verschwiegen hatte? Wie durfte er an ihr Mitleid und ihre Liebe appellieren, wo er so ganz offensichtlich mit ihr weder Mitleid verspürte, noch sich liebevoll betrug? Und wie war er wohl auf den Gedanken gekommen, Charlotte möge seine Liebschaft doch einfach ganz »natürlich« betrachten und ihn unterstützen, daß das Verhältnis nicht ausufere?

Völlig unverständlich auch, daß er Charlotte, deren ausgeprägtes Schicklichkeits- und Schamgefühl er kannte, bat, sich mit ihr in Ruhe über Christiane und seine Beziehung unterhalten zu dürfen. Mit »Bettgeschichten« anderer Leute hatte Frau von Stein nichts im Sinn, vor allem nicht mit

Katharina Elisabeth Goethe
Pastell von Georg Oswald May, 1776

den Affären des Mannes, den sie liebte! Man kann nicht umhin, Goethe nach diesem Brief Taktlosigkeit und bedauernswertes Unvermögen, sich in die Gefühle des anderen hineinzuversetzen, vorzuwerfen, wenn man nicht an ausgeklügelte Bosheit glauben will!

Bis 1796 gab es nun keine Zettelchen und Briefe mehr zwischen Goethe und Frau von Stein, dafür um so mehr Kommentare von Außenstehenden über diese einst so bewunderte, dann doch so kläglich gescheiterte Liebe!

Im Februar 1790 schrieb Wilhelm von Humboldt nach der Lektüre des »Tasso« an Karoline von Dacheröden: »Die Stein muß doch unendlich genossen haben, von so einem Mann geliebt zu werden, denn in Goethe ist doch alles so wahr, so tief empfunden, so Geist und Herz verschwebt!«, aber Humboldts Verlobte wies bezeichnenderweise auf die ihr traurig scheinende Situation der Frau von Stein hin: »Der ›Tasso‹ ist gar herrlich. Goethe hat sich bei uns sehr in Kredit gesetzt, weil er die Frauen so darinnen lobt, – es sind köstliche Sachen, er liegt immer bei mir; man wird nicht müde, ihn zu lesen. Ja, wohl muß die Stein viel genossen haben, als er sie noch liebte – aber nun von ihm verlassen – das muß sehr weh tun. Ich kenne dies Verhältnis nicht genau; aber soviel habe ich wohl gemerkt, daß sie hin und wieder klein und er indelikat gehandelt haben.«

Es tat Charlotte ganz besonders weh, als Christiane ausgerechnet an Frau von Steins siebenundvierzigstem Geburtstag, am 25. Dezember 1789, einen Sohn zur Welt brachte – das war in ihren Augen mehr als »indelikat«.

»Böse Reminiszenzen« an Goethe beherrschten Frau von Stein und eine »stille Trauer«, wie Karoline von Beulwitz an Schiller schrieb, die, ohne Charlotte besonders gewogen zu sein, doch von ihr als von einer »armen Seele« sprach.

Während Goethe sein Familienleben genoß und Herder 1790 gestand: »Es ist all und überall Lumperei und Lauserei,

Ansicht des herzoglichen Schlosses von der »Morgenseite«
Kolorierter Kupferstich von G. M. Kraus, 1805

und ich habe gewiß keine eigentlich vergnügte Stunde, bis ich mit Euch zu Nacht gegessen und bei meinem Mädchen geschlafen habe. Wenn Ihr mich so lieb behaltet, wenige Gute mir geneigt bleiben, mein Mädchen treu ist, mein Kind lebt, mein großer Ofen gut heizt, so hab' ich vorerst nichts weiter zu wünschen«, schwankte Charlottes Stimmung zwischen Verachtung Goethes und Mitleid mit seiner – ihr gräßlich erscheinenden – häuslichen Situation.

Fritz machte sie zum Vertrauten ihrer Seelenpein, sie schrieb ihm am 21. Mai 1791: »Schreib ja dem Goethe! Man hat ja mehr Briefe der Lebendigen an die Toten. Das Mitleid bemächtigt mich manchmal über ihn, daß ich weinen möchte«, teilte ihm am 13. Juni 1792 mit: »Von unserem ehemaligen Freund habe ich wieder etwas Schlechtes gehört. Wenn ich ihn mir aus meinem Gedächtnis wischen könnte«, und am 27. Juni 1792 gestand sie Fritz – indirekt –, daß sie wohl immer unter der Trennung von Goethe leiden werde: »Du bist zwar früh von einem Freund hintergangen worden; es ist aber besser früh als spät, wo sich die Wunde nicht wieder auswächst.«

Goethes Liebschaft mit Christiane und ihre zerrüttete Beziehung zu ihm verfolgten Charlotte bis in ihre sehr bezeichnenden, mehr als offensichtlichen Träume: »Von unserem Humanus habe ich die Nacht geträumt. Er sagte mir, das letzte Feldgeschrei sei gewesen: ›Ist die Harmonie wieder hergestellt?‹ Und da ich das Wort ›Harmonie‹ nicht verstand und einigemale fragte, so ging er zu seiner Demoiselle und streichelte ihr die Backen. Noch mehr närrisches Zeug habe ich von diesem ausgelöschten Stern geträumt.«

Und als Goethe sich nach dem Tod Josias von Steins bei Karl August für Fritz verwendete, konnte Charlotte nicht umhin, ihrem Sohn davon mit müder Anerkennung des guten Willens zu berichten: »Die Herzogin erzählt mir, der Geheime Rat Goethe habe den Herzog erinnert, vor Dich zu sorgen. So dann und wann kommt doch ein Funke von Anhänglichkeit an Dir.«

Zwar schien Charlotte in Goethes Gedanken keinen Platz mehr beanspruchen zu können, aber ihren Liebling Fritz schien er immerhin nicht vergessen zu haben, das war kein Trost, machte den Schmerz aber erträglicher.

Resignation

»... ich kann alles dulden und alles verzeihen«
1794-1806

Nachdem Josias von Stein gestorben war, wurde es für seine Witwe noch einsamer in ihrer großen, repräsentativen Wohnung an der Ackerwand. Ihr Sohn Karl hatte sich zwar von seinen mecklenburgischen Diensten befreien lassen, hielt sich aber hauptsächlich in Kochberg auf, denn er hatte sich mit seinem Bruder Fritz darüber geeinigt, das Gut nicht mehr zu verpachten, sondern selber zu verwalten. Als Karl von Stein 1799 seinen Bruder Fritz auszahlte, um Kochberg alleine zu übernehmen, war das die konsequente Folge einer Entwicklung über Jahre hinweg; denn Fritz hatte sich nie um das Gut und landwirtschaftliche Fragen gekümmert – er kam höchstens einmal zu Besuch. Auch Karl, der wesentlich praktischer veranlagt war als sein Bruder, mußte sich zunächst mühsam in seine neue Aufgabe finden. In den ersten Jahren rissen die Klagen nicht ab; wie vieles war im Laufe der Jahre falsch gemacht worden, welch eine Schlamperei war bei den Knechten und Bauern eingerissen, wie oft hatten die beständig wechselnden Pächter die Familie von Stein betrogen, und wie gering waren Karls Kenntnisse! Er konnte zu Beginn die auf ihn einstürmenden Schwierigkeiten kaum meistern und schien oft zu verzweifeln: »Die Indolenz der Leute, ihre Gewohnheit, nie Wort zu halten, und der Mangel an Arbeitern ist ein so zusammenwirkendes Übel, daß am Ende die selbst erschlaffen müssen, die hin und wieder noch gut sind ... Wenn ab und zu einmal einer herkömmt, der etwas von Wirtschaft versteht, so fragt er: Warum lassen Sie nicht rein ausdreschen? Warum lassen Sie Ihr Feld nicht besser abgraben? Warum lassen Sie so viele Runkeln und Kraut verfaulen und nicht zur rechten Zeit hereinbringen? Warum lassen Sie nicht Ihre Dächer reparieren, daß das Heu nicht verdirbt? Warum keine Wege verbessern? ... Und noch hundert andere Warums, die alle eine unverzeihliche Faulheit und Nachlässigkeit voraussetzen. Das Weinen ist mir dann näher als das Lachen.«

Mit seiner Mutter konnte und wollte Karl von Stein den täglichen Verdruß auf Kochberg wohl nicht besprechen, dazu waren ihm ihre Kritisierwut und ihre Ungeduld zu präsent.

Denn obwohl Charlotte sicherlich auch ihrem Sohn Karl zugetan war, zog sie Fritz entschieden vor. Sie machte sich zwar darüber Vorwürfe, konnte aber wiederum nur ihrem Liebling von ihrer Zuneigung zum Ältesten schreiben, vielleicht in der Hoffnung, er möge seinem Bruder von ihrem Brief berichten: »Du bist mein brillanter Sohn, ich wünsche, daß auch Dein Glück so sein mag. Dein Bruder ist im Verborgenen gut und hat viele vorzügliche Eigenschaften, die man erst sieht, wenn man ihn genau kennt, und sorgt recht mütterlich für uns beide, und wenn er Dich loben hört, ist er recht stolz darauf. Wenn ich ihm nur meine Liebe recht könnte zu erkennen geben! Denn er glaubt immer, ich zieh' Dich ihm vor, und Gott weiß, ich möchte keinen von Euch beiden weggeben und bin recht stolz darauf, daß ich so gute Söhne habe.«

Wenn es Karl von Stein auch nicht immer einfach mit Charlotte hatte, so respektierte er seine Mutter, deren Vorzüge er anerkannte, doch zutiefst und im Vergleich mit der übrigen Verwandtschaft, den Brüdern und Schwestern Charlottes, erschien Charlotte von Stein ihrem Sohn in einem äußerst günstigen Licht: »Meine Mutter und meine Großmutter sind mir eigentlich die einzigen ehrwürdigen Personen unserer Schardtischen Familie ... Die anderen kommen mir alle vor wie verzogene Kinder.« Respekt, ja den erweckte Charlotte, aber auch Furcht; auf jeden Fall bestand zwischen ihrem ältesten Sohn Karl und ihr kein herzliches, vertrauensvolles Verhältnis. Sie war für ihn keine Mutter, zu der man jederzeit mit seinen Sorgen kommen konnte, die ihre Kinder trotz deren Mißerfolge liebte. Charlotte verlangte für ihre Liebe vom anderen Vollkommenheit, auch von ihren Söhnen.

Und Fritz vermochte dem Bruder bei der Arbeit auf Kochberg auch keine große Hilfe zu sein. Er unternahm seine Bildungs- und Kavaliersreise, die ihn bis nach England führte, und ging dann nach Breslau in schlesische Dienste, weil ihm Weimar zu eng und die Möglichkeiten einer Anstellung dort als zu gering erschienen. Der Entschluß, Weimar den Rücken zu kehren, den Charlottes jüngster Sohn gefaßt hatte, führte zunächst noch zu keiner Verstimmung des Herzogs und der Herzogin.

Als Fritz aber nicht zurückkehrte und sich für immer in preußische Dienste begab, sahen Karl August und Luise darin eine Art Fahnenflucht. Charlotte bekam dann den ganzen Zorn der hohen Herrschaften zu spüren. Ihre Freundschaft mit Herzogin Luise war ohnehin über Jahre hinweg getrübt, vielleicht hatte man sich einfach zu oft gesehen und war sich leid. Die beiden strikten, zuweilen harschen Frauen waren einander wohl auch zu ähnlich – keine konnte nachgeben. Charlotte klagte: »Ich kann ihr immer nichts recht machen, und wir leben in ewigem Streit... Ich gehe nur zu ihr, weil sie mich dauert, nicht mehr mit Vergnügen. Denn beinah nie verlass' ich sie jetzt, ohne daß sie mir nicht mit etwas hat weh getan. Doch da es ein so langes Verhältnis ist, so will ich nicht mehr in meinen alten Tagen brechen.« Wenn Frau von Stein ihrem Sohn Fritz im Oktober 1796 in bezug auf Goethe schreibt: »So ist es von je mein Schicksal gewesen, daß die Freunde, die mich liebten, mir nie mit ihrer Liebe wohltätig waren, sondern mich wirklich eher quälten«, so schließt sie den Brief übellaunig mit der Bemerkung: »und so macht es noch jetzt meine beste Freundin mit mir«, um ihr Unbehagen an der Art, wie Herzogin Luise ihr begegnete, auszudrücken.

Besonders taktvoll schien sich Luise auch nicht benommen zu haben, obwohl sie doch nicht nur die Ecken und Kanten im Wesen Charlottes, sondern ebensogut deren wunde Stelle kannte. Ende Februar 1799 berichtete Frau von Stein ihrer jungen Freundin Lotte Schiller über ein Gespräch mit der Herzogin: »Letzt sagte sie mir, sie könnte sich recht vorstellen, daß mich Goethe nicht hätte können liebbehalten, ob sie mich gleich immer würde liebhaben.« Wie muß Charlotte diese Bemerkung verletzt haben, denn es war zu offensichtlich, daß sie immer noch unter ihrer Trennung von Goethe litt. Am 9. April 1797 schrieb sie – auch wieder an Lotte Schiller: »Ihre Liebe ist die einzige, die mir wohltut. Alles andere, Gewesene oder noch Bestehende, haben mich nicht selten gequält.«

Den gegenwärtigen Ärger, z. B. die beleidigenden Äußerungen Luises, hätte Charlotte von Stein sicherlich gleichmütig oder hochmütig ertragen können, wenn es das »Gewesene« nicht gegeben hätte. Einerseits schien sie der Schmerz, den Goethe ihr zugefügt hatte, gegen alle weiteren Leiden immun zu machen: »So bin ich durch Goethes Abschied für alle mir noch bevorstehenden Schmerzen geheilt worden; ich kann alles dulden und alles verzeihen«, andererseits waren die Enttäuschungen über ihre gescheiterte Liebe und die Scham über Goethes Zusammenleben mit Christiane stets präsent – die Wunden heilten sehr langsam.

In fast allen ihren Briefen setzte sich Charlotte mit ihrem ehemaligen Freund auseinander, allen Korrespondenzpartnern teilte sie ihre Empfindungen und Meinungen mit, die sie beim Anblick Goethes oder beim Denken an ihn hegte. Sie schwankte zwischen Mitleid: »Ich muß immer in meinem Herzen sagen: ›Armer Goethe!‹«, Spott: »Nimm Dich in acht, daß Dir's nicht wie unserm ehemaligen Freund nach seiner italienischen Reise geht! Noch letzt antwortete er jemanden (!), der die Aussicht ins Ilmtal lobte: ›Das ist keine Aussicht!‹ und sah dick mürrisch dazu aus«, Verärgerung: »... aber auf alles, was ich ihm sage, antwortet er mir mit Verlegenheit«, und mit Erschrecken über sein verändertes Aussehen: »Ich hatte ihn seit ein paar Monaten nicht gesehen. Er war entsetzlich dick, mit kurzen Armen, die er ganz gestreckt in beide Hosentaschen hielt. Schiller hatte seinen schönen Tag und sah neben ihm wie ein himmlischer Genius aus ... Ich möchte nur wissen, ob ich dem Goethe auch so physiognomisch verändert vorkomme als er mir. Er ist recht zur Erde worden, von der wir genommen sind.«

Daß Goethe nach seiner Rückkehr aus Italien sehr korpulent wurde, haben viele Zeitgenossen mißbilligend festgestellt, nicht wenige lasteten auch dies Christiane Vulpius an, die – selbst nicht gerade von zierlicher Gestalt – den Geheimrat mit zu gutem Essen und Trinken verwöhnte. Selbst ein so gutmütiger Mensch wie Karl von Stein gab seinem Bruder im Juni 1799 eine wenig schmeichelhafte Beschreibung Goethes, von dem er schrieb, die Zeit habe ihn »unkenntlich gemacht«: »Sein Gang ist überaus langsam, sein Bauch nach unten zu hervorstehend wie der einer hochschwangeren Frau, sein Kinn ganz an den Hals herangezogen, von einer Wassersuppe dichte umgeben, seine Backen dick, sein Mund in halber Mondsform, seine Augen allein noch gen Himmel gerichtet, sein Hut aber noch mehr und sein ganzer Ausdruck eine Art von selbstzufriedener Gleichgiltigkeit, ohne eigentlich froh auszusehen. Er dauert mich, der schöne Mann, der so edel in dem Ausdrucke seines Körpers war. Meine Mutter gab uns zu Ehren einen Tee vor ihrem Hause ... Sie ließ den vorbeigehenden Goethe einladen, diesem war dies unheimlich, er setzte sich hin, sprach nichts und machte ein entsetzlich verdrüßliches Gesicht.«

Die Teegesellschaft, an der der »dicke Geheimrat« – so nannte ihn Charlotte häufig in ihren Briefen – als stummer Gast teilnahm, hatte Frau von Stein für ihren Sohn Karl, dessen Frau Amelie und ihren ersten Enkel Friedrich, der im Februar 1799 geboren wurde, arrangiert. Mit der Wahl seiner Frau hatte Karl von Stein endlich einmal etwas gemacht, mit dem seine Mutter voll und ganz zufrieden war. Der älteste Sohn Charlottes heiratete spät; noch im November 1796, als Karl bereits 31 Jahre zählte, hatte Frau von Stein in einem Brief an Lotte Schiller befürchtet, ihr Sohn entschlösse sich womöglich nie zu einer Heirat: »... ich glaube beinahe, er heiratet gar nicht und nimmt sich zuletzt ein Mamsellchen wie Goethe, denn er findet das so artig an ihm, und mir sind diese Verhältnisse zum Ekel.«

Es ist anzunehmen, daß Karl seiner auf eine Ehe drängenden Mutter mutwillig scherzend mitgeteilt hatte, er wolle es lieber so wie Goethe halten. Doch im März 1798 verlobte er sich mit der schönen Amelie von Seebach, die aus guter, aber verarmter Familie stammte, und bereits am 20. Mai desselben Jahres fand die Hochzeit statt. Weil noch drei andere Weimarer Paare heiraten wollten, veranstaltete man ein gemeinsames Fest – im großen Saal, über den Charlotte in ihrer weitläufigen Wohnung an der Ackerwand verfügte, wurden die vier Brautpaare getraut und gemeinsam gefeiert.

Auch Goethe hatte eine Einladung bekommen, erschien aber nicht. Charlotte meinte spöttisch, als sie Lotte Schiller über die Hochzeitsfeierlichkeiten berichtete, ihr ehemaliger Freund habe vielleicht Angst gehabt, von einem der anwesenden Mädchen als Junggeselle, der er ja nun einmal vor dem Gesetz war, »ein Kränzchen«, als Zeichen einer bevorstehenden Heirat, »zu bekommen«.

Die Heirat ihres Sohnes gab Charlotte auch wieder Anlaß zu melancholischen Betrachtungen über ihre Gemütsverfassung: ».. . die Resignationen haben sich bei mir zu oft wiederholt, und ich bin gleichgültiger gegen das Leben oder die Lebenswirtschaft geworden, als ich es selbst wünsche. Sie und die Herzogin Luise halten mich allein durch Ihre Liebe, und manchmal begreife ich gar nicht, daß Sie mich noch lieb haben können und möchte Ihnen gerne auch etwas Angenehmes in Ihr Leben flechten. Die vier Trauungen auf einmal haben mich nicht wie sonst, wenn ich diese Feierlichkeit sah, traurig gemacht. Wenn es nicht aus Taubheit meiner Gefühle kommt, so hoffe ich, es kommt aus Gründen, daß diese Ehen, was den Charakter gegeneinander betrifft, alle glücklich sein werden.«

Zumindest in eine weiche Stimmung hatte die Hochzeitsfeier Charlotte versetzt, denn sie bemerkte deutlich ihr Gefühlsdefizit, sah wohl auch ein, daß sie als Freundin schwierig war, und nahm es sogar als möglich an, daß ihre Empfindungsfähigkeit abgestorben sein könnte. Schon früher einmal hatte sie zugegeben, daß sie immer kälter wurde: »Ich glaube, mein Herz versteinert nach und nach; ich fühle, wie mir der Ausdruck immer mehr und mehr versagt, Liebe und Wohlwollen zu erkennen, zu geben«, aber auch, daß sie sich ganz bewußt zwang, gefühllos zu werden, um zu überleben: »Wenn ich mich recht zur Statue machen kann, bin ich am wohlsten; ich darf mir weder Freude noch Leid erlauben.«

Wie wenig es ihr gelang, alle Empfindungen, besonders die gefürchteten Gefühle für Goethe, abzutöten, daß Charlottes Willensstärke bei diesem schier übermenschlichen Vorhaben selbstverständlich scheiterte, zeigen ihre Briefe nur allzu oft. Der Gedanke an den ehemals so geliebten Mann beherrschte sie noch immer, und guten Freundinnen, etwa Lotte Schiller, gestand sie dies auch. So schrieb Charlotte am 9. Februar 1799: »Ich war vorgestern in Gesellschaft der Kalb. Sie frug mich, ob Goethe mich besuchte; ich sagte: ›Nein‹. – ›Welche Härte!‹ rief sie aus, und sie wollte es ihm vorhalten. In Eil, denn mein Wagen stand schon vor der Tür, bat ich sie recht sehr, es nicht zu tun, denn ich liebe meine Einsamkeit und bin gar nicht auf Visiten gestimmt. Wenn sie mir nur nicht etwas Albernes macht! Ich habe gar nicht gern, wenn man zu Goethe von mir spricht. Ich habe ein zu lebhaftes Gefühl davon, daß er gar kein Interesse an mir nehmen kann. Ich aber habe noch soviel Interesse an ihm, daß ich nicht leiden kann, daß man ihn damit plagt. August ist bei mir, sein Gesichtchen tut mir auch wohl... Possierlich ist's, daß er sich das Siegel in meinem Schreibtisch ausgesucht hat, das mir sein Vater (ich glaube, vor zwanzig Jahren) geschenkt. Lassen Sie ihn es nicht sehen.«

Der kleine August, Goethes und Christianes Sohn, stahl sich ganz unbemerkt in Charlottes Herz. Sie brachte ihm geradezu Zärtlichkeit entgegen und war als alte Frau von dem Kind so entzückt, wie sie es in ihrer Jugend nicht von den eigenen Söhnen zu sein schien. Nur daß der Junge auch das Kind Christianes war, störte Frau von Stein bisweilen: »Sein kleiner August kommt jetzt oft als Spielkamerad vom kleinen Schiller zu mir. Er scheint ein gutes Kind. Ich schenkte ihm einige Spielereien, die ihn sehr freuten, und nach drei verschiedenen Pausen, wo er sich vermutlich einzeln die Geschenke in seinem Köpfchen rekapitulierte, sagte er allemal ein recht ausgesprochenes: ›Ich bedanke mich.‹ Ich kann manchmal in ihm die vornehmere Natur des Vaters und die gemeinere der Mutter unterscheiden. Einmal gab ich ihm ein neu Stück Geld; er drückte es an seinen Mund vor Freuden und küßte es, welches ich sonst am Vater auch gesehen habe. Ich gab ihm noch ein zweites Stück, und da rufte (!) er aus: ›Alle Wetter!‹«

August erreichte auch eine gewisse Wiederannäherung zwischen Goethe und Charlotte, die am 19. Juni 1796 an ihre Freundin Schiller schrieb: »Augustchen brachte mir gar letzt seinen Vater geführt, als ich unter den Orangenbäumen vor meinem Haus saß. Er nahm es an, sich neben mich zu setzen; es ist mir noch immer unbegreiflich, daß er mir so fremd werden konnte...« Ja, einen rein »geschäftsmäßigen« Brief an Goethe schloß Charlotte mit dem Satz: »Nun nichts weiter, als daß mich gestern Augustgen besuchte, er tut meinen Augen und meinem Herzen wohl.« Als ihr Goethe wenige Tage später bewegt schrieb: »Erlauben Sie auch ferner meinem armen Jungen, daß er sich Ihrer Gegenwart erfreuen und sich an Ihrem Anblick bilden dürfe. Ich kann nicht ohne Rührung daran denken, daß Sie ihm so wohl wollen«, da antwortete Charlotte: »Sie müssen's meinem Herzen eigentlich sehr natürlich finden, daß ich Ihr Kind so lieb haben muß.«

Und als Goethe ihr einige eßbare Köstlichkeiten zuschikken ließ, schrieb Charlotte, schwankend zwischen Freude und Spott, an Fritz: »Gestern bekam ich geräucherten Lachs und Hamburger Fleisch, welches Goethe hinterlassen hatte, mir, wenn es in seiner Abwesenheit anlangte, zu schicken. Ob die fleischernen Gaben unsere Geister wieder zusammenbinden werden, weiß ich nicht... Aber das ist gewiß, daß ich seinen August recht liebhabe. Er ist so possierlich und gescheit, daß ich ganze Tage mit ihm spielen könnte. Auch kommt er recht oft.«

Aber die Freude an August und dessen Anhänglichkeit verhalf Charlotte nicht zu einer anderen Haltung gegenüber Christiane. Goethes Zusammenleben mit der jungen Frau erschien in Frau von Steins Augen weiterhin als ungeheure Peinlichkeit, die man nicht zur Kenntnis nehmen durfte. Noch 1801, als es für Charlotte bereits wieder möglich war, mit Goethe auf distanziert-freundschaftlichem Fuß zu

August von Goethe
Kreidezeichnung von C. Westermayr

verkehren, schrieb sie an Fritz: »Vorgestern saß ich mit Frau von Trebra in der ehemaligen Rosenhecke. Goethe kam, mit seiner Kammerjungfer an seiner Seite, an uns vorbeigegangen. Ich schämte mich ... und hielt mein Sonnenschirmchen vor, als hätte ich ihn nicht bemerkt.« Wieviel Eifersucht noch in der Scham steckte, darüber läßt sich bloß spekulieren. Und nichts war entsetzlicher für Charlotte als der Gedanke, die gute Weimarer Gesellschaft könne denken, eine Frau von Stein habe Kontakt zur »Mamsell Vulpius«! »Stellen Sie sich vor, daß die Jungfer Vulpius mir eine Torte zum Geburtstag geschickt hat! Goethe ist ein ungeschickter Mensch; er wollte, August sollte mich damit anbinden. Konnte er nicht ein Zettelchen dazu schreiben, anstatt daß die Magd mit dem stattlichen Kuchen und einem Kompliment von der Mlle. V., eben da ich Besuch hatte, mir ins Kabinett trat? Das gibt nun eine ordentliche Stadtgeschichte, wo ich drüber ausgelacht werde.«

Man kann sich ausmalen, wie empört die gute, sittsame Lotte Schiller war, als sie diesen Brief Charlottes las. Auch im Urteil über Goethes »Römische Elegien«, in denen stellenweise die Sinnenlust gefeiert wurde, waren sich die »anständigen« Frauen Weimars einig. Ganz kühl bemerkte Charlotte: »... ich habe für diese Art Gedichte keinen Sinn. In einer einzigen, der sechsten, war etwas von einem innigeren Gefühl. Ich glaube, daß sie schön sind; sie tun mir aber nicht wohl. Wenn Wieland üppige Schilderungen machte, so lief es doch zuletzt auf Moral hinaus, oder er verband es mit Ridicules – soviel ich davon gelesen habe. Auch schrieb er diese Szenen nicht von sich selbst.«

Christiane, der die Schuld an Goethes irritierender »Versinnlichung« gegeben wurde, blieb für Charlotte von Stein – wider besseres Wissen – das gemeine Geschöpf aus der Gosse, das sicherlich unter Goethe litt, so wie er nicht glücklich mit ihm werden konnte. So schrieb Charlotte

Ende Mai 1798 an Lotte Schiller: »Ich freue mich, wenn es meinem alten Freunde bei Ihnen wohl ist; ich wußte gar nicht, warum mein kleiner Morgenbesuch (August) seither ausgeblieben war. Die Mutter macht sich in Jena auf dem Land lustig. Neulich war sie mit meiner Mutter ihrer Löwern auf einem Ball in Lobeda und bat sich ihren Besuch in Weimar aus, besonders aber bei ihrer Schwester, welche sie recht vor der Verführung der Männer warnt, wie sie sagte. Er mag wohl das arme Wesen recht drücken, dem's mit einer gemeinen Natur gewiß wohler wäre als mit dem Genie.« Geradezu trotzig beharrte Charlotte auch auf ihrer Überzeugung, Goethe könnte Christiane nicht lieben; auch die lange Zeit des Zusammenlebens der beiden erschien ihr nicht als Beweis für die Echtheit seiner Gefühle. Noch 1805 berichtete Frau von Stein: »Die Göchhausen ... ist mit mir von Tiefurt herausgefahren, bei mir abgestiegen und in den Park gegangen, um Philosophen aufzusuchen. Aber es begegnete uns nur einer, der Doyen Wieland. Er hatte bei Goethe ... zu Mittag gegessen; die Vulpia war von der Gesellschaft. Am Tisch, sagt Wieland, habe er (der Hausherr) ihr mit zarten Attentionen begegnet, und doch ist's entweder Lüge, oder er müßte eine Analogie mit der Mägdenatur haben.«

Charlottes Verhältnis zu Goethe hatte sich so weit eingependelt, daß man einander – zumindest auf einer gesellschaftlichen Basis – wieder begegnen und miteinander reden konnte. Frau von Stein schrieb an den »guten Geheimrat« und unterzeichnete bisweilen als »Ihre alte Freundin von Stein«; Goethe nannte sie »liebe« oder »verehrte Freundin«, ab und zu beschenkte man sich gar wieder mit ausgesuchten Delikatessen. Goethe erläuterte Charlotte in seinem Haus Kupferstiche und Gemälde, half ihr beim Einpacken der Bücher für Fritz und schickte von neuem seine Werke zur Lektüre. Die Verhärtung gegeneinander war bei beiden zum erstenmal zu Anfang des Jahres 1801 aufgebrochen, als Goethe sehr schwer an Gesichtsrose erkrankte und seine Umgebung davon überzeugt war, der Leidende könne nicht überleben.

»Ich wußte nicht, daß unser ehemaliger Freund Goethe mir noch so teuer wäre, daß eine schwere Krankheit, an der er seit neun Tagen liegt, mich so innig ergreifen würde. Es ist ein Krampfhusten und zugleich die Blatternrose; er kann in kein Bett und muß in einer immer stehenden Stellung erhalten werden, sonst will er ersticken. Der Hals ist verschwollen wie das Gesicht und voller Blasen inwendig. Sein linkes Auge ist ihm wie eine große Nuß herausgetreten, und läuft Blut und Materie heraus, oft phantasiert er, man fürchtete vor einer Entzündung im Gehirn, ließ ihm (!) stark zur Ader, gab ihm Senfbäder; darauf bekam er geschwollne Füße und schien etwas besser. Doch ist diese Nacht der Krampfhusten wiedergekommen; ich fürchte, weil er sich gestern hat rasieren lassen. Entweder meldet Dir mein Brief seine Besserung oder seinen Tod; ehe laß ich ihn nicht abgehen. Die Schillern und ich haben schon viele Tränen die Tage her über ihn vergossen. Sehr leid tut mir's jetzt, daß, als er mich am Neujahr besuchen wollte, ich leider, weil ich an Kopfweh krank lag, absagen ließ. Und nun werde ich ihn vielleicht nicht wiedersehen!« schrieb Charlotte am 12. Januar an Fritz.

Zwei Tage später konnte sie ihm schon berichten, daß Goethe eine Suppe, die sie ihm geschickt, mit gutem Appetit gegessen hatte. Und Ende Januar ging sie mit Lotte Schiller zum genesenen Goethe; auch darüber berichtete sie Fritz: »Er bat uns aufs Neue um unsere Freundschaft, als wenn er wieder in der Welt angekommen wäre. Sonderbar ist, daß er auch nicht um ein Lot hat abgenommen.« Als Goethe im Frühjahr 1801 wieder ganz gesund war, ermahnte Charlotte ihren Sohn, seinem ehemaligen väterlichen Freund zu schreiben: »Wenn er gleich uns, seine alten Freunde, nicht mit Ehren verlassen hat, so hat er doch von dem Teil seines Lebens, wo er uns Gutes bewies, eine Anforderung an Dankbarkeit.«

Charlotte vergaß nichts, nur erinnerte sie sich jetzt auch wieder an die glücklichen Zeiten und sah ihren alten Freund in einem etwas milderen Licht. Die frühere Herzlichkeit und die Ungezwungenheit im Umgang miteinander, die bis 1786 zwischen ihnen geherrscht hatten, stellten sich zwischen Charlotte und Goethe nicht mehr ein, dazu war die entstandene Kluft zu groß. Durch den Italienaufenthalt und das Zusammenleben mit Christiane hatte sich Goethe weit von Charlotte entfernt, die diese Distanz zwischen ihnen Anfang 1795 folgendermaßen beschrieb: »Es kommt mir vor, er sei einige Jahre auf eine Südseeinsel verschlagen gewesen...«

Wenn die beiden einst so Vertrauten sich trafen und einige Worte miteinander wechselten, kam es häufigst zu Meinungsverschiedenheiten, denn Goethe fühlte sich in der Nähe Charlottes immer noch »mal à mon aise«, und Frau von Stein war durch die bitteren Erfahrungen der letzten Jahre noch empfindlicher geworden. In ihren Briefen berichtete Charlotte immer wieder von solch unglücklich verlaufenden Begegnungen mit ihrem ehemaligen Freund, so am 29. November 1795: »Der dritte Teil von ›Wilhelm Meister‹ ist sehr unterhaltend. Wie ich dem Autor sagte, ich wäre aufs Ende der Personnagen sehr neugierig, wie er es ausführen würde, so sagte er mir, im Leben brauche man nicht konsequent zu sein, aber freilich in einem Roman verlange man es. Ich stutzte ordentlich, daß er das Herz hatte, mir das zu sagen, und unsere Unterhaltung war am Ende.«

Nach einer Teegesellschaft bei Schillers schrieb Frau von Stein verärgert an Fritz: »Goethe nahm Schiller von uns weg ins Nebenzimmer, sie stellten sich im Diskurs neben eine Bouteille Wein und ließen sich nicht wieder mit uns ein... Goethe verdirbt einem meistenteils die Gesellschaft. Wahre Güte des Herzens gibt auch Lebensart. Goethe hat eigentlich nur Schwäche des Herzens; dies habe ich lange für Güte gehalten.« Sie spürte auch heraus, daß Goethe in ihrer Gegenwart unbehaglich war; nachdem er zwei Stunden bei ihr gewesen war, schrieb Charlotte am 11. Juni 1804 an Fritz: »Ich fühle, daß es ihm unheimlich ist, und unsere Denkarten sind so auseinandergegangen, daß, ohne es zu wollen, ich ihm alle Augenblicke einmal weh tue.«

Frau von Stein hatte auch fast ständig das Gefühl, beleidigt sein zu müssen. Goethe gegenüber verhielt sie sich noch kritischer als vor seiner Flucht nach Italien, sie war noch dünnhäutiger geworden – weit entfernt von der Statue, die sie zu sein vorgab. Als Fritz eine Beförderung erhielt, gratulierte Goethe zu Charlottes großer Enttäuschung nicht. In seinen Dichtungen witterte sie immer Unsittliches und schob Goethes verändertes Verhalten allein auf die ihr widerwärtigen Zustände in seinem Haus: »Es ist doch schade, daß der Goethe in so dummen Verhältnissen steckt. Er hat Verstand und eine Seite von Bonhomie, und nur sein dummes häusliches Verhältnis hat ihm etwas Zweideutiges im Charakter gebracht«, »... sein hiesiges häusliches Verhältnis muß ihn ganz abpoetisieren«.

Bei allem Lob für den »Wilhelm Meister« fand Charlotte natürlich auch in diesem Werk Goethes etliche Passagen, die ihr moralisches Gefühl empörten. »Es sind mitunter schöne Gedanken drin, besonders auf politische Verhältnisse des Lebens, und fängt mit einem Gefühle an, das ich dem Goethe als völligem Erdensohn gar nicht mehr zutraute; auch glaube ich, es ist aus alten Zeiten. Übrigens sind seine Frauens(!) drin alle von unschicklichem Betragen, und wo er edle Gefühle in der Menschennatur dann und wann in Erfahrung gebracht, die hat er all mit einem bißchen Kot beklebt, um ja in der menschlichen Natur nichts Himmlisches zu lassen. Es ist immer, als wenn einen der Teufel zurechtwiese, daß man sich ja nicht etwa in seinen Gefühlen irre und sie vor etwas Besseres halte, als sie wären.«

Was hätte Goethe wohl zu Charlottes »Werk« gesagt? Frau von Stein, die ihrem ehemaligen Freund bei den »Römischen Elegien« vorgeworfen hatte, daß er diese Gedichte »von sich selbst« schrieb, verfaßte 1794/95 ein Drama, das nur allzu deutlich von ihr und ihrer Umgebung handelte.

In Frau von Steins Schauspiel »Dido« erscheinen die auftretenden Hauptpersonen fast wie schlecht getarnte Beschreibungen bestimmter Weimarer Persönlichkeiten. So entspricht Dido in vielen Punkten der Herzogin Luise, Elissa ist ein Abbild Frau von Steins, Dodus trägt deutliche Züge Knebels, im Priester Albicerio erkennt man Herder und im Dichter Ogon Charlottes ehemaligen Freund Goethe, an dem sie in ihrem Stück »kein gutes Haar« läßt. Frau von Stein behandelte in ihrem fünfaktigen Trauerspiel nicht Vergils Geschichte von der Liebe zwischen Dido und Aeneas, sondern die Gefahr, die der Königin und ihren Getreuen durch den afrikanischen König Jarbas drohte, der Dido und ihr Land erobern wollte. Der politische Gehalt gemahnte an die Bedrohung der deutschen Fürstentümer durch Napoleon, den Charlotte verabscheute und von dem sie Schlimmes erwartete. Schon 1790 hatte Frau von Stein sich mit Knebel zerstritten, weil sie als echte Aristokratin die Französische Revolution ablehnte und verheerende Folgen erwartete. Der weitere Verlauf der Ereignisse in Frankreich hatte sie in ihrer Abneigung und in ihren Befürchtungen nur noch bestärkt. Doch das politische Anliegen des Stückes trat für Charlotte zurück gegenüber der Darstellung des Konflikts zwischen Ogon und Elissa, in dem sie ihre Entzweiung mit Goethe auf ihre Art darstellte und den ehemals so Geliebten als gefühllosen Bösewicht schilderte. Bei einigen Dialogen kann man sich des Eindrucks nicht erwehren, daß Charlotte sich an unerfreuliche Gespräche mit Goethe erinnerte, als sie die Szenen niederschrieb.

Ogon:
Gelübde tun wir uns selber und können sie uns auch wieder entbinden.
Elissa:
Wer sich nicht treu bleibt, bleibt's auch den Göttern nicht.
Ogon (der sich im Zimmer überall umsieht):
Du bist ein gleichförmiges Wesen! Jahre lang sah ich dies Zimmer nicht, und noch ist alles auf dem alten Fleck. Es ist doch wahr, die Frauen können eine langweilige Existenz ertragen!
Elissa:
Sag lieber: eine ruhige, für die uns die Götter zur Entschädigung dessen, was sie den Männern vorausgaben, einen geschicktern Sinn schenkten.
Ogon:
Und das machst du dir wohl zur Tugend?
Elissa:
Nicht so wie du, der sich zur Tugend anmaßt, was ihm am gemütlichsten ist.
Ogon:
Du betrügst dich.
Elissa:
Einmal betrog ich mich in dir! Jetzt aber sehe ich allzu gut, ohngeachtet des schönen Kammstrichs deiner Haare und deiner wohlgeformten Schuhe dennoch die Bockshörnerchen, Hüfchen und dergleichen Attribute des Waldbewohners, und diesen ist kein Gelübde heilig.
Ogon:
Diese falschen Vorstellungen kommen von einem unge-

wohnten Trank her, den ich dir immer verwies! Gönne dir nur von dem rechten geistigen Erdensaft und du wirst dich bald mit dem schönen Bild, das du dir von mir machst, vertragen lernen.

Elissa (lachend):
Ich möchte meine Sicherheit nicht in deine Hände legen, da deine Moral von deiner Küche abhängt.

Ogon:
Dies gehört nicht zur Sache, die ich mit dir abhandeln wollte. Du weißt, daß ich dich einmal liebte. Es ist schwer, die Wahrheit zu sagen, ohne zu beleidigen, aber die menschliche Natur ist schlangenartig: eine alte Haut muß sich nach Jahren einmal wieder abwerfen! Die wäre nun bei mir herunter.

...

Ogon (allein):
Zu schnell entzieht sie mir ihre sonst so gern vergönnte Gegenwart, als daß ich ihr nur Gründe hätte beibringen können. Aber was Gründe! Die schlagen bei dem Geschlechte nicht an. Die Schauspielergebärden, in denen ich mich sonst bei ihnen übte, taten immer die beste Wirkung. Wenn ich ihnen in der malerischen Stellung zu Füßen fiel, ihre Aufmerksamkeit mit dem Ausdruck stummer Leidenschaft auf mich zog, da verfehlte ich meines Endzwecks nie ... Große Lust hätte ich alleweile, meiner Ruhe zu pflegen, denn es ist spät. Mich brachte nie in der stürmischsten Leidenschaft das Andenken einer Geliebten um eine Stunde Schlaf ...

Charlotte von Stein ließ einige Freundinnen und Bekannte das Stück lesen; für die Öffentlichkeit hatte sie es nicht bestimmt und erst recht nicht für eine Aufführung. Sie hatte sich einen gewissen Teil ihrer Wut von der Seele geschrieben, damit war der Zweck des Dramas für sie erfüllt.

Allen Versuchungen, die Tragödie drucken zu lassen, widerstand Charlotte, selbst als Schiller, der über seine Frau an die Handschrift gekommen war, ihr am 2. Januar 1797 einen schmeichelhaften Brief schrieb: »Ungern gebe ich Ihre Komposition aus den Händen, teure Freundin. Sie hat mich unbeschreiblich interessiert, und in jeder Rücksicht. Außer dem schönen, stillen, sanften Geist, der überhaupt darin atmet, und außer dem vielen, was im einzelnen vortrefflich gedacht und ausgesprochen ist, ist es mir, und zwar vorzüglich, durch die Lebendigkeit teurer geworden, womit sich eine zarte und edle weibliche Natur, womit sich die ganze Seele unsrer Freundin darin gezeichnet hat. Ich habe weniges, ja vielleicht noch nie etwas in meinem Leben gelesen, was mir die Seele, aus der es floß, so rein und klar und so wahr und prunklos überliefert hätte, und darum rührt es mich mehr, als ich sagen kann. Aber so individuell und wahr es auch ist, daß man es unter die Bekenntnisse rechnen könnte, die ein edles Gemüt sich selbst und von sich selbst macht, so *poetisch* ist es bei dem allen, weil es wirklich eine produktive Kraft, nämlich eine Macht beweist, sein eigenes Empfinden zum Gegenstand eines heitern und ruhigen Spiels zu machen und ihm einen äußeren Körper zu geben. Von dieser Seite, ich gestehe es, hat es mich auch überrascht, denn ob ich gleich diese Empfindungsweise in meiner Freundin gar nicht neu finde, so war mir die Entdeckung doch in der Tat neu, daß sie ihren Gefühlen so viel *poetisches* Leben einhauchen, so viel Gestalt geben könnte. Meine Frau sagt, daß sie das Manuskript kopieren lassen wollen. In diesem Falle wünschte ich es noch einmal der Orthographie wegen vorher anzusehen, worin es einige kleine Unrichtigkeiten hat. Wollten Sie dann auch mir eine Kopie davon schenken, so geben Sie mir einen schönen Beweis Ihrer Freundschaft, und Sie sollen es nie bereuen, dieses liebe Bild von Ihnen selbst in meine Hand gelegt zu haben. Ich bin recht ungeduldig, Sie bald zu sehen und Ihnen dasjenige mündlich vielleicht lebendiger auszudrücken, was ich in diesem Brief sehr unvollkommen habe mitteilen können.«

Und obwohl ihr Schiller immer wieder Lobendes über das Stück sagte, sogar seine Vermittlung anbot, um es drukken zu lassen, blieb Charlotte fest. Sie schrieb an Lotte Schiller: »Sie gehen mit der ›Dido‹ um, wie man mit einem einzigen Kind zu tun pflegt, machen ihr viel weis und halten ihr die Fehler zugut, daß Sie sie immer noch lesen mögen, wie Sie mir schreiben. So sehr mich's freut, daß sie Schiller gefällt, so kann ich mich doch nicht entschließen, sie drukken zu lassen.« Trotz ihres Zorns auf Goethe sorgte Charlottes natürliches Takt- und Stilgefühl dafür, daß ihr die Peinlichkeit einer Veröffentlichung des Dramas nur zu deutlich vor Augen stand. Außerdem verfügte sie auch stets über ein ausreichendes Maß an Selbstkritik, um einsehen zu können, daß ihr poetischer Erstling das künstlerische Mittelmaß nicht übertraf und allenthalben nur wegen des »pikanten« Inhalts interessieren würde.

Frau von Stein schrieb noch einige Komödien, mehr zum Zeitvertreib, von denen auch eine – »Die zwei Emilien« – zu ihren Lebzeiten veröffentlicht wurde und der Verfasserin ein geringes Honorar einbrachte. Aber Charlotte glaubte nicht daran, zur Dichterin berufen zu sein, obwohl sie unstreitig davon überzeugt war, daß begabte Frauen, wenn sie nur Zeit zum Schreiben fänden, bessere Schriftsteller werden müßten als die Männer, wie sie Lotte Schiller im November 1798 mitteilte: »Ich kann über unser Geschlecht nicht so bescheiden sein, wie Sie sind. Ich glaube, daß, wenn ebensoviel Frauen Schriftstellerinnen wären, als Männer es sind, und wir nicht durch so tausend Kleinigkeiten in unsrer Haushaltung herabgestimmt würden, man vielleicht auch einige gute darunter finden würde, denn wie wenige gute gibt es nicht unter den Autoren ohne Zahl. Die Organisation

Schillers Wohnhaus (im Vordergrund links) an der Esplanade
Lithographie

ist wohl einerlei und wohl gar unsre noch feiner zum Denken, aber es ist nun einmal unsre Bestimmung nicht, darin bin ich, mein liebes Lollochen, ganz Ihrer Meinung.« Gerade Lotte Schiller gegenüber betonte Charlotte immer wieder die Notwendigkeit, als Frau selbstbewußt und stolz auf das, was man leistete, zu sein, denn ihr »Töchterchen« hatte sich – für den Geschmack Frau von Steins – zu sehr auf ihre Rolle als dienende Hausfrau und Mutter zurückgezogen. Charlotte schrieb ihrem Sohn Fritz im April 1796 mit Bedauern: »Sie ist doch eine wirkliche Hausfrau worden, mehr als ich ihr zugetraut; ich wünschte, sie wäre es mit ein bißchen mehrerer Grazie. Sie ist ein engelgutes Wesen; ihre ganze Existenz scheint ihr nur um des Mannes und Karlchens Willen da zu sein.«

Wenn Lotte Schiller schon ein so reduziertes Leben führte, so sollte sie sich wenigstens ihres Wertes bewußt sein. Also theoretisierte Charlotte von Stein häufig in ihren Briefen an die jüngere Frau über die weiblichen Tugenden: »Überhaupt, glaube ich, hat die Natur dafür gesorgt, daß in unserm Geschlecht die ganze echte Tugend soll wohnen bleiben, indem bei uns kein Stolz, noch Ruhm eine Triebfeder sein kann. Denn unsere zu bearbeitenden Aufgaben, eben wegen ihrer tausendfältigen Kleinlichkeit etwas drükkend auszuüben und doch so notwendig im Leben, sind weder der Stoff für einen Dichter, noch des Geschichtsschreibers. Auf's höchste können sie einmal so nebenher wie die Wäsche der Nausikaa und das Gewebe der Penelope angeführt werden, denn die beste Hausfrau ist die allerunbekannteste für die Welt.«

Nachdem ihr Traum, ein Leben an der Seite Goethes zu führen, sich nicht erfüllt hatte und all ihre Hoffnungen grausam zerstört worden waren, zeigte Frau von Stein ein starkes Mißtrauen gegen geniale Männer, besonders deren Fähigkeiten, ihre Frauen glücklich zu machen, wurden bezweifelt – da machte Charlotte auch vor Schiller nicht halt. Als Lotte Schiller nach der Geburt ihres dritten Kindes lebensgefährlich an Nervenfieber erkrankte, schrieb Charlotte an Fritz: »Wie leid täte sie mir, wenn sie stürbe. Und doch würde ihr wohler sein als in der immer angespannten unnatürlichen Existenz mit einem schönen Geist. Gesagt hat sie mir's nie; ich fühle es aber allzu oft, daß sie nicht glücklich ist. Die schönen Geister trocknen einem das Leben aus.« Doch Charlotte holte die Frau Schillers in ihr Haus und pflegte sie gesund, nach vierzehn Tagen konnte Lotte zu ihrem Mann zurückkehren.

Das Vorurteil gegen die »schönen Geister« blieb bei Frau von Stein haften – als Ausfluß ihrer Enttäuschung über Goethe. Angesichts der vielen Fremden, die Weimar und seine Berühmtheiten besuchten, stöhnte Charlotte: »Das will alles so recht den hiesigen Verstand genießen, den ich bis am Hals satt habe!« Ihre schriftstellernde Nichte, Amalie von Imhoff, die sich als Genie gebärdete, fiel Charlotte entschieden auf die Nerven, wie sie Fritz berichtete: »Sie hat ... einige hübsche Gedichte gemacht, aber sie ist so in sich selbst verliebt, daß es einem zum Ekel ist, und macht sich damit lächerlich. Sie hat auch gar keinen Takt, was sich sagen oder nicht sagen läßt, und weil sie mehr in der Welt jetzt ist, fällt es mehr auf. Genug, die Herzogin klagt mir beständig über sie; ich sag's ihr wieder, aber sie wird einmal nicht anders, und die schönen Geister sind und bleiben einmal ein närrisches Volk.« Selbst ein Streitgespräch mit dem von ihr sonst so geachteten Schiller mündete für Charlotte in der Bestätigung ihrer Überzeugung, daß der Umgang der »schönen Geister« mit der Kunst diese in ihren Empfindungen kalt werden lasse.

»Wir haben uns ganz müde übers Menschengeschlecht gestritten, welches zu verbessern ihm möglich scheint, mir aber nicht. Endlich mußte er (Schiller) mir aber zugeben, daß die menschliche Natur nicht zu verändern sei, aber das Streben nach etwas Höherem ihr doch eigen wäre, sagte er. Das gab ich ihm zu, indem der Mensch sich moralisch erheben könnte; er wollte aber behaupten, daß die Menschen durch Kunstgefühle erhoben würden. Mir deucht, dawider streitet die Erfahrung; mir deucht sogar, die Kunstgefühle erkälten das Herz.«

Aus Charlottes Anmerkungen zu Schillers idealistischen Vorstellungen spricht nicht nur ihre Abneigung gegen die Genies, sondern auch ihr tiefes Mißtrauen gegenüber dem Menschengeschlecht und ihr fest verwurzelter Pessimismus. Frau von Stein gewann im Alter nicht an Milde, sie hatte auch – ihrer Meinung nach – keinen Grund dazu. Ihre persönliche Lage wurde durch zunehmende Kränklichkeit nicht rosiger, ihr Verhältnis zu Goethe war immer noch nicht so recht im Lot, und die allgemeine, gesellschaftliche und politische Situation enthielt nichts Beruhigendes.

Beständig hatte Charlotte unter Zahnweh, Augen- und Kopfschmerzen zu leiden, die sie als einen »prätentiösen Gast« bezeichnete, »der, so fatal er ist, doch die Aufmerksamkeit allein auf sich zieht«. Ihr Gehör ließ merklich nach, und jeder Witterungsumschwung verursachte ihr Beschwerden. Wenn man bedenkt, daß für Charlotte nur Krankheit und Mangel wirkliche Schrecken bedeuteten, »denn die übrigen Leiden hängen mehr oder weniger von unserer Vorstellungsart ab, gegen jene aber gibt's keine Waffen«, so war für sie die Zeit von ihrem fünfundfünfzigsten bis zum fünfundsechzigsten Lebensjahr keine glückliche. Zwar hielt sie sich mit ihrem anerzogenen kalvinistischen Pflichtbewußtsein aufrecht: »Wenn sich einmal auf unser Lebenslicht eine Schnuppe gesetzt hat und wir nichts mehr sehen als den verwirrten ... Gang, so ist es noch am besten, sich zu einem notwendigen Geschäft zu halten.« Aber manchmal bewirkte auch diese Maxime nichts, so daß Charlotte sich bei unerträglichen Schmerzen in gedankliche Hilfskonstruktionen flüchtete: »Wenn der Unmut über physische und moralische Leiden bei mir anwächst, so stelle ich mir vor, daß ich eine ganze Ewigkeit habe, worin diese Leiden nur hin und wieder Punkte sind, auch selbst wenn im ganzen Gegenwärtigen ein und mehrere Male diese Leiden zur langen Linie würden. Immer hilft's freilich nicht...« Die Tatsache, nie ganz gesund zu sein, ließ bei Frau von Stein Gedanken an den Tod als etwas Natürliches, zeitweise Erwünschtes erscheinen. Im Dezember 1803 schrieb sie: »Der Tod hat mir gar nichts Unangenehmes als nur der Ort, wo man hingesetzt wird. Könnte ich in meinem Kabinettchen liegen bleiben, so wäre mir weiter nichts Unholdes in dieser Vorstellung.« Am 2. Juli 1802 starb Charlottes Mutter mit achtzig Jahren. Auch noch in ihren letzten Lebensjahren war Konkordia von Schardt der Mittelpunkt ihrer Familie gewesen, wie sich ihre Enkelin Amalie von Imhoff erinnerte: »Eine energische, glaubensstarke Matrone, die mit klaren, kritischen Augen das Ergehen der Familie überwachte ... In ihrer schwarzen Spitzenmantille, in der Hand ein Ebenholzstäbchen, worauf ein Mohrenkopf mit beweglichen Brillantohrringen saß, war sie immer dieselbe Ehrfurcht gebietende Erscheinung. Aus dem feinen, gefurchten Antlitz leuchteten ein paar große friedvolle, schwarze Augen ... Streng gegen sich und andere, tat sie, was sie tat, ganz und manchmal noch ein wenig darüber. Mit ihren Kindern und Enkeln war sie aufs innigste verbunden.«

Mit ihrer Mutter hatte Charlotte in einem sehr engen, ungetrübten Verhältnis gestanden, der Tod ihrer besten Vertrauten erfüllte sie wieder einmal mit pessimistischen Gedanken über die Sinnlosigkeit des Lebens. An Fritz schrieb Frau von Stein: »Wenn man einen Tod wieder einmal recht nahe gesehen hat, so muß man sehr mit sich kämpfen, besonders wenn man selbst schon alt ist, um nicht ganz

Charlotte von Stein im Alter
Tuschpinselzeichnung von J. H. Lips

nachlässig fürs Leben zu sein. Es kommt mir vor, daß es sich nicht der Mühe verlohnt, hereingeschickt zu werden. Und was das Schlimmste ist, nicht die Freuden, sondern die Leiden zwingen einen, das Leben noch für etwas zu halten: weil man sie hinwegzuräumen strebt.«

An kleinen Freuden fehlte es Charlotte nicht: Auch Fritz heiratete, beide, Karl und Fritz, präsentierten der stolzen Frau von Stein bald die ersten Enkel, und als Großmutter gefiel sich Charlotte sehr wohl. Auch eine alte Freundschaft, die mit Knebel, belebte sich ab 1802 neu. Charlotte schrieb dem wiedergefundenen treuen Freund im Dezember 1805: »Wenn ich für alles absterbe, werde ich mich doch Ihrer treuen Freundschaft erfreuen, da sie von den Gütern ist, die ich mit fortnehmen werde, um einen angenehmen Traum in dem vielleicht langen Schlafe zu haben.« Zunächst zog sich Frau von Steins ältester Anbeter 1798 mürrisch zurück, weil die Reaktion auf seine Heirat mit der blutjungen Sängerin Rudorff, die von Herzog Karl August ein Kind hatte, nicht so ausfiel, wie er es sich erhoffte. Früher einmal bat Charlotte den eingefleischten Junggesellen Knebel in Gedanken an die vielen unglücklichen Ehen in ihrer Umgebung: »Wenn Sie je heiraten, so nehmen Sie sich ja in acht, das schon von der Natur geduckte Wesen nicht noch mehr zu ducken«, aber mit der Wahl des alten Freundes war sie dann ganz und gar nicht einverstanden und empfand keinerlei weibliche Solidarität mit der Ehefrau.

An Fritz schrieb Charlotte am 17. Februar 1798, nachdem sie über Knebels Heirat berichtet hatte, mit deutlichem Seitenhieb auf Goethe: »Es ist doch schade, daß zwei so interessante Männer für die Gesellschaft sich beide in ihren Wahlen so beschimpft haben. Schreib ja noch dann und wann an Goethe, und wann er Dich nicht gleich freundschaftlich behandelt hat, so bleibe ihm doch für seine erste Liebe dankbar. Ich glaube, er liebt Dich auch noch, nur daß er in seinen(!)

eignen Wesen so befangen und umfangen ist, daß er nicht herausgehen kann, wenn's nicht Leidenschaft wird...«

Das Verhältnis mit Goethe bewegte sich zwar wieder auf einer gesellschaftlich akzeptablen Ebene, aber Verstimmungen waren nicht selten. Wenn Goethe offiziellen Besuch erwartete, z. B. im Sommer 1799 Sophie La Roche, lud er Frau von Stein gerne in sein Haus. »Gestern aß ich mit der Laroche bei Goethe. Es war ein empfindsames Diner. Wir mußten uns jedes nach unseren Namen auf dem Couvert setzen, und Nachbarn oder Visavis, eines oder das andere waren am schicklichsten zur Unterhaltung ausgesucht. Auf dem Tisch standen anstatt der Gerichte Blumennäpfe mit raren Gewächsen und Bouteillen mit Wein dazwischen. Die Unterhaltung ging gleich auf die Blumen, und nach einer Weile wurden uns vorgelegte Speisen gebracht. Gegen das Dessert erhob sich eine unsichtbare sanfte Musik, und endlich trug man schöne Früchte und wohlgestaltete Kuchen auf den Tisch zwischen die Blumenstöcke...«

Auch bei Goethes Donnerstagsunterhaltungen war Charlotte anwesend, sie genoß die Vorlesungen, obwohl sie es nicht unterlassen konnte, spöttische Bemerkungen zu machen: »Ich komme von Goethe, der mich einmal für immer auf alle Donnerstage eingeladen, seine Kunstsammlungen zu sehen. Ich nehme mir immer noch eine Dame mit, und da lern ich allerhand, denn man muß immer lernen. Ich bleibe von elf bis um eins. Ich glaube, Frau von Staël hat ihm das Besoin beigebracht, wieder etwas gebildetere Frauen zu sehen, als es bisher seine Umgebung war.«

In Gesellschaft, bei quasi offiziellen Anlässen, gab es keinerlei Schwierigkeiten im Umgang miteinander, nur wollte das alte, freundschaftliche Gefühl nicht mehr aufkommen, was Charlotte beklagte. Ende September 1804 schrieb sie aus Kochberg an Lotte Schiller: »Ich sitze vor dem Schreibtisch, wo sich manche gute Freunde auf die Platte schrieben, unter

Treppenhaus in Goethes Wohnhaus am Frauenplan
Bleistiftzeichnung von H. Junker, 1874

andern Goethe anno 75 und anno 80 noch einmal mit dem Zusatz: ›Ebenderselbe‹. Alle diese Freunde besitze ich nicht mehr...« Und obwohl Charlotte wieder häufig Billette von Goethe erhielt, gefiel ihr der förmliche Ton der Schreiben nicht, außerdem waren sie ihr zu nichtssagend. Als Fritz sich einige Male erlaubte, recht konventionelle Briefe an seine Mutter zu schreiben, da rügte sie ihn heftig: »Schreib mir ja keine leeren Briefe à la Goethe...«, »Du sagst mir zu wenig von Dir selbst, und mir fällt immer bei Deinen Briefen ein, was der selige Herder von Goethes Briefen sagte: sie kämen ihm vor wie eine Schüssel mit breitem Rand, wo nicht viel drin wäre.« Besonders kränkte es Charlotte, wenn sie von ihrem ehemaligen Freund diktierte Briefe erhielt: »Für Menschen, die aus dem Herzen nichts mehr zu sagen haben, ist das Diktieren sehr passend und bequem.«

Da Frau von Stein es nicht lassen konnte zu kritisieren und Goethe immer noch empfindlich darauf reagierte, gab es auch oft Meinungsverschiedenheiten, die Charlotte dann dazu zwangen, sich in Gesprächen zurückzuhalten. So erschienen ihr die Besuche Goethes manchmal als »nicht wohltätig«, weil sie »nicht offen gegen ihn sein« konnte.

Erst als Goethe Anfang 1804 und zu Beginn des Jahres 1805 wieder sehr schwer erkrankte und Charlotte um sein Leben fürchtete, kam zwischen den beiden so etwas wie ein herzlicher Ton auf. Am 8. Januar schrieb Charlotte: »Ich höre, Sie sind krank, lieber Geheimrat. Da alles so um mich herum stirbt, so wird mir's Angst für alles, was mir lieb ist, sagen Sie mir ein freundlich Wort, daß Sie leidlich sind.« Im Februar 1805, während einer erneuten schweren Erkrankung Goethes, berichtete Charlotte ihrem Sohn Fritz: »Diesen Brief wollte ich nicht endigen, bis ich wußte, daß Goethe, der todkrank ist, außer Gefahr sei; denn bis morgen, hatte Stark geäußert, könnte man's erst wissen. Nun hat er aber die Nacht gut geschlafen und befindet sich nur heute matt. Also, hoffe ich, ist die Gefahr vorüber. Er hatte ein Brustfieber. – Eben schickt mir Goethe August und läßt mir sagen, daß ihn Stark außer Gefahr erklärt.« Nach Goethes Genesung ging Charlotte wieder häufiger in das Haus am Frauenplan, auch um den alten Freund über Schillers Tod zu trösten. Zwar hatte sie in ihrer kühlen Art an Fritz geschrieben: »Ich war immer gegen die Heirat von Lolo mit Schillern, da er ein so äußerst kränklicher Mensch war«, aber dann hatte sie sich rührend um die Witwe und die Kinder gekümmert.

Viele Freunde und Verwandte waren in der Zwischenzeit gestorben: Herder, Corona Schröter, Charlottes Schwester Luise, ihre Mutter und nun auch noch Schiller, und um Goethes Gesundheit mußte Charlotte stets besorgt sein. Der Kreis in Weimar wurde immer kleiner. Zur Entspannung und Zerstreuung besuchte Charlotte 1803 ihren jüngsten Sohn Fritz in Schlesien. Die Reise bekam ihr gut, und sie entzückte die Bekannten ihres Sohnes, der erfreut an Lotte Schiller schrieb: »Ich kann Ihnen nicht beschreiben, wie liebenswürdig, heiter und klug sie unter allen den fremden Menschen, welche sie hier fand, existiert hat. Sie hat mich recht stolz auf sie gemacht, denn sie war überall die Vorzüglichste unter den Damen ihres Alters und Standes.«

Als sie nach Weimar zurückkehrte, war Charlotte noch beschwingt von dem Besuch bei Fritz, so daß sie sogar einmal herzlich mit ihrem ältesten Sohn Karl umging, der dadurch ganz weich gestimmt wurde und an Fritz schrieb: »Du hast sie gut gepflegt, und sie sieht jetzt recht wohl und vergnügt aus. Meine Mutter hat mich seit langer Zeit einmal herzlich umarmt, und das hat mich fast bis zu Tränen gerührt, und ich bin einmal recht vergnügt von Weimar zurückgekehrt.«

So recht vergnügt sollte bald niemand mehr in Weimar sein, und Charlottes Befürchtungen, die sie bereits im August 1794 geäußert hatte, sollten sich bestätigen: »Die Franzosen oder französische Grundsätze werden die Welt endlich zu einer weiten Öde und Mörderwohnung machen... Ich fürchte, wir werden noch alle von den Franzosen verschlungen werden.« Ab Herbst 1805 marschierten Truppen durch die kleine Residenz an der Ilm; beim Anblick der z.T. heruntergekommenen, elenden Menschen wurde Charlotte in ihrem Zorn auf Napoleon nur noch bestärkt: »... mich dauern die armen Soldaten und ihr armes Vieh, alles kam mir leidend vor; jeden Tag vermehrt sich mein Haß auf die Eroberer, ich mögte in einem Planeten, wo kein Krieg wäre.«

Am 31. Oktober 1805 schrieb Frau von Stein an Fritz: »... wenn ich beim Niederlegen an die armen Soldaten denke mit Wunden in der Witterung, kann ich gar nicht schlafen: Ich mag die Poeten nicht mehr, welche die Eroberer besungen haben...« Nur noch rigoroser in ihrer pessimistischen Grundhaltung wurde Charlotte: »... ich geh selten in die Komödie, in die Kirche gar nicht, die geistlichen und weltlichen Illusions sind leider bei mir alle vorüber.«

Ende des Jahres 1805 litten die Bewohner Weimars unter den Einquartierungen und den damit verbundenen Belastungen; auch darüber berichtete Charlotte ihrem Sohn: »Die Einquartierungen fressen uns auf, 20tausend stehen in den(!) kleinen Weimarischen Land... Es ist unerhört, daß sie die Offiziere, wenigstens viele, mit ihren Weibern, Kammerjungfern, Garderobemädchen von die (!) Häuser, wo sie einquartiert, ernähren lassen... alles klagt, alles ist unglücklich, und doch gibt's noch Komödien und Bälle. Ich sitze still zu Haus und höre nichts in meinem ruhigen Quartier von dem Lärm der Wagen und Pferde... sollte wohl nicht der Eroberer eine Hölle in sich empfinden, dem so tausend Verfluchungen von der gedrückten Menschheit zugeschickt werden?«

Angesichts der bedrohlichen politischen Lage und ihrer eigenen zunehmenden Kränklichkeit und Schwäche machte Charlotte ihr Testament: »Ich vermache meinem jüngsten Sohn Fritz v. Stein, dem Kriegsrat, meinen Ring, worauf das Souvenir von Brillanten gefaßt ist, und auch den blauen Ring mit dem brillantnen L, item meine Bücher und alles, was ich an Betten, Weißzeug, Silberwerk und Möbels nebst Porzellan habe, item an Geld, was ich laut der Eheberedung Morgengabe, nämlich 300 Taler, und der Obligation von 500 Talern von meinem seligen Mann habe, item 500 Taler, so ich meinem ältesten Sohn geliehen, wenn ich sie nicht bis zu meinem Tode selbst benötiget gewesen ... Es ist nicht etwa aus blinder Vorliebe, daß ich Fritzen diese Kleinigkeit vermache, sondern weil meine Söhne auf Worte, vor viele Jahre in Wind gesprochen, vom Ertrag der väterlichen Güter geteilt haben zu einer Zeit, als die endlich mehr eintrugen, als da der Vater sie besessen, der immer seine Einkünfte wieder hineingesteckt, um sie zu verbessern, und kein Holz verkaufte, und Fritz über diese meine Worte, die ich mir selbst nicht mehr erinnere und die sie zum Grund der Teilung gelegt haben, sehr viel zu kurz gekommen ist. Obgleich diese Wenigkeit von mir ihn nicht entschädigen kann, so möge es ihn segnen. Sollte sich auch noch Geld in meinem Vorrat finden, so vermache ich ihm dieses auch. Meine Kleidungsstücke, Anzieh-Wäsche, Spitzen usw. gehört meinen beiden Schwiegertöchtern mit der Bitte, meine Schwester Malchen ... etwas zu unterstützen, und wünschte, es möchte jeder von meinen Söhnen ihr jährlich 2 Karolin geben, also ohngefähr soviel sie jährlich von mir bekommen. Den Lehnstuhl, so mir mein lieber Sohn Karl geschenkt, bitte ich ihn, zu meinem Andenken wiederzunehmen. Lebt wohl, liebe Kinder! Gott segne Euch und die Enkelchen.«

Ein knappes Jahr nach der Abfassung des Testaments gab

es so gut wie nichts mehr zu vererben, und Kochberg brachte Karl von Stein nicht, wie von Charlotte geargwöhnt, Reichtümer ein, sondern war kaum noch zu halten.

Nach der Schlacht von Jena, am 14. Oktober 1806, besetzten die Franzosen Weimar, und sie plünderten gründlich. Ein unbeschreibliches Chaos herrschte in der Stadt, viele Einwohner flüchteten ins Schloß, in dem nur die Herzogin Luise, die am 15. Oktober Napoleon mutig entgegentrat, ausgeharrt hatte.

Der Schauspieler Franz Eduard Genast erlebte als Neunjähriger die Erstürmung Weimars und berichtete später in seinen Erinnerungen davon: »Nach Tische wurde der Kanonendonner immer heftiger und kam näher. Ich wich nicht von unseren Fenstern, die, nach dem Graben gelegen, den Überblick über die breiteste Straße, welche nach Erfurt führte, gewährten. Gegen drei Uhr kamen schon mehrere Bagagewagen und auch einzelne Flüchtige in vollem Galopp daher... Ich lief wieder in die Vorderstube an das Fenster, vor welchem sich die Szene furchtbar verändert hatte. Nicht mehr einzelne Flüchtlinge, sondern ein Gewühl aller Waffengattungen, Munitions- und Bagagewagen, auf denen Verwundete lagen, rasten vorüber; Marketenderinnen und Musketiere jagten auf Pferden vorbei... jedes Pferd hatte zwei Menschen zu tragen, und wer keinen solchen Platz hatte gewinnen können, der hing an den Strängen, um nur schneller fortzukommen; dabei erfüllte Geschrei und Wehklagen fortwährend die Luft. Es war die wildeste, sinnloseste Flucht.... Bis jetzt war kein Soldat bei uns eingedrungen; wir glaubten uns schon sicher und saßen eben wieder auf unserem Vorplätzchen still beisammen, als ein furchtbarer Schlag an unserer Haustür geschah... Bei Tagesanbruch wurde abermals an die Haustür gedonnert; der Vater ging hinunter, machte auf und wurde von einigen zwanzig Mann von diesen Löffelgardisten, welche herein-

Ansicht des Weimarer Schlosses von Nordosten
Kolorierter Kupferstich von G. M. Kraus, 1805

stürmten, gleich an die Wand geworfen. Er war aber ein beherzter Mann, raffte sich schnell auf, sprang die Treppe hinauf und stellte sich schützend vor die Mutter und uns Kinder... In dieser grenzenlosen Not rasselte es abermals zur Treppe herauf; aber diesmal zu unserer Hilfe, es war rechtmäßige Einquartierung: ein Wachtmeister mit zwei Chasseurs, die mit den plündernden Kerls kurzen Prozeß machten und sie zum Hause hinausjagten. So waren wir der Plünderung glücklich entgangen.«

Johannes Falk, Schriftsteller und Pädagoge, beschrieb sehr plastisch die allgemeine Verwirrung, die am 14. Oktober 1806 in dem kleinen Städtchen herrschte: »Es war den 14. Oktober des Jahres 1806, morgens um halb sieben Uhr, als der Donner des groben Geschützes die Einwohner von Weimar plötzlich aus ihrem Schlafe weckte. Der Schall brach sich im Winde; alle Fenster in den Häusern klirrten und schütterten, und eine allgemeine Bestürzung verbreitete sich durch die ganze Stadt. Jung und Alt lief in die Straßen, auf die Anhöhen, auf die Türme, vor die Tore, und wo immer sonst das Rollen des Kanonendonners, der von Zeit zu Zeit näher kam, der Furcht sowie der Hoffnung günstige oder ungünstige Mutmaßungen erlaubte... Den französischen Gefangenen folgten nur allzu bald quer über ihre Pferde hangende, tödlich verwundete preußische Reiter. Noch war die Menge mit diesen traurigen Eindrücken beschäftigt, so stürzten, von Pulverrauch rußig und blutig zugleich von der Schlacht, mit so schwarzen Gesichtern, als ob sie mit Trauerflor verhangen wären, mehrere Artilleristen truppweise durch das Kegeltor in die Stadt und verbreiteten überall, wo sie hinkamen, Furcht und Entsetzen durch ihren grausenerregenden Anblick... Französische Chasseurs waren es, die zuerst den Markt von Weimar besetzten; diesen folgte das Fußvolk in Menge nach. An keine Ordnung war nun weiter zu denken. Die Plünderung nahm förmlich ihren Anfang. Der Schall von eingeschlagenen Türen, das Geschrei der Einwohner war in allen Straßen zu hören.«

Charlotte von Stein nahm den schwer verwundeten General von Schmettau bei sich auf, versteckte dessen preußische Uniform, versorgte den Verletzten und brachte ihn zu Bett. Mehrmals in der Nacht drangen französische Soldaten in die Wohnung an der Ackerwand ein, um Essen, Trinken und Geld zu fordern. Vergebens bemühte sich Frau von Stein, für den preußischen General eine Schutzwache zu erhalten, seinetwegen blieb sie in ihrer Wohnung und nahm das Angebot, zu Herzogin Luise ins Schloß zu kommen, nicht an.

Am Morgen des 15. Oktober drangen etliche französische Plünderer in Charlottes Domizil ein und räumten ihre Schränke, Kisten und die Vorratskammer aus. Charlotte entwich den Soldaten und lief, um bei General Marchand Hilfe zu holen, vor allem Schutz für von Schmettau. Marchand vertrieb zwar die Plünderer aus dem Haus der Frau von Stein, aber der preußische General konnte nur in letzter Minute gerettet werden. Dann ging er, geschwächt, wie er war, zu Fuß ins Schloß, wohin ihm Frau von Stein folgte.

Dort war in der Zwischenzeit auch Napoleon eingetroffen und hatte sich nach einer Unterredung sehr beeindruckt gezeigt von der unerschütterlichen Haltung der Herzogin Luise, wie Kanzler von Müller berichtete: »Der Kaiser hatte die Herzogin, die ihn in bescheidener Würde oben an der Schloßtreppe empfing, auffallend kalt behandelt und war sogleich, ohne ihr Rede zu stehen, in seine Zimmer geeilt. Gleichwohl, und wie schwer es ihr auch fiel, entschloß sich die Fürstin am 16. Oktober vormittags, eine Audienz zu verlangen, die ihr alsbald gewährt wurde. Unerschüttert durch Napoleons Vorwürfe und Drohungen, führte sie mit Würde und Nachdruck die Verteidigung ihres Gemahls, schilderte lebhaft ihre und des Landes verzweiflungsvolle Lage und drang auf Einstellung der Plünderung. Ihr standhaftes Ausharren in Weimar, mitten unter den Schrecknissen der nahen Schlacht, ihre ernste, großartige Haltung und die ruhige Gediegenheit ihrer Worte imponierten dem Kaiser . . .«

Charlotte schrieb an Fritz, um ihm das Nötigste mitzuteilen und um ein Lebenszeichen zu geben: »Die Schiller hat wenig verloren, Goethe gar nichts; er hat den Augereau bei sich gehabt. Und während der Plünderung hat er sich mit seiner Mätresse öffentlich in der Kirche trauen lassen, und war dies die letzte kirchliche Handlung, denn alle unsere Kirchen sind nun Lazarette und Magazine.«

Christiane hatte Goethe das Leben gerettet. Als er von zwei französischen Soldaten angegriffen worden war, hatte sie diese mit Hilfe eines Gastes des Hauses vertrieben. Das war für Goethe der Anstoß, seine Geliebte endlich zu heiraten, nicht öffentlich, wie Frau von Stein schrieb, sondern verschwiegen in der Sakristei der Hofkirche. Einen Tag später führte er Christiane in die Gesellschaft ein: Johanna Schopenhauer, die sich Anfang Oktober 1806 in Weimar niedergelassen hatte, empfing den Geheimrat von Goethe und seine Frau zum Tee. Aber selbst solch ein gesellschaftlich brisantes Ereignis ging zunächst unter, zum Klatsch war keine Zeit. Die meisten in Weimar hatten nicht mehr als das nackte Leben gerettet und ganz andere Sorgen als Goethes Eheschließung und die Gesellschaftsfähigkeit seiner Frau.

Am 24. Oktober 1806 berichtete Charlotte ausführlich ihrem Sohn Fritz über die Ereignisse der letzten Tage: »Von 14. bis 15. sind wir von Wohlstand, Ruhe und Glück geschieden. Das mächtige Schicksal, das die Länder verheert, hat auch dies verschlungen . . . Ich bin rein ausgeplündert so wie die meisten Einwohner von Weimar. Durch besondern Zusammenfluß von Umständen konnte ich nichts retten, wel-

Johanna Schopenhauer

ches ich Dir, wenn ich gesammlet bin, erzählen werde. Dein Bruder hat mir geschwind in Rudolstadt einen Tuchrock machen lassen, um mich vor der Kälte zu schützen. Ich hab kein Strumpf, kein Hand-, kein Schnupftuch, verschiedene Tage nicht zu essen gehabt, alles mein Silber, alles von Wert, meine sämtlichen Kleider, Schätze, genug, alles ist geraubt, meine Türen zerschlagen, Fenster, Schränke, alles zerstört...«

Ganz Weimar war verwüstet und bot ein jammervolles Bild; knapp zwei Tage hatten genügt, um ungeheure Zerstörungen anzurichten. Johanna Schopenhauer erinnerte sich: »Die Stadt ist förmlich der Plünderung preisgegeben; die Offiziere und die Kavallerie blieben frei von den Greueln, und taten, was sie konnten, um zu schützen und zu helfen. Aber was konnten sie gegen 50 000 wütende Menschen, die diese Nacht hier frei schalten und walten durften, da die ersten Anführer es, wenigstens negativ, erlaubten! Viele Häuser sind rein ausgeplündert; zunächst natürlich alle Laden; Wäsche, Silberzeug, Geld ward fortgebracht, die Möbeln, und was sich nicht transportieren ließ, verdorben... Überall liefen sie mit brennenden Lichtern umher, die sie dann in den ersten besten Winkel schleuderten. Es ist unbegreiflich, daß nicht Feuer an allen Ecken ausgekommen ist. Auf dem Markte hatten sie große Wachtfeuer angebrannt, um welche sie schwärmten, und Hühner, Gänse, Ochsen brateten und kochten. Im oberen Teil des Parks... war ihr Lager, das heißt, die nicht einquartiert waren, biwakierten ohne Zelte bei großen Feuern. Der Park ist sehr verwüstet, die schönsten Bäume zum Feuer umgehauen, alle Gebäude darin bis auf die kleinen Behältnisse, wo das Gartengeräte aufbewahrt wurde, sogar erbrochen und beschädigt worden.«

Zu Ende des Jahres 1806, an ihrem Geburtstag, zog Charlotte eine bittere Bilanz. Man spürt ihren Zorn über den ihr sinnlos erscheinenden Krieg und seine verheerenden Folgen: »Heute an meinem vierundsechzigsten Geburtstag ist mir's ein besonderes Gefühl, von allem, was ich mir für mich und meine Kinder so vierzig Jahre her durch Sparsamkeit und Ordnung gesammelt hatte, nichts mehr zu haben... Man ist beinah gezwungen, den Glaube an eine Vorsehung zu verlieren... Die Welt ist eine langweilige Wiederholung von Tyrannei, Hab- und Eroberungssucht und, was das Lächerlichste ist, armer Mensch: von Stolz! Zu was soll denn alle Kriegsführerei? Wie die Altväter um Brunnen und Zisternen Krieg führten, da war's doch noch ein vernünftiger Grund, aber jetzt sind ja Brunnen überall, um sein Vieh zu tränken. Ich versteh unsern Herrgott nicht und möchte Herrnhuterin werden, um mehr Ergebung zu haben.« Aber trotz aller Verzweiflung – nach außen hin blieb Charlotte von Stein stets die gleiche, sie zeigte Contenance, wie Henriette von Knebel ihrem Bruder schrieb: »Frau von Stein steht ihre Armut ganz gut. Wie wenige Menschen bleiben doch im Unglück graziös!«

Krankheit und Alter

Die nächsten Jahre waren alle nicht dazu angetan, in Charlotte eine optimistischere Stimmung anzuregen. Weimar erholte sich kaum von den Plünderungen, und die französischen Besatzungstruppen verlangten hohe Abgaben. Frau von Stein – in ihrem Haß auf Napoleon – war fern davon, all dies resigniert hinzunehmen, wie uns ihr Brief vom 7. Februar 1807 an Fritz zeigt: »Der Frühling wird, wo des Kriegers Tritt nicht Wiesen und Felder verwüstet hatte, seine Anmut wieder bringen, aber nur in dem Herzen der mißhandelten Menschen muß Schmerz, Haß und Verwünschungen auf- und abgehen ... Du wirst in den Zeitungen die Summen gelesen haben, welche Weimar der erste Einfall der Franzosen gekostet hat, und nun noch die ungeheure Kontribution! Da muß alles zu Bettlern werden. Dies ist der Lohn für Fleiß, für Sparsamkeit, für Ordnung ... Man möchte das Gallenfieber kriegen. Und nun die Mutlosigkeit unter den Menschen, etwas wieder erwerben zu wollen, da man von keinem Besitztum mehr sicher ist.« Noch ein gutes Jahr später hatte sich nicht viel verändert: »Bisher habe ich nur *ein* Mädchen, ich esse *ein* Gericht und lebe sehr eingezogen ... Gesellschaft kann ich so nicht geben, da mich die Franzosen von allem ausgeplündert, was dazu gehört.«

Weil Charlotte nie dazu neigte, aus allem das Beste zu machen und an eine rosige Zukunft zu glauben, so verstärkten die schweren Zeiten nur noch mehr ihre düsteren Ahnungen: »Da ich leider nie leicht hoffe, so sehe ich für unsere unglücklichen Zeiten keine Auskunft mehr, und das Betrübteste ist, daß man sich nicht einmal einen Winkel der

Anna Amalia Herzogin von Sachsen-Weimar
Kohlezeichnung von Tischbein

Erde mehr denken kann, wo man sich in einem Hüttchen ruhig verbergen könnte; nur in sich selbst muß man seine Zuflucht nehmen können. Hätte ich mehr Gesundheit, ich käme zu Dir«, so schrieb sie Ende April 1808 an Fritz.

Es gab wenig Erfreuliches für Charlotte in den Jahren 1807 und 1808; im April 1807 starb ihre alte Vertraute, die Herzogin Anna Amalia, und Frau von Stein empfand »eine große Öde durch ihren Hingang«. Die Hofdame Luise von Göchhausen folgte ihrer Herrin bereits im September, der »Musenhof«, den Anna Amalia belebt hatte, starb langsam aus, die geselligen Zusammenkünfte fanden nicht mehr statt. Als Charlotte über den Tod der kleinen, verwachsenen Göchhausen, die mit ihrem Witz bei so mancher Soirée geglänzt hatte, in einem Brief an Lotte Schiller berichtete, da teilte sie ihrer Freundin auch noch allen weiteren privaten Kummer mit, der sie zusätzlich zur Sorge um die politische Entwicklung belastete.

Sie schrieb am 7. September 1807: »Früh um fünf Uhr ist ein Mitglied unserer Montagsgesellschaft von uns geschieden; die Göchhausen ist nicht mehr. – Die Montagsgesellschaft wird wohl mit ihr ein Ende haben. Ich war zeither immer krank, daß ich Ihnen nicht schreiben konnte, so tausendmal als ich auch an Sie dachte. Auch habe ich noch einen Schmerz im Herzen von einem treuen Freund, den ich nicht mehr habe. Lulu wurde ungefähr vor vierzehn Tagen von einem großen Hund auf *einen* Biß getötet. Meine Breslauer Kinder sind fort; nun ist alles tot und stille um mich, und Sie fehlen mir sehr. – In was für ein zerstörtes Vaterland kehren nun die armen Kinder zurück, und was für tausend Sorgen liegen nun dem armen Fritz auf dem Hals?! Ich fürchte, diese edle, gute Natur wird zu Grunde gehen. Seine Frau macht ihn nicht glücklich; das ist's, was mich am meisten kränkt. Es ist schwer mit ihr leben, aber etwas hatte sie sich hier geändert, und ich konnte sie zuletzt lieber haben.«

Die kränkliche Frau von Stein hatte den lieben Gefährten Lulu, ihren treuen Spitz, auf den Goethe schon eifersüchtig gewesen war, verloren, und sie konnte es auch nicht so recht genießen, als Fritz mit seiner Frau Helene und den Kindern Marie und Lothar im Mai 1807 zu Besuch kam. Helene machte einen betrübten, gedrückten Eindruck, sie liebte ihren Mann nicht, der nicht fähig war, warmherzig oder auch nur herzlich zu sein – Charlottes gelegentliche Harschheit hatte sich auf ihn ungebrochen übertragen. Besorgt bemühte sich die Mutter, helfend einzugreifen, auf ihre Schwiegertochter einzuwirken, sie zu verstehen. Bittend schrieb sie im September zum Abschied: »Möge auch Helenchen, die ich immer lieber gewonnen, Dich glücklich machen. Sag ihr, daß, wenn sie mich etwas liebt, so solle sie mir diese Liebe in Dir erweisen.« Kaum waren Fritz und Helene wieder in Breslau, erhielten sie einen Brief Charlottes, in dem diese bedauerte, aufgrund ihrer schlechten Gesundheit vorläufig nicht in der Lage zu sein, mit der Schwiegertochter regelmäßig zu korrespondieren.

Und als sie im folgenden Frühjahr von der dritten Schwangerschaft Helenes erfuhr, da schrieb sie mitfühlend: »Grüß' Deine Frau; ich freue mich, daß sie wieder munterer ist. Ich war auch sehr traurig, wenn ich schwanger war; aber meine selige Mutter schmälte mich aus, das sei des Weibes Bestimmung. Sag' ihr, daß ich recht viel Anteil an ihr nähme, aber sie solle es Dir auch wohl machen ...«

Helene von Stein starb am 8. Juli 1808 bei der Geburt ihres Sohnes Guido. Charlotte war tief betroffen und sehr besorgt um Fritz: »Ich kann mir das liebe junge Wesen gar nicht im Grabe denken, es zerreißt mir das Herz, und nun fallen mir tausend Sorgen ein, ob etwas versäumt worden ist. – Du schreibst so gefaßt und gelassen, wie jemand, der sich selbst aufgegeben hat. Sag' mir ja bald von Deiner Gesundheit. Wie gern käme ich zu Dir, hätte ich die Kräfte dazu. Nun bin ich so alt und kann niemand mehr nützlich sein. Was wird aus den armen Kindern werden? Die Großmutter ist wohl zu kränklich, um sie zu sich zu nehmen. Die armen Großeltern, ihr einziges Kind zu verlieren! Wie werden sie es ertragen können! … Könntest Du bei mir sein, um Dich wieder zu erholen, ich gäbe Dir etwas zum Reisegeld; aber wie bei jetzigen Zeiten sein Haus verlassen! Alles, alles wird jetzt unglücklich, was nur irgend Ruhe und häusliches Glück sonst genoß … Es nehmen hier sehr viele Menschen Anteil an dem Tod der guten Heimgegangenen, daß mein Schmerz mir immer mehr aufgereizt wird.«

Als Charlotte am nächsten Tag den Brief fortsetzte, dachte sie noch einmal über ihre unglückliche Schwiegertochter nach und befürchtete auch, daß der armen jungen Frau manchmal Unrecht geschehen sei: »Wenn man alt wird, fühlt man recht, wie notwendig einem der Tod ist, um von allen Schmerzen auszuruhen, die man im Leben hat ertragen müssen. Indessen ist der guten Helene auch wohl im Grabe; denn sie fühlte sich nicht glücklich, was auch der Himmel vor vielen anderen für Gutes ihr beschert hatte, hübsche Gestalt, Vermögen, einen rechtschaffenen Mann etc. Aber ein inneres Unbehagen, welches wohl eine schwache Gesundheit verursachte, ließ sie dies nicht genießen. Die Welt ist auf gesunde Wesen kalkuliert. Ich habe mir viele Gefühle des lieben Wesens wohl erklären können. Ich muß ihr nun viele Tränen weihen, aber ich fühle, daß ich solche Schmerzen zu ertragen nicht mehr die Kraft habe. Ich bin nun äußerst um Deine Gesundheit besorgt. Könnte ich Dir nur noch nützlich sein! Meine Gedanken kommen gar nicht von Dir. Schreib' mir ja bald, wie Du Dich einrichten willst, und ob Dir die Franzosen noch etwas zu leben übrig lassen … Sorg nur für Deine Gesundheit um meinetwillen und noch mehr um der Kleinen willen.«

Sie überlegte sich auch ernstlich, ihre Enkelin Marie zu

sich zu nehmen und sie zu erziehen, um den Sohn zu entlasten. Aber dann erkrankte Charlotte aufgrund all der Aufregung sehr und sah wohl ein, daß sie zu alt und zu schwach war, um für ein Kind zu sorgen. Doch kaum genesen, mußte Charlotte wieder Fritz ein Lebenszeichen geben, und sie schrieb ihm am 5. August: »Den ganzen Tag denke ich an Dich und möchte Dir beistehen. Was machen die armen Kleinen? Hast Du keinen Freund um Dich? Wenn ich nur die kleine Frau nicht gekannt hätte! Sie tut mir gar zu weh ... Ich sehne mich gar sehr nach einem Brief von Dir; denn ich fürchte für Deine Gesundheit. Die Herzogin und die Prinzeß Karoline haben mir teilnehmende Briefe über Deinen Verlust geschrieben. Ich schließe sie hier bei. Die Kochberger hat die liebe Helene auch recht geschmerzt. Allgemein bedauern sie alle, die sie hier gesehen haben. – Hast Du kein Gemälde von der lieben Helene? Sie erzählte mir einmal von einem Miniatur; ich könnte es vielleicht abkopieren. Warum nahm ich nicht ihren Schattenriß? Aber leider blieben wir uns zu fern. Sie nahm keinen innigen Anteil; vielleicht fühlte sie dunkel, daß sie doch bald alles verlassen müsse.«

Charlottes Gesundheit erhielt durch den Tod ihrer Schwiegertochter einen erneuten Stoß, die Kopfschmerzen, die Sehschwierigkeiten und die Schwindelanfälle plagten sie in immer kürzeren Abständen und beschränkten sie sehr in ihrer Lebensführung. Schon am 21. Oktober 1807 hatte Lotte Schiller Fritz von Stein über seine Mutter berichtet: »Sie hat so viel in sich, daß es einen immer schmerzt, wenn sie durch äußere Eindrücke an der Wirkung ihres tätigen und lebendigen Verstandes gehindert wird.« Obwohl Charlotte ihre Einsamkeit liebte, ging sie doch auch gerne in Gesellschaft, besonders wenn sie sicher sein konnte, interessierte Menschen und Gesprächspartner anzutreffen; aber ihre vielen kleinen, manchmal heftigen Leiden verboten ihr nur allzu häufig, ihre Wohnung zu verlassen.

Als aber Zacharias Werner als Goethes Gast im Oktober 1807 sich in Weimar aufhielt, erlebte sie den egozentrischen Dichter einige Male, wenn er bei der Herzogin, bei Goethe oder bei Knebel vorlas. Am 31. Oktober beschrieb sie ihrem Sohn Fritz solch einen Abend mit Werner: »Ein Gelehrter aus einer preußischen Kammer ist hier, Herr Werner, der Verfasser der ›Weihe der Kraft‹. Dieser ist eigentlich Erzpoet, noch mehr wie Schiller und Goethe. Er deklamiert uns beim Goethe die Mittwoche von seinen Gedichten oder Dramas. Zwei Mittwoche las er uns jedesmal einen Akt aus seinem Drama ›Das Kreuz an der Ostsee‹ vor. Er kehrt sehr oft im Lesen seine Augen schwärmerisch nach dem Himmel, liest, wenn er nicht gar zu heftig wird, angenehm ... Er hat einen geistreichen Ausdruck, kommt einem manchmal häßlich und manchmal hübsch vor, genug wunderbar. Beim Goethe ist er beliebt ... Sie waren einmal zusammen beim Knebel; die Frau schenkte Tee ein, der Kleine spielte mit Steinen, und Werner war in der höchsten Deklamation. Auf einmal sagte der Bube: ›Der Mensch ist ja verrückt!‹ Knebel fährt auf: ›Halt's Maul, Bube!‹ Die Mutter wurde verlegen. Goethe wollte sich totlachen. ›Laß ihn gehen!‹ sagte er. ›Der Junge hat eine halbe Welt in sich.‹ Und in der Tat kann ein Poet nicht sein wie andere Menschen. Der Bube aber behauptete fort: ›Wie könnte er denn so sprechen, wenn er nicht verrückt wäre!‹ Wernern störte es aber nicht.«

Als aber Ende September 1808 Weimar überquoll von interessanten Persönlichkeiten, die in der kleinen Stadt an der Ilm Station machten, in Ettersberg zur Jagd gingen und in Weimar einer Theateraufführung in Anwesenheit Napoleons beiwohnten, da zeigte sich Charlotte ganz und gar nicht interessiert, sondern schroff ablehnend, denn mit Napoleon konnte und wollte sie sich nicht abfinden: »Bald werden wir alle Fürsten, Könige, Kaiser von Europa hier sehen. Morgen erwartet man sie alle zu einer Jagd in Ettersburg (!); da läßt man sie für Geld sehen und werden Billets ausgeteilt. Wer pränumeriert, kriegt von den besten Plätzen. Ich bin eine zu gute Wirtin ... um für etwas Geld zu geben, das mir keine Freude macht; denn die armen Hirsche, die man aus ihren Wäldern jagt, bin ich so albern noch mehr zu bedauern als die Könige, die man aus ihren Ländern treibt.«

Auf dem Höhepunkt der Macht besuchte auch Napoleon wieder Weimar, um im dortigen Schloß ein Essen zu geben und im Theater eine Tragödie von Voltaire aufführen zu lassen. Kanzler von Müller berichtete von diesem hohen Besuch: »Es war fünf Uhr, als die Monarchen unter dem Geläute aller Glocken in Weimar einzogen. Wie Napoleon sich in die für ihn bereiteten Zimmer begab, war ich zufällig der erste, auf den seine Blicke im Vorzimmer trafen. Er ging sehr freundlich auf mich zu, tat mir mehrere Fragen, und ich mußte ihm einige umstehende, ihm noch nicht bekannte Personen vorstellen. Eine Stunde darauf ging es zur kaiserlichen Tafel. Unfern davon war in einer großen Galerie die Marschalltafel von mehr als 150 Personen bereitet. Ich hatte dem Ministerstaatssekretär Maret und den Marschall Soult die Honneurs zu machen, bei denen ich saß. Aber wir waren noch kaum bis zur Hälfte des Diners gekommen, als gemeldet wurde, daß die Monarchen im Begriff seien, sich von ihrer Tafel zu erheben. Nun strömte alles dahin. Napoleon liebte bekanntlich sehr rasch zu speisen, doch hatte er sich dabei sehr lebhaft mit seiner Nachbarin, der Herzogin von Weimar, unterhalten. Nach kurzer Pause fuhr man in das Theater, wohin der Wagen der beiden Kaiser von weimarischen Husaren eskortiert wurde ... Die französischen Schauspieler führten ... ›La mort de César‹ von Voltaire auf. Unbeschreiblich war der Eindruck. Talma als Brutus übertraf sich selbst ... Niemand vermochte unerschüttert zu bleiben. Gleich nach dem Schlusse des Theaters begann der festliche Hofball im großen Saale des Schlosses. Dieser war reich geschmückt, am reichsten durch die ganze Zahl juwelenstrahlender Fürstinnen und anderer ausgezeichneter Damen.«

Nach dem Fürstentag in Erfurt schrieb Charlotte an Fritz, Sophie von Schardt zufolge seien Goethe und Napoleon die »interessantesten Physiognomien« dort gewesen, und Goethe habe beim französischen Kaiser eine halbe Stunde Audienz erhalten, »aber wie man mir sagt, will er die Unterredung, von der er sehr zufrieden ist, geheimhalten«. Nur ein paar Tage später spöttelte der allem Prätentiösen abgeneigte Karl von Stein über Napoleons Unterredung mit dem »ehemaligen Freund«: »Mit Goethe und Wieland hatte er viel gesprochen. Mit Goethen schon in Erfurt. Ich habe lange Goethe nicht in so gnädiger Laune gesehen als damals. Was doch ein bißchen Weihrauch nicht tut!«

Die oftmals ungnädige Stimmung Goethes verärgerte Charlotte häufig, er besaß nicht die Beständigkeit Knebels, schwankte zwischen Liebenswürdigkeit und Schroffheit. Am 22. April 1808 konnte Charlotte ihrem Sohn Fritz ganz gerührt über eine freundliche Geste seines früheren väterlichen Freundes berichten: »Goethe führte mich neulich in seinen Garten am Haus, um mir etwas Neues zu zeigen. Es war Deine alte Hütte, die er wieder hatte reparieren lassen; und das war das erstemal seit so vielen Jahren, daß er von seinem alten Verhältnis mit Dir etwas erwähnte ...«

Doch Frau von Stein blieb mißtrauisch und traute nicht mehr Goethes Beweisen von Zuneigung: »Er ist manchmal recht freundlich und mitteilend gegen mich und trug mir auch viele freundliche Grüße an Dich auf. Aber mir will das Zutrauen nicht ganz wieder werden«, schrieb sie nur wenige Tage später an Fritz. Auch wenn Frau von Stein Knebel bat, Goethe herzlich zu grüßen, denn: »Wir werden ihn hier recht vermissen, wenn er wieder nach Karlsbad geht. Er wird ordentlich von neuem liebenswürdig«, so kannte sie doch zu genau die andere Seite des Freundes. Sie fühlte sich gekränkt, als Goethe kein Trostwort für den verwitweten Fritz fand, und stellte – in anderem Zusammenhang – bitter fest: »Übrigens mutet er seinem Herzen nicht viel zu für seine Freunde.«

Und immer noch gerieten Charlotte und Goethe in Streit, brachen die Gegensätze zwischen ihnen auf, jetzt, da die Liebe nicht mehr half, um so heftiger. Doch die wenigen Briefe, die sie austauschten, waren freundlich, wohlwollend wie zwischen alten Bekannten. Goethe schrieb aus Karlsbad im August 1807: »Unter den Badegästen bin ich wohl nun ziemlich Senior ... Personen mancher Art habe ich kennengelernt, besonders viele Wiener, die zu den dringenden schriftlichen Einladungen, die ich erhalten habe, noch soviel mündliche hinzutun, daß ich meine Entschuldigungsargumente oft genug wiederholen muß. Denn für diesmal werde ich doch den Frauenplan und die Ackerwand wieder zu suchen haben, wobei ich mich wirklich freue, Sie gesund und froh wieder zu finden.«

Er entschuldigte sich aufs freundlichste, wenn er einen Besuch bei ihr aus Krankheitsgründen nicht wahr machen konnte: »Gern hätte ich Ihnen, verehrte Freundin, dieser Tage aufgewartet, um manches zu erzählen und zu bereden. Es geht mir aber nicht sonderlich, und ich habe Ursache mich sehr in Acht zu nehmen«, und er beschloß seine Zeilen mit der Bitte: »Leben Sie recht wohl und lassen mich bald wieder vernehmen, daß Sie mein gedenken«, bedankte sich launig nach einem kleinen Fest Charlottes, bei dem er zu Gast war: »Ich habe mich auf die gestrige Unmäßigkeit sehr wohl befunden und danke herzlich für den fröhlichen Abend.« Auch Charlottes Zettelchen an Goethe wirken freundschaftlich, fast liebevoll; sie beschenkte ihn mit kleinen Dingen, die ihn erfreuten, so z. B. an jedem Weihnachten mit einer Kerze: »Mir deuchte, es wäre so ein altes Recht, das Sie, bester Geheimrat, auf einen Wachsstock von mir zum Weihnachtsgeschenk haben; hier brennt mein Stöckchen also ganz demütig, da ich eigentlich nichts Sinnigeres zu geben weiß, als Ihrer würdig wäre, es ist doch noch immer ein Flämmchen, das auf dem Ihnen errichteten Altar lodert.«

Die Idylle einer zarten Altersfreundschaft täuscht jedoch, das Gewesene, die Zeit der Liebe und der tiefen Enttäuschung, das getäuschte Vertrauen, die bitteren Gefühle – das alles hatte Charlotte nicht vergessen, konnte sie auch nicht vergessen, denn Christiane war nicht zu übersehen und nach der Heirat mit Goethe auch kaum noch zu ignorieren. Sie hatte bei der Erbteilung in Frankfurt – nach dem Tode der Frau Rat Goethe – eine gute Figur gemacht, das Wohlwollen der Familie erlangt und Goethe höchst zufriedengestellt. Henriette Schlosser schrieb einer Verwandten nach Christianes Abreise aus Frankfurt im Dezember 1808: »Sie, die Goethe, haben wir auch alle herzlich gerne, und sie fühlt dies mit Dank und Freude, erwidert es auch und war ganz offen und mit dem vollsten Vertrauen gegen alle gesinnt. Ihr äußeres Wesen hat etwas Gemeines, ihr inneres aber nicht. Sie betrug sich liberal und schön bei der Teilung, bei der sie sich doch gewiß verraten hätte, wenn Unreines in ihr wäre. Es freut uns alle, sie zu kennen, um über sie nach Verdienst zu urteilen und sie bei anderen verteidigen zu können, da ihr unerhört viel Unrecht geschieht.«

Goethe bemühte sich sehr, seine Frau in die Weimarer Gesellschaft einzuführen, und er wünschte, daß ihr dort der nötige Respekt erwiesen werde. Dabei half ihm Karoline von Wolzogen, wie Wilhelm von Humboldt am 7. Dezember 1808 an seine Frau schrieb: »Die Geheimrätin ... ist ein ganz leidliches Wesen, und Goethe tut alles, um zu machen, daß die weimarschen Damen mit ihr umgehen sollen. Karoline tut es ohne Anstand, da sie mit Recht sagt, daß sehr viele von jeher aufs rechtmäßigste verheiratete Damen um kein

Haarbreit amüsanter sind, und andere folgen ihr. Goethe ist darum auch äußerst gut mit Karolinen und lobt sie über alle Maßen.«

Goethe bat Karoline von Wolzogen auch um Vermittlung bei ihrer Schwester, Lotte Schiller, und bei Frau von Stein – wohl mit Erfolg, denn Ende des Jahres 1808 konnte Christiane voller Stolz ihrem Sohn berichten: »Denke Dir nur, wer alles bei uns ist: Ein Herr von Kügelgen, der deinen Vater malt, der Doktor Meyer, Herr von Humboldt, Werner, Arnim und noch mehrere Fremde. Dazu habe ich müssen achtzehn vornehmen Damen Visiten machen. Wir hatten einen Tee von dreißig Personen; alle Damen, die Du kennst: Frau von Wolzogen, Stein, Schiller und mehrere. Am zweiten Weihnachtsfeiertag war ein großes Souper bei Wolzogens, wo ich auch dazu geladen war, und ich habe die Schillern und Wolzogen recht liebgewonnen ... Du kannst also aus diesem Brief ersehen, daß meine jetzige Existenz ganz anders als sonst ist.«

Zwar hatte Charlotte ihrem Sohn Fritz, nachdem sie die Einladung Christianes erhalten und Karoline von Wolzogen sie gebeten hatte, der Bitte Goethes Folge zu leisten, leicht amüsiert, wenn auch herablassend geschrieben: »Angenehm ist es mir freilich nicht, in der Gesellschaft zu sein. Indessen da er das Kreatürchen sehr liebt, kann ich's ihm wohl einmal zu Gefallen tun, denn überhaupt geh' ich abends selten aus und sitze hinter der Lampe mit einem Buch gern in Ruh«, aber der erste Brief des Jahres 1809, der wiederum an Fritz gerichtet war, zeigte überdeutlich, daß die Wunden noch lange nicht verheilt waren. Sie schrieb: »Alle meine Träume, wie ich mit Dir und Goethe einen Reichtum des Geistes in meinem Alter finden würde, sind auch nur Träume geblieben. Nun bist Du weit von mir und nicht glücklich; mir ist ein hypochondrisches Gefühl geblieben, als müßte ich ein Unglück erfahren; es liegt wohl in dem Gefühl der Zeit. –

Ich sitze viel einsam zu Haus, weil ich niemanden mehr in der Gesellschaft finde, der mich interessiert.« Mit dem Scheitern ihrer Liebe waren viele schöne Zukunftsvisionen zerplatzt, die tiefe Enttäuschung, die Goethe ihr zugefügt hatte, und die Beleidigung ihrer Person, die sie durch seine Wahl Christianes verspürte, machten es ihr unmöglich, das Vergangene zu vergeben; es stand stets störend zwischen ihr und Goethe: »Einen eigentlich offenen, herzlichen Umgang will mir mit diesen (!) Freund nicht wieder werden, so gut ich ihn (!) auch bin.«

Besonders empfindlich reagierte Charlotte auf die diktierten Briefe Goethes; an Knebel schrieb sie am 7. Juli 1809: »Danken Sie ihm mit einem Gruß in meinem Namen für das heut Überschickte! Die diktierten Briefe machen mir eigentlich keine Freude (unter uns gesagt), weil kein herzlich Wort drin ist, und ich kann nur aus dem Herzen schreiben«, und wenige Tage später an Lotte Schiller: »Dem Goethe schrieb' ich wohl gern, aber die diktierten Briefe zur Antwort sind mir fieberhaft. Sagen Sie ihm nur ein freundliches Wort von mir ...« Als Charlotte dann Anfang September endlich wieder einen Brief von Goethe erhielt, den er nicht seinem Diener diktiert hatte, stellte dieses Schreiben sie auch nicht zufrieden, denn es erschien ihr zu steif, wie sie Lotte Schiller gestand: »Gestern bekam ich einen eigenhändigen, stattlichen Brief von Goethe ... Der Brief sah völlig oder vielmehr sprach zu einem wie ein Herr mit Degen und Orden im Hofkleid. Ich glaube, Sie haben mich verraten, daß ich die diktierten Briefe nicht mag.« Auch im Gespräch stieß sich Frau von Stein häufig an Goethes kaltem »Meistergebaren«, da war ihr der Umgang mit Knebel um so lieber. Sie lobte ihn am 30. März 1811: »Die Schillern und ich singen oft Ihre Lobsprüche, wie gut Sie die Unwissenden belehren, indessen Goethe einen oft nur mit einem Bonmot abfertigt.«

Doch der immer noch problematische Umgang mit ihrem »ehemaligen Freund« konnte Charlotte in den schweren Jahren von 1807 bis 1815 nicht so arg tangieren wie zuvor, da hatte sie doch ganz andere, viel stärkere Sorgen! Die Unsicherheit der Zeit, die ständige Angst vor neuen kriegerischen Auseinandersetzungen, vor erneuten Plünderungen, ließ sie häufig fast verzweifeln: »Ich habe manchmal eine unaussprechliche Sehnsucht nach einem andern Planeten; es wäre erschrecklich, wenn es in keinem besser als hier wäre, und wir armen Geschöpfe einen ewigen Kreislauf vom Guten zum Bösen, vom Bösen zum Guten machen müßten.«

Nachdem sie aus ihrer Kur in Ilmenau zurückgekehrt war, meldete Charlotte ihrem Sohn Fritz am 19. August 1809: »Ich sitze, seitdem ich wieder hier bin, alle Abende unter den Orangenbäumen vor meinem Haus, die dies Jahr vorzüglich blühen. Da versammeln sich Teegäste um mich, meistenteils auch die Herzogin, wenn sie im Park geht.« Aber das friedliche Bild täuschte, denn Frau von Stein fuhr fort: »Nun sollen Koburg, Gotha und Weimar wieder neue Truppen stellen. Bald werden die Frauen ackern und die übrigen männlichen Arbeiten übernehmen müssen. Es ist alles mutlos bei uns. Amelie und ich haben uns manchmal dicke Augen geweint.«

Angesichts der finsteren Zeiten fand Charlotte noch weniger Gefallen an den festlichen Veranstaltungen des Hofes als vorher; so berichtete sie am 4. September 1809 Lotte Schiller: »Gestern abend war ich wegen des Herzogs Geburtstag am Hof. Es war brillant, aber besonders bei Festen wird mir's traurig, und mir fällt die große Gesellschaft auf den Schlachtfeldern ein.«

Das Jahr 1810 begann Charlotte mit einem Brief an Fritz, um den sie sich ganz besonders sorgte; sie schrieb ihm am 1. Januar: »Nun noch tausend Segen für Dich und Deine

Kinder! Ich habe das neue Jahr mit Kopfweh angefangen; am besten könnte mich kurieren, wenn ich Dich wieder in Wohlstand und glücklich wüßte.« Und ein Jahr später wiederholten sich ihre Wünsche nur noch dringlicher, am 3. Januar 1811 schrieb Frau von Stein an ihren Sohn Fritz: »Möchte doch der Himmel geben, daß Du, lieber Fritz, in diesem neuen Jahr wenigstens in Deinen häuslichen Verhältnissen recht glücklich wärst; denn in der Welt herum sieht's miserabel aus. Neuerlich habe ich mich überzeugt, daß das Menschengeschlecht noch ein ganz kleines Kind ist, das viel Albernes macht.«

Nicht gerade vernünftig benahm sich auch Charlottes Lieblingssohn Fritz, der sich bereits Anfang Januar 1810 wieder verlobt hatte – mit der blutjungen Amalia von Schlabrendorff, mit der auch seine ehemaligen Schwiegereltern einverstanden waren. Zunächst zeigte sich auch Frau von Stein entzückt: »Viel Glück, lieber Fritz, zur neuen Lebensaussicht! Nach Deiner Beschreibung hast Du gut gewählt, und es freut mich auch, daß es Deinem Schwiegervater recht ist. Prinzeß Karoline, Wedeln und die Schillern haben, in der Meinung, Du werdest glücklich sein, sich ganz besonders gefreut. Goethe, der eben hereintritt, grüßt Dich von Herzen … Schreib' mir doch, wann Deine Hochzeit sein wird; ich hoffe, so bald wie möglich. Die langen Versprechungen mag ich nicht gern, die Leute reden einem gern was dazwischen … Mögest Du recht glücklich sein. Ich hoffe, sie wird's auch; ich habe die schüchternen Mädchen lieb. Ob Du sie wohl hierher bringen kannst, daß ich sie kennenlerne?«

Allerdings legte Charlotte entschiedenen Widerspruch ein, als sie von Fritz erfuhr, daß er seine Kinder aus erster Ehe bei den Eltern seiner verstorbenen Frau lassen wollte, das widersprach ihrer Vorstellung von einer Familie: »Es ist mir gar nicht recht, daß Deine Schwiegereltern die Kinder alle behalten ... Kommen die Kinder klein zur Stiefmutter, ehe sie noch eigene hat, so gewöhnen sie sich wie rechte Kinder an sie, und Dir und Deiner künftigen Frau würde das junge Volk was Erfreuliches sein, da sie schon etwas heraus sind ... und da wirst Du den traurigen Gedanken verlieren, daß Du nicht einmal Deinen Kindern zu etwas nützen könntest und selbst auch für diese in der Welt entbehrlich seist.«

Doch schon Ende des Jahres 1810 deutete Fritz Schwierigkeiten mit seiner jungen Frau an; nur wenige Monate Ehe hatten genügt, um Amalia zu zeigen, daß sie mit ihrem Mann nicht leben konnte und wollte. Am 23. Januar 1811 schrieb Karl von Stein seiner Mutter über die Differenzen zwischen Fritz und Amalia: »Wenn seine Frau keine Lust hat, Leute zu sehen, so ist das doch nicht Grund zum Weinen, mit ihrem Mann sich zu entzweien und sich zu trennen. Gott weiß, was das ist.« Zu der Zeit hatte Amalia ihren Mann bereits verlassen und war in ihr Elternhaus zurückgekehrt. Als Frau von Stein im Februar endlich Näheres über die eheliche Misere ihres Lieblingssohnes erfuhr, da reagierte sie zornig, enttäuscht und ersparte Fritz auch nicht so manchen harten Vorwurf: »Ich muß Dir gestehen, lieber Fritz, daß mir ganz sonderbar vorkommt, wie Du die Begebenheiten, die das Glück, Wohlstand und Ruhe unseres Lebens ausmachen, mit einem Leichtsinn behandelst, der doch Deinem ernsthaften Charakter gar nicht angemessen ist und mich endlich über Dich ganz besorgt macht. So hast Du es seit der unglücklichen Zeit, als Du den hiesigen Dienst verließest, mit Deinem Güterkauf und Deinen Heiraten gemacht.«

Die Gründe, die Fritz für die Trennung von Amalia angeführt hatte, ließ Charlotte nicht gelten, sagte ihrem Sohn eine düstere, finanziell äußerst schwierige Zukunft voraus und behauptete am Ende des Briefs gar, Fritz gehöre zu den

Menschen, die stets vom Unglück verfolgt würden – was ihren Sohn freilich auch entschuldigte.

»Von Jugend auf waren alle Hände aufgehoben, Dein Glück zu machen. Bald wollte Dich der eine adoptieren, Dir sein Vermögen mit einer reichen Nichte geben – es wurde nichts; bald wollte Dich ein anderer adoptieren und Dich nie von seiner Seite lassen – und wurde nichts. Hier machte man allerhand Entwürfe, was Du werden solltest – Du bliebst weg. In Schlesien gab's manche hübsche Aussicht – abermals wurde nichts erfüllt. Also hat Dich das Glück immer getäuscht; traue ihm nicht mehr, sondern rette nur ein kleines sicheres Glück. Du hast den Segen Deines Vaters, der Dich so vorzüglich liebte, den meinigen; denn Du betrübtest mich niemals. Er hat nicht gewirkt. Das gehört zu den jetzigen Zeiten, wo man allen Glauben an das Gute verliert ... Wärest Du ein rechter Erdenmensch, es wäre Dir gelungen; aber es ist ein besseres Streben in Dir. Gib Dich also dem Erdenglück nicht mehr preis, wage nichts mehr; es läßt Dich stecken.«

Zunächst hoffte Charlotte noch, ihr Sohn werde sich wieder mit seiner Frau versöhnen, die ganze leidige Angelegenheit sei nur vorübergehend. Sie versuchte Fritz in dem Sinne zu beeinflussen, wenn sie ihm schrieb: »Lebe nun in der Hoffnung, verdirb nicht selber etwas an Deinem Schicksal. Vielleicht hat es Dich ausersehen, die Stütze der Amelie zu sein; Du versprachst ihr ja vor dem Altar.« Als aber kein Zweifel mehr daran bestehen konnte, daß Fritz auch seine zweite Frau nicht hatte glücklich machen können und daß diese nicht gewillt war, bei ihm zu leben, da suchte Charlotte wieder nach Entschuldigungsgründen, vielleicht weil sie sich nicht eingestehen wollte, daß Fritz liebesunfähig war.

Am 24. Februar 1811 berichtete sie ihrem Sohn von einem Traum: »Mich betrübt sehr, Dich abermals nicht glücklich zu wissen. Es ist sonderbar, daß meine Träume es mir schon vorhersagten. Den 12. träumte ich, in Deiner Stube zu sein. Goethe stand mit einem gerührten Blick in seiner sonstigen interessanten Gestalt, wie er Dich noch so zärtlich liebte, vor Deinem Bett, als wenn Du krank wärst, aber ich sah Dich nicht, sondern nur was in Deiner Stube war. Ein Klavier stand darin, worauf Noten lagen, und ein Tisch, darauf lagen Kupferstiche. Das erste, was mir in die Hand fiel, war eine weibliche sitzende Figur, unterm Bild stand *Falschheit und Verstellung im höchsten Grad*. Darüber wachte ich auf. Sollte das auf Deine Frau gehen? denn es kommt mir vor, es steckt noch was anders dahinter als bloße Scheu, keine Gesellschaft sehen zu wollen.« Voll mütterlicher Sorge schrieb Charlotte ihrem Liebling: »Wenn ich nur zu Dir könnte! ... Wer führt nun Deine Wirtschaft? Wenn ich nur nicht so kränklich wäre, um Dir noch nützlich sein zu können.«

Die Ängste um Fritz belasteten auch wieder Charlottes ohnehin angegriffene Gesundheit. Sie fuhr im Sommer wieder zur Kur – ohne rechte Lust, wie sie am 8. Juli 1811 schrieb: »Ich bin recht müde und lebenssatt und kann mir gar keine angenehme Vorstellung mehr von der Welt machen. Ungern habe ich in Weimar meine Wohnung verlassen, wo vor meinem Haus die Orangenbäume in voller Blüte standen, als ich fortging, aber ich mußte mir wieder Stärke zum Lebensgenuß holen.«

Um das Leben so recht genießen zu können, dazu hätte es andere, bessere Zeiten geben müssen. Die Weimaraner stöhnten über die Teuerung und seufzten über die Soldaten, die sie Napoleon für seine Kriege stellen mußten. Karl von Stein klagte: »Während daß ich Möhrenkaffee trinke ohne Zucker und Brot dazu esse statt Semmel und zu Fuße laufe aus Mangel an Pferden und Geld, erzeigen mir alle Leute die Ehre, sich in meine Arme zu werfen, wenn sie Geld brauchen.«

Aber Charlottes ältester Sohn ertrug auch die schwerste Notlage, denn er war mit seiner Frau Amelie überaus glücklich. Am 9. April 1811 lobte er sie in einem Brief an seine Mutter: »Meine arme Frau hat seit Februar kein Geld kriegt und noch habe ich keine Aussicht für sie, und doch führt sie ihre Wirtschaft so freundlich und ruhig fort als vorher. In zehn Wochen haben wir noch kein Pfund Zucker ganz verbraucht, und eben ein halb Pfund echten Kaffee. Wenn ich nicht mit den vielen Interessen zu kämpfen hätte, so befände ich mich eigentlich bei dieser häuslichen Armut sehr behaglich. Es ist, als ob wir uns allesamt lieber hätten und näher verbunden wären...«

Die Kochberger Schwiegertochter und die Enkel machten Charlotte sehr viel Freude, häufig hatte sie die Kinder zu Gast, die sich bei ihr äußerst wohl fühlten, wie Karl von Stein scherzend schrieb: »Die Verhältnisse zwischen Enkeln und Großmutter sind so liebenswürdig, daß ich meine Söhne um ihre letzte Reise fast beneiden möchte, wenn ich nicht Ihr Sohn wäre. Sie können gar nicht genug rühmen, wie wohl es ihnen bei Ihnen gegangen ist.«

Die Zukunft ihrer Enkel erfüllte Charlotte oft, angesichts der kriegerischen Ereignisse, mit großer Sorge; geradezu rabiat wurde sie, als sie sich vorstellte, daß auch die Söhne Karls und Fritz' einmal gezwungen sein könnten, in einer der Schlachten Napoleons mitzukämpfen. Im Mai 1810 berichtete sie Fritz von den hohen Verlusten, die in Weimar zu beklagen waren: »Die meisten unserer Offiziere sind in Spanien getötet worden, der Oberst Egloffstein, Staff und noch einer, den ich nicht mehr weiß... Nun müssen immer neue zur Schlachtbank geführt werden. Ich wollte lieber meine Enkel alle selbst ermorden, als sie so hinzugeben.«

Es lag nicht in Charlottes Natur, sich mit widrigen Umständen einfach abzufinden, sie konnte sich immer noch empören, Napoleon hassen, und sie wollte nicht resignieren.

Aber den Glauben an einen Gott, der alles zum Guten wendet, hatte sie verloren. Ende November 1811 schrieb sie: »Daß ich bald 69 Jahre alt werde, spüre ich am meisten an meinem Gedächtnis und an der Mühe, die mir das Rechnen macht... Ich sehe täglich so viel unglückliche Menschen, und wie unendliche, die ich nicht sehe! Und der dieses Unglück verursacht, ist göttlich, wird als eine Gottheit gepriesen. Ich möchte auch freigeistlich werden.« Und als sie im Dezember desselben Jahres mit ihren beiden hochverschuldeten Söhnen die leidigen finanziellen Dinge besprechen mußte, brach noch einmal ihr ganzer Zorn über Napoleon aus: »Ach! was muß man die kurze Lebenszeit mit fatalen Geldsachen zubringen! Und das ist alles der große Held, der uns das beschert und uns jede Stunde verkümmert, wenn man nicht etwa ein Poet ist und ihn zu einem Heldengedicht brauchen kann.«

Nach Napoleons Niederlage in Rußland 1812 zogen die geschlagenen Franzosen zu Beginn des Jahres 1813 auch durch Weimar, wo man erneute Plünderungen erwartete. Im Frühsommer marschierten dann Preußen, Russen und Österreicher durch die kleine Stadt. Charlotte meldete Fritz: »Ein solcher Lärm, als heut in der Stadt, war noch nie. In dem Augenblick sind wieder preußische Husaren herein. Die Weimaraner sehen schon die ganze Stadt in Flammen stehen. Ich bin schon so geplündert, daß ich nicht viel von Wert habe, und packe eben nichts ein; ich bin zu allem zu müde.« Das bißchen, was Frau von Stein besaß, büßte sie dann auch noch ein: Ihr Keller wurde am 21. Oktober 1813 von Soldaten ausgeraubt.

Charlotte schrieb am nächsten Tag an ihren Sohn Karl, der ihr Lebensmittel geschickt hatte: »Wir haben eine erschreckliche Nacht gehabt... Mir ist's leidlich, nur zittere ich so, daß ich fast nicht schreiben kann. Verliere Deinen sonst so guten Mut nicht! ... Der Kaffee kam, als mir eben ein betrunkener Kosake die Fenster einschlug ... Nachher mißhandelte er den armen Kutscher und noch einen Mann auf dem Hof ... Da kamen aber Franzosen, alles mußte aufbrechen; auf dem Schweinemarkt wurde ein Gefecht ... die armen Soldaten fanden hier nichts zu essen und mußten aus Not zugreifen. Ich habe auch kein Brot und meine Leute nicht einen Bissen. Mich hungert nicht. Nun lebt wohl, gute Kinder! Der Himmel beschütze Euch.«

Als Karl ihr dann von einem Kosakenüberfall in Kochberg schrieb, bot sie der Schwiegertochter an, zu ihr nach Weimar zu kommen, und berichtete ihrem Sohn ausführlich über die Zustände in der Stadt: »Ich sitze immer zu Haus, weil ich keine Schuh habe, und da alle Schuhmacher bloß für die Soldaten arbeiten müssen, kann ich auch keine gemacht kriegen. Ich kam vom Schloß, zog meine dicken ledernen Schuhe aus; meine distraite Jungfer nimmt sie wider meinen Willen mit zur Tür hinaus, um sie rein zu machen, und fort waren sie. Der Himmel weiß, was ich alles von meinen Sachen bei dem Hinunterschleppen aufs Schloß werde verloren sehen. Sollte es für Deine Frau in Kochberg zu schreckhaft sein, mehrern solchen Kosakenszenen ausgesetzt zu sein, so laß sie hierher zu mir reisen mit Louischen, wenn der Weg sicher ist. Oben sind noch Stuben, die untern sind für die Einquartierungen ... Ich habe beständig einen großen Topf stehen für die unglücklichen Franzosen, die verlassen und entblößt in den Häusern betteln und wie die Gespenster aussehen.«

Aber Charlottes Geburtstag wurde 1813 sehr prächtig gefeiert – allen widrigen Zeitumständen zum Trotz. Gerührt berichtete Frau von Stein ihrem Fritz über all die Freundlichkeiten, die sie erfahren hatte: »Heute traf Dein lieber Brief mit dem Glückwunsch zu meinem Geburtstag ein, eben wie alle gute Freunde, aus Liebe einige und aus Artigkeit andere, bei mir sich zu guten Wünschen versammelt hatten, die Großfürstin, Erbprinz, Goethe (August Goethe war schon gleich früh da), Gräfin Henckel ... genug, alle Hofdamen, die Schillern, Wolzogen und noch viele andern Damen, daß meine Zimmer zu voll wurden. Ich wußte gar nicht vor allen den Höflichkeiten, wo hinaus. Amelie von Kochberg hatte mir eine prächtige Bisquittorte, ganz mit Eingemachtem garniert, geschickt ... und noch manche kleine Geschenke von andern, um mich zu speisen, von Kochberg eine fette Gans und einen Truthahn, vom Goethe Gänseleberpastete und Hecht mit Gelée ... Daraus solltest Du nicht glauben, daß manche Menschen hier vor Hunger sterben, ehe einem das Elend zu Ohren kommt. Ich möchte die Gabe haben, aber auch die Kräfte, in die Winkel der Notleidenden gehen zu können. Man macht hier Anstalt dazu, und zwar sind es einige Frauen, aber das Genie fehlt uns, um es mit wenig Geld zu machen, da wir alle keins haben ... Ich bin nun 72 Jahr und fühle mich sehr schwach, besonders der ewige Kopfschmerz hindert mich an allem; deswegen schreibe ich auch nicht ... ich bin zu alt, um meine Wohnung anders als nur zum Grab zu verändern. Könnte ich oder hätte ich noch Kräfte, um Dir nützlich zu sein, so käm' ich zu Dir ... Leb wohl, mein guter Fritz. Wir werden uns gewiß irgendwo mit Liebe wiedersehen, wenn wir uns gleich nicht erinnern können, auf was Art wir einander angehörten.«

Charlotte ging nicht mehr häufig aus, für große Gesellschaften fehlte ihr mehr denn je die Lust. Am liebsten saß sie vor ihrem Haus und unterhielt sich mit den wenigen guten Freunden beim Tee, und sie vertrieb sich ihre Zeit mit Lesen. Jenny von Pappenheim, die als Kind mit ihrer Mutter nach Weimar übersiedelte, erinnerte sich: »Auch Charlotte von Stein sah ich öfters ... Ich wurde zum Tee zu ihr gebeten; dann saß sie alt, schweigsam, freundlich hinter einem grünen Lampenschirm, irgendein Werk Goethes vor sich.«

Aber in den Jahren 1810 bis 1815 nahm Charlottes Gesundheit rapide ab, ihre Hör- und Sehfähigkeit verschlechterte sich zusehends, so daß auch lange Zeit an Lesen nicht zu denken war und ihre Freunde immer wieder befürchteten, Frau von Stein könne nicht mehr lange leben. Die Briefe Charlottes aus dieser Zeit berichten von immer neuen Leiden und Schmerzen, die ihr die Lebensfreude raubten und ihre kleinen Vergnügungen einschränkten.

Am 9. September 1810 erhielt Lotte Schiller folgende Zeilen Charlottes: »Nicht wahr, gute Lolo, Sie halten mich für eine rechte Nebenfreundin, Ihnen so gar nicht zu schreiben, selbst auf Ihren lieben Brief nicht ein paar Worte. Aber ich bin immer leidend, alle meine Gehirnkabinettchen sind von Schmerzen eingenommen.« Und einen Monat später schrieb Charlotte an Fritz: »Ich war die ganze Zeit so krank an Kopfschmerzen, Zahnweh und so noch obendrein Schmerzen in allen Knochen, so zum Gesicht gehören, daß ich nur halbe Besinnung habe und bis jetzt nichts besorgen konnte.« Trotz ihrer vielfältigen Beschwerden gelang es Frau von Stein im April 1812, ihren Sohn Fritz zu trösten, der auch beständig kränkelte und befürchtete, bald zu sterben: »Du wirst gewiß Deine Kinder großziehen. Ich war auch von jeher kränklich und habe doch ein so gar hohes Alter erreicht ... und da Du meine Milch getrunken, hoff' ich, wirst Du auch etwas von meiner Lebenslänge getrunken haben.«

Im September 1813 besuchte Lotte Schiller Frau von Stein in Kochberg und war mit deren Aussehen gar nicht zufrieden: »Unsere gute Frau von Stein fand ich angegriffen und schwächer als im Juni, da ich von Weimar weg ging.« Mit Beginn des Jahres 1815 trat Charlottes Befinden dann in eine bedenkliche Krise; am 5. Januar dankte sie Karl für die Geburtstagsgeschenke und berichtete wenig Erfreuliches von ihrem Gesundheitszustand: »Ich danke Dir, lieber Sohn, für alles Überschickte und für Deinen hübschen Brief, den ich leider nicht so hübsch und fröhlich erwidern kann; denn ich bin zum neuen Jahr auf *einem* Auge blind geworden und noch nicht gewöhnt, nur mit *einem* Auge mich zu begnügen.«

Lotte Schiller, die ihre alte Freundin fast täglich aufsuchte, schrieb den Söhnen Karl und Fritz und gemeinsamen Bekannten regelmäßige Berichte über das Befinden Charlottes, so am 21. Januar 1815 an Knebel: »Frau von Stein erweckte mir nicht wenig Sorge; denn das Übel ist noch auf demselben Grad. Ich wünsche sehr, daß sie bald Anstalt mache, lieber einen Arzt zu fragen, der die Augenkrankheiten versteht und auf diese besonders wirke; denn im Allgemeinen zu wirken, glaube ich, ist der Fall zu dringend, und während die Zeit vergeht, vergeht auch die Kraft der Augen, für Mittel empfänglich zu werden.«

Lotte Schillers Sorge um Frau von Stein nahm nicht ab, häufig lag Charlotte im Bett, konnte vor Schmerzen nicht aufstehn und kaum sprechen. Im Mai 1815 fuhr sie zur Kur nach Ilmenau, wo sie sich Linderung erhoffte; Lotte Schiller ließ sie ungern fort: »Es ist mir das Herz voll trüber Ahnungen über sie. Sie ist so schwach und kraftlos, daß man ganz betrübt wird. Sie ist auch moralisch einsam in den dunkeln Fichtenwäldern in Ilmenau … Sie in jedem Sinn des Wortes einsam und hilflos zu wissen, tut mir weh … Sie kann nicht lesen, schwer schreiben und ist also ihrer Phantasie zum Raube, die immer, selbst in bessern Tagen, das Leben selbst nicht leicht sich gestalten konnte.« Doch ab Herbst 1815 trat eine erstaunliche, wenn auch nur kurzzeitige Besserung ein, Charlotte ging wieder in Gesellschaft, las viel, und Lotte Schiller befürchtete manchmal, Frau von Stein könne sich zu viel zumuten: »Es ist mir oft bang, daß sie ihre Kräfte nicht mehr zu kennen weiß und daß ein plötzlicher Stillstand eintreten könnte.«

Lotte Schillers Bericht am Ende des Jahres 1815, den sie an Knebel schickte, war sicherlich dazu angetan, den alten treuen Verehrer Charlottes zu beruhigen: »Sie werden heut Besuch erhalten, wie mir Frau von Stein sagte, die ich seit ein paar Tagen immer nur kurz sehen konnte, weil sie immer im Begriff war, Besuche zu machen, wenn ich kam. Ich sehe es ebensogern, als wenn ich sie zu Hause finde und mit ihr Gedanken wechsle, weil es mir ein Zeichen ist, daß sie sich Kräfte zutraut. Ihre Augen können doch ihren gewohnten Neigungen folgen, und sie liest sehr oft, wenn man zu ihr kommt. Ich möchte ihr können vorlesen, aber sie versteht oft schwerer, als sie sieht...«

Knebel gehörte auch im Alter zu den vertrautesten Freunden Charlottes, sie schrieb ihm regelmäßig und wünschte, ihn so oft zu sehen, wie es nur irgend möglich war. Häufig verglich sie ihn mit Goethe, wobei Knebel immer besser abschnitt. Denn im Gegensatz zu ihrem »ehemaligen Freund«, von dem Charlotte sagte, er werde »etwas mager am Herzen«, blieb sich Knebel in seiner Freundschaft und Verehrung für Frau von Stein gleich. Bei Knebel konnte sich Charlotte auch über Goethes Steifheit und Kälte beschweren – vielleicht in der Hoffnung, daß dieser positiv auf den »Meister«, der Knebel häufig besuchte, einwirken könnte.

So schrieb sie etwa am 31. Juli 1811 recht tadelnd: »Goethe sah ich einigemal und finde ihn recht wohl und recht – kalt. Bei der großen Hitze, die wir zeither haben, kann man sich bei ihm abkühlen. Ich lasse gern jedem seine Art und weiß gar nicht, wie ich zu der Bemerkung gekommen bin... nur in Vergleichung mit Ihnen fiel mir das so ein!« Am 12. Februar 1814 beklagte sie sich: »Manchmal sehne ich mich nach einem behaglichen Freund... Goethe ist selten zu sehen, und ist immer etwas um ihn, entweder eine Wolke, ein Nebel oder ein Glanz, wo man nicht in seine Atmosphäre kann« – und ein paar Wochen später: »Goethen seh ich gar nicht. Er mag mit unsereins im Grunde nichts zu tun haben und ist gar nicht so mitteilend wie sie …«

Goethe besaß nicht Knebels »Gutmütigkeit«, war aber dennoch häufig der Gegenstand beiderseitigen Interesses in den Briefen, die Charlotte und Knebel wechselten. Frau von Stein berichtete über Goethes Aktivitäten in Weimar: »Goethe hat neulich einmal bei der Herzogin seine kleinen Gedichte vorgelesen, aber die jetzige Zeit ist so unpoetisch … Gesang will Freude haben«, erzählte von den Reiseplänen ihres »ehemaligen Freundes« und wünschte sich manchmal, bei den Gesprächen Goethes mit Knebel dabeisein zu dürfen. Knebel zeigte sich stets entzückt von Charlotte, die er »gar gefällig und artig« fand, und von ihren Briefen, die er, wie er seiner Schwester mitteilte, in seinem »Schatzkästlein verwahren werde«. Am 10. April 1810 schickte Knebel seiner Schwester einen Brief, in dem er über Charlotte schrieb: »Wir haben kürzlich, Goethe und ich, recht herzlich das Lob der Frau von Stein miteinander gemacht. Man muß das Verdienst seiner Freunde auch zu erkennen und zu benennen wissen.«

Wie hätte sich Charlotte über diese Bemerkung gefreut, da sie sich doch oft gar nicht vorstellen konnte, daß Goethe sich überhaupt noch für sie interessierte, und die selbst ohne Unterlaß an keinem Menschen – mit Ausnahme ihres Fritz – mehr Anteil nahm als an ihrem »ehemaligen Freund«. Sie sorgte sich um seine Gesundheit, die nicht die festeste schien und durch Wielands Tod 1813 einen erheblichen Stoß erlitten hatte, sie las seine Werke mit Aufmerksamkeit und erfreute sich an seinen kleinen Gefälligkeiten.

Als ihr Kanarienvogel 1812 von der Zofe versehentlich zertreten wurde, zeigte sich Goethe sehr verständnisvoll, wie Charlotte Fritz berichtete: »Goethe war aber so artig, mir heimlich den leeren Vogelbauer holen zu lassen, und setzte einen andern kleinen Dalai-Lama hinein, so daß ich,

Johann Wolfgang von Goethe im Alter
Kupferstich von K. A. Schwerdgeburth, 1832

wie getäuscht, ganz das zahme Vögelchen wieder hatte.«
Das Vögelchen taucht dann auch mehrmals als zarte Anspielung Charlottes in ihren Briefen an Goethe auf, so als sie
ihm am 27. März 1812 besorgt um seine Gesundheit schrieb:
»Warum nicht gut gegangen, lieber Geheimerat? und doch
ließen Sie mir bei Ihrem letzten Besuch den Eindruck von
Wohlsein und Fröhlichkeit zurück, daran ich mich also irrig
gehalten habe. Möge es Ihnen so wohl sein wie meinem
Vogel, er singt mir eben alleweile die lieblichsten Töne, wird
alle Tage artiger gegen mich. Ich hoffe doch, Sie bald zu
sehen.«

Wenn Goethe bei Charlotte zu Gast war, traf er häufig
Herzogin Luise und deren Schwiegertochter Maria Pawlowna an, und es machte den Damen Freude, wenn er aus
seinen Werken vorlas. Charlotte studierte Goethes »Dich-
tung und Wahrheit« mit Vergnügen, wie sie Fritz schrieb,
konnte aber eine kleine spöttische Bemerkung nicht unterdrücken: »Er weiß gar hübsch zu erzählen, und von Kindheit an ist er schon interessant. Er wird uns sein Christel-
chen auch interessant zu machen wissen in seiner poetischen Vorstellung, sowenig sie es auch in der Tat ist...«
Charlotte gelang es nie, von ihrer eigenen Erfahrung mit
Goethe zu abstrahieren, wenn sie sich mit seinen poetischen
Produkten auseinandersetzte. Als sie im Herbst 1812 den
zweiten Teil der Goetheschen Lebenserinnerungen gelesen
hatte, erzählte sie Fritz von ihrem Eindruck: »Hast Du Goethes ›Leben‹ gelesen? Der zweite Teil ist auch heraus. Mich
interessiert es sehr; schreib mir doch, wie Dir's vorkommt.
Er ist manchmal sehr artig gegen mich, aber erstaunt un-
gleich. Aus seinem ›Leben‹ sehe ich, daß er von Jugend auf
so war, seinen Freunden wehe tat.«

Auch daß Charlotte die Werke, die zur Zeit ihrer großen
Liebe zu Goethe entstanden waren, besonders schätzte,
zeigt, wie wenig sie sich vom Gewesenen hatte lösen kön-

nen, wie sehr sie mit und in der Vergangenheit lebte. Nach einer Aufführung des »Tasso« im März 1811 schrieb sie spontan einige begeisterte Zeilen an Goethe: »Das Zettelchen, lieber Geheimrat, sollen Sie morgen früh bekommen; aber ich kann jetzt dem Drang nicht widerstehen, es noch heute abend zu schreiben, da ich eben aus dem ›Tasso‹ komme, den ich immer himmlischer finde, je mehr ich ihn sehe ... Gern wäre ich noch selbst heute abend gekommen, um es Ihnen zu sagen, wenn ich nicht gefürchtet hätte, Sie in Ihrer Ruhe zu stören ... Ihre treue Verehrerin v. Stein.«

Immer wieder beschäftigte Charlotte sich mit ihren Erinnerungen an die glücklichen Jahre mit Goethe und an das Scheitern ihrer Beziehung; manch einem erzählte sie davon, wohl auch manchem, der ihre Konfessionen nicht so aufnahm, wie sie es wohl gewünscht und auch verdient hätte. Der Archäologe und Kunstgeschichtler Eduard Joseph d'Alton berichtete Knebel am 13. März 1810 seltsam ungerührt und herablassend über solch ein Gespräch mit Charlotte: »Mein Aufenthalt in hiesiger Gegend ist der lehrreichste meines Lebens. Nirgends bin ich mit soviel Vertraulichkeit mißhandelt worden als hier. So hat z. B. die alte Stein mir alle ihre Geheimnisse vertraut, weil sie sich in ihren Fehlern geehrt glaubte. Sie klagte mir Goethens Untreue, der ihr versprochen, ihren Sohn zu Breslau zum Erben zu machen und nie zu heuraten und Gott weiß was alles ...«

Da fielen Charlottes Bekenntnisse bei Lotte Schiller doch auf fruchtbarern Boden! Die ohnehin sehr emotionale, weiche jüngere Frau litt mit ihrer Freundin, als diese ihr 1812 Einblick in ihre Korrespondenz mit Goethe gab – die Briefe Charlottes waren offenbar noch nicht vernichtet – und durch ihr Verhalten gestand, daß sie die Trennung immer noch nicht überwunden hatte. Voller Mitgefühl schrieb Lotte Schiller am 5. Februar 1812 an die Erbprinzessin Karoline, Herzogin Luises Tochter: »Unsere Freundin St. geriet auf die Gedanken, alle Papiere, die Sie auch sehen möchten oder sahen, zu zeigen. Ich durchblickte dieses wunderbare menschliche Wesen und klagte über das Schicksal unsrer Freundin und lebte recht in der Vergangenheit mit ihr, und es war, als schlösse sich mein Herz mit den leisesten Fäden an das ihre an, und ich gelobte ihr, sie nie zu verlassen, und meine Liebe solle ihr folgen bis ins Grab ... Wie interessant war der Meister ehemals, wie weich, wie hat er geliebt, und wie konnte sich das ändern! Es ist mir ein Rätsel, diese Natur. Wie hat die arme Charlotte leiden müssen! Ich habe das Schicksal dieser Menschen in diesen Tagen aufs neue gelebt und mit gelitten, und doch gäbe ich diese Ansicht nicht wieder zurück und will lieber Leiden tragen helfen, als diese Blätter nicht kennen.«

Die Zeit heilte Charlottes Wunden nicht, ja, ihre »unglückliche Natur« verhinderte sogar das Vernarben. Bei aller äußerlichen Beruhigung, bei allem rein gesellschaftlichen Umgang mit dem »lieben Geheimrat« blieb Charlotte von Stein die zutiefst verletzte und enttäuschte Frau, die unter ihrem Schicksal litt, zwischen Resignation und Aufbegehren schwankte und nicht vergessen konnte. Ihre Erfahrungen mit Goethe ließen die von Natur aus nicht sonderlich sanfte Frau noch harscher werden. Auch im Alter neigte sie zu schnellen, kalten Urteilen, die ihre pessimistische Grundstimmung und ihre trüben Erlebnisse spiegelten. Als Lotte Schiller ihr im September 1813 über die ihr unglücklich erscheinende Ehe des Erbprinzen mit Maria Pawlowna berichtete, antwortete Charlotte von Stein mit einer ihrer so typischen, knappen, generalisierenden Bemerkungen: »Wie wenig Männer wissen ein zartes weibliches Herz zu behandeln!«

Langsames Verlöschen

»So werde ich ... das rätselhafte Dasein
bald vollendet haben«
1816-1827

Zum Geburtstag am 25. Dezember 1815 hatte Charlotte
von Goethe ein launiges Gratulationsgedicht und Sü-
ßigkeiten erhalten – überbracht von August, der auch an
diesem Tag geboren worden war:

> Daß du zugleich mit dem heilgen Christ
> An diesem Tage geboren bist,
> Und August auch, der werte Schlanke,
> Dafür ich Gott im Herzen danke,
> Dies gibt in tiefer Winterszeit
> Erwünschteste Gelegenheit,
> Mit einigem Zucker Dich zu grüßen,
> Abwesenheit mir zu versüßen,
> Der ich, wie sonst, in Sonnenferne
> Im Stillen liebe, leide, lerne.

Genau ein Jahr später griff Charlotte diesen Scherz auf, als
sie Goethe zu Weihnachten die obligatorische Kerze und
einen Kuchen übersandte, sie schrieb ihm am 25. Dezember
1816: »Erlauben Sie mir, lieber Geheimerat, meinen Weih-
nachtstribut, einen Wachsstock nebst Kochberger Torte, zu
schicken, mit Ihrem Weihnachtskind zu teilen, vom alten
Weihnachtskind ... Sobald es leidlich Wetter wird, besuche
ich Sie selbst in Ihrem Einsiedlerstübchen.«

Zwischen den beiden Geburtstags- und Weihnachtsbrie-
fen lag ein ereignisreiches Jahr und für Goethe ein sehr
betrübliches, denn er hatte Christiane verloren. Am 6. Juni

Daß Du zugleich mit dem heilgen
Christ
An diesem Tage geboren bist,
Und August auch der werthe
Schlange,
Dafür ich Gott im Herzen dancke,
Dies giebt in tiefer Winterszeit
Erwünschteste Gelegenheit
Mit einigem Zucker Dich zu
grüßen
Abwesenheit mir zu versüßen,
Der ich, wie sonst, in Sonnenferne
Im Stillen liebe, leide, lerne.

am 25 Dec.
1815.   Goethe

*Gratulationsgedicht Goethes
zu Charlotte von Steins Geburtstag,
am 25. Dezember 1815*

1816 war sie unter unsäglichen Qualen, noch sehr jung, gestorben. Ihr Bruder schrieb zwei Tage später an Knebel: »Meiner Schwester irdisches Schicksal hat der Tod mit allgewaltiger Hand geendet und ihrer herrlichen Kraft und Gesundheit ein langwieriges Spiel abgewonnen. Sie starb vorgestern, den 6., Mittag um 12 Uhr, eben an ihrem Geburtstage, 52 Jahre alt. Wie es um uns aussieht, können Sie denken. Das Haus scheint verwaist zu sein, und der Mann ist sehr betrübt. Was soll ich Ihnen von seinem Schmerze sagen? Ich denke, er wird auf einige Zeit nach Jena gehen ... Heut wird die Erblaßte begraben. Friede ihrer Seele!«

Am 3. Juli 1816 entwarf Elisa von der Recke in einem Brief an Johanna Schopenhauer einen würdigen Nachruf auf Christiane, deren Tadler auch nicht nach ihrem Tode verstummten: »Wodurch die Verstorbene sich mir empfohlen hat, ist, daß ich sie nie von andern Böses sprechen hörte. Auch war ihre Unterhaltung, soweit ich sie kannte, immer so, daß ich mir es wohl erklären konnte, daß ihr anspruchsloser, heller, ganz natürlicher Verstand Interesse für unsern Goethe haben konnte, der mir seine Frau mit diesen Worten vorstellte: ›Ich empfehle Ihnen meine Frau mit dem Zeugnisse, daß, seit sie ihren ersten Schritt in mein Haus trat, ich ihr nur Freuden zu danken habe.‹ – Die Frau, welche von ihrem Gatten ein solches Zeugnis erhält, über deren Fehler werden alle diejenigen, welche den Gatten schätzen, einen Schleier zu werfen suchen. Wir, liebe Teure, wir wollen immer der guten Seiten der Verstorbenen gedenken und ihre Schwächen in Vergessenheit zu bringen uns bemühen!«

Charlotte verlor kein Wort über Christiane und deren Tod, und ihr Verhältnis zu Goethe veränderte sich augenscheinlich auch nicht, sie schwankte zwischen Beleidigtsein wegen seiner oft unfreundlichen Art und nicht zu unterdrückenden herzlichen Gefühlen für den alten Freund. Im Februar 1816 beschwerte sich Frau von Stein wieder einmal so recht bei Knebel über Goethes Kälte, die ihr auch in den folgenden Jahren ein Ärgernis blieb: »Gestern las uns Goethe bei der Herzogin persische Gedichte vor. Es war lange, daß ich nichts von ihm gesehen hatte. Ich wünschte ihm in seinem Wesen etwas von Ihrer Herzlichkeit: mit Ihnen ist so hübsch Gedanken und Gefühle auswechseln! Auf das Geringste, was man nicht ganz in seiner Vorstellung sagt, hat man einen Hieb weg. Ich frug ihn, ob diese Gedichte von einem oder verschiedenen orientalischen Dichtern wären ... erwiderte er: ›Liebes Kind, das wird mir niemand erforschen.‹ Als wenn ich ein Mädchen von zehn Jahren wäre! Ich weiß gar nicht, wie man ohne Herzlichkeit eigentlich leben kann. Er braucht diesen Lebenspunkt gar nicht.« Und am 30. Oktober 1816 klagte sie – diesmal zu Unrecht, denn Goethe hatte ihr immer noch alle seine Werke zugesandt –: »Goethes ›Italienische Reisen‹ höre ich von meinen auswärtigen Freunden loben; er hat mir sie aber nicht mitgeteilt. Er schickt mir manchmal von einem guten Gericht von seinem Tisch, aber von höherer Speise würdigt er mich nicht.«

Im Oktober 1816 wurde Charlotte mit einem Teil der Goetheschen Vergangenheit konfrontiert: Lotte Kestner, geborene Buff, aus Wetzlar besuchte mit ihrer Tochter Weimar und natürlich auch ihren »Werther«. Leicht spöttelnd berichtete Frau von Stein ihrem Freund Knebel: »Goethe ist auch leidend, am Arm. Gestern ging ich auf einen Augenblick in seinen Garten, um ihm von der Herzogin einen Auftrag auszurichten. Kürzlich hat ihn auch die Lotte aus ›Werthers Leiden‹ besucht, Madame Kestner aus Hannover. Sie war auch schon ein paarmal ... bei mir. Sie ist von angenehmer Unterhaltung, aber freilich würde sich kein Werther mehr um sie erschießen.«

Als sich die Geliebte des Herzogs Karl August, die Schauspielerin Karoline Jagemann, anläßlich der Aufführung des

Karoline von Heygendorff, geb. Jagemann
Gemälde von Joseph Karl Stieler, 1829

Stückes »Der Hund des Aubry« mit Goethe überwarf und dieser zornig um seine Entlassung gebeten hatte, versuchte Charlotte für ihren ehemaligen Freund in der leidigen Angelegenheit zu vermitteln.

Hatte sie am 22. März 1817 noch recht allgemein an Knebel geschrieben: »Seit einigen Tagen herrscht ein Zwietrachtsgeist unter uns wegen dem ›Hund des Aubry‹. Die Theaterdirektion will ihn nicht spielen lassen, und der Großherzog will ihn doch sehen«, so bat sie Knebel zwei Tage später darum, Goethe zu beruhigen: »Vielleicht hat Goethe die Ursache seiner Flucht von hier erzählt. Einige gute Freunde haben mich veranlaßt, Sie zu bitten: Sie möchten doch suchen, Ihren alten Freund zu besänftigen, und ihn bereden, das Geschäft des Theaters ohne Groll von sich ganz abzulehnen, seinen Sohn aber dabei zu lassen und nur manchmal mit gutem Rat beizustehen. Sagen Sie ihm, daß er dieses mir zuliebe tun soll! Gar inniglich ließ' ich ihn drum bitten, weil ich fest überzeugt bin, daß es zu seinem Besten ist.«

Obwohl Knebel ihr mitteilte, Goethe wolle ihr über seine Entscheidung schreiben, erhielt sie keine Zeile von ihm, was sie sehr betrübte. Der Theaterskandal stellte in ihren Augen einen nicht zu reparierenden Schaden für das Ansehen Weimars und Goethes da, sie ahnte, daß die große, »klassische« Zeit vergangen war, und befürchtete, daß niemand sich diese traurige Entwicklung eingestehen wollte, wie sie Knebel am 2. April 1817 schrieb: »Vom Goethe habe ich noch keinen Brief erhalten. Ich glaube, er hat es nur gesagt, um daß Sie ihm nicht mehr davon sprechen sollen. Es kann sich niemand drein finden, daß unsere brillante Epoche vorbei ist, selbst Goethe nicht. Es herrscht bei uns nichts wie Stolz und Schein, und dabei gar kein Gemüt.«

Am 13. April 1817 wurde Goethe als Theaterdirektor von seinen Pflichten entbunden; die unwürdigen Umstände, die zu seiner Entlassung geführt hatten, taten Charlotte sehr

Karl August Großherzog von Sachsen-Weimar
Farbstich von Feodor Antonowitsch Bruni

weh, sie litt mit ihrem ehemaligen Freund. Voller Zorn schrieb Karl von Stein Ende Juli an seinen Bruder Fritz: »Der Theaterkrakeel ist Mutter sehr nahegegangen. Goethe soll schwer darunter leiden, aber Karolinchen brüstet sich als wie ein Pfau und würde wohl radschlagen, wenn sie es könnte. Es ist ein Skandal! Verstehe den Großherzog, wer kann!«

Goethe und Frau von Stein trafen sich gelegentlich – bei Hofe, im Haus am Frauenplan oder in Charlottes Salon; der ehemalige Freund erschien Charlotte häufig »verschlossen«, wenn er aus seinen Werken vorlas, wagte sie oft, keine Fragen zu stellen, weil sie befürchtete, sonst »eine schnippische Antwort« zu bekommen. Im Dezember 1820 beklagte sich auch Lotte Schiller in einem Brief an Fritz von Stein über Goethes gewollte Isolation: »Goethe verschließt sich ganz; er fährt nur spazieren, sieht zuweilen die Prinzeß; er arbeitet meist, und abends halb sieben erscheint Freund Meyer; da gewinnt die übrige Gesellschaft ihn nicht; – er soupiert auch nicht mehr.« Gab Goethe einmal einen Tee oder ein Abendessen für Freunde und Bekannte, machte seine Schwiegertochter die Honneurs: August von Goethe hatte am 17. Juni 1817, gerade ein Jahr nach Christianes Tod, die hübsche und geistreiche Ottilie von Pogwisch geheiratet. Am 9. April 1818 war Goethes erster Enkel Walther Wolfgang geboren worden.

Charlotte blieb weiterhin – trotz ihrer eigenen schwachen Gesundheit – stets um Goethes Wohlergehen besorgt. Als er im Frühjahr 1823 lebensgefährlich an Herzbeutelentzündung erkrankte, versuchten ihre Kinder und Bekannten ihr den Zustand des Freundes zu verheimlichen, um sie nicht zu gefährden. Wie Lotte Schiller am 15. März an Fritz von Stein schrieb, hatte Charlotte wohl nie die akute Gefahr, in der Goethe schwebte, begriffen: »Wie ich das Herz voll hatte und zu ihr kam und wir uns verabredet hatten,

Ottilie von Goethe
Bleistiftzeichnung von H. Junker nach der
Kreidezeichnung von H. Müller

Walther von Goethe
Aquarellzeichnung, 1838

nichts zu sagen, war sie recht heiter und behauptete, Goethe würde bald hergestellt.«

Charlottes Kränklichkeit beunruhigte in ihren letzten Lebensjahren ihre Familie und ihre guten Freunde mehr denn je. Im Sommer 1817 erkrankte sie heftig und litt an starken Fieberanfällen, ihr ältester Sohn Karl war sehr besorgt und schrieb seinem Bruder Fritz am 20. Juni: »Die Mutter ist sehr krank und schwach, doch geht es nun wohl wieder ein bißchen besser. Ich war gestern bei ihr, und als ich eben wieder abreisen wollte, erhielt sie einen Brief von Dir. Sie hielt ihn lange mit zitternden Händen und strengte sich an, ihn zu lesen. Meine Frau war mit in Weimar, und die Mutter wollte sich doch den Brief nicht von ihr vorlesen lassen, sah auch gleich drauf die Amalie für Louischen an. Sie hat ein Schleimfieber und Brust- und Magenkrämpfe oder im Unterleib. Sie ist überaus gut und freundlich bei allen ihren Leiden. Sie sagt mir, sie wünsche sich nun, ohne Schmerzen ruhig einzuschlafen! Ich bat sie, doch jemand von uns, die Amelie, Louischen oder mich, bei sich zu behalten ... Allein sie nahm es nicht an, und ich mochte nicht in sie dringen, um ihr nicht ängstlich zu machen. Sie sprach viel mit mir, zuweilen schlief sie ein ... wir fuhren betrübt und besorgt für die gute Mutter nach Haus.«

Charlotte erholte sich nur langsam, aber am 5. August schrieb sie an Karl einen eigenhändigen Brief: »Lieber Sohn! hier wieder ein Zeichen des Lebens, von dem ich gern geschieden wäre, hätte ich nicht so gute Kinder und Enkel, die mir das Leben so lieb machen. Noch bin ich sehr matt. Die Wacholderspritzen haben auf meine geschwollenen Beine noch keine Wirkung getan; auch mein Gehör und Gesicht ist sehr schlecht.«

Besonders die Augen machten Charlotte von Stein auch in gesundheitlich gefestigten Phasen sehr zu schaffen und schlossen sie häufig von der Gesellschaft aus. Bereits im

September 1816 schrieb Lotte Schiller über einen »recht freundlichen Abend« bei Goethe an Knebel: ».. . und Frau von Stein sollte dabei sein; aber sie wird leider die Abende so müde und fürchtet das Blenden des Lichts; auch glaubt sie, schwer zu hören, das ist recht traurig.« – Die wenigen engen Freunde Charlottes ermunterten sie immer wieder, sich trotz ihrer Gebrechen nicht entmutigen zu lassen; sie konnten sich ein Leben in Weimar ohne Frau von Stein gar nicht vorstellen.

Zum Geburtstag 1818 schrieb ihr die alte Vertraute, Herzogin Luise: »Ich wünsche Ihnen von ganzem Herzen, meine teure Stein, zu dem heutigen Tage Glück. Ich hoffe, daß Sie denselben noch oft erleben, und er Ihnen immer so heiter sei wie der Himmel heute ... Ich liebe Sie von ganzem Herzen.« Diese Zeilen der Freundin, mit der sie auch spannungsreiche Zeiten erlebt hatte, an deren Treue sie aber niemals hatte zweifeln müssen, rührten Charlotte sehr.

Ein Jahr später feierte sie ihren 77. Geburtstag am 25. Dezember 1819 sehr munter und mit viel Besuch; Karl und Amelie aus Kochberg hatten wieder einmal eine Torte, auch Champagner und die Enkel Gedichte geschickt. Übermütig schrieb ihnen Charlotte: »Ich möchte in der ganzen Stadt herumlaufen, um alle meine schönen Geschenke von vielen Augen sehen zu lassen, da meine nicht alles umfassen können. Tausend Dank Dir und der lieben Amelie. Könnte ich nur noch hüpfen und springen, so spränge ich mit dem allerliebsten Gedicht zum Geburtstag in allen Stuben herum ... Visiten über Visiten stören mich während des Briefs, Gräfin Henckel, die Pogwisch, Karoline von Egloffstein ... Wiederum ein Transport Visiten. Ich weiß nicht mehr, wo mir der Kopf steht. Die Großfürstin. Item, es hat kein Ende; die guten Freunde scheinen mir ein Lebewohl zu sagen.« Die Vorstellung, ihren letzten Geburtstag zu erleben, wiederholte sich auch in den nächsten Jahren. So schrieb

Amelie von Stein am 23. Oktober 1821 an ihren Schwager Fritz: »Unsere gute Mutter habe ich recht wohl und munter gefunden, sie hatte sogar einmal die Prinzessinnen eingeladen, und blieb bis 9 Uhr, ohne über Müdigkeit zu klagen, auf. Ich hoffe fast mit Gewißheit, daß, ohne eine unvorhergesehene Krankheit, wir sie noch mehrere Jahre behalten können, obgleich sie mir letzthin versicherte, daß sie Weihnachten nicht erleben würde, es ist dies eine fixe Idee, die aber gottlob von einem Jahr zum andern verschoben wird.«

Charlottes Gesundheit schwankte in all den Jahren, aber wenn es ihr gutging, dann wagte sie sich gleich nach draußen. Schon am 19. Juli 1818 bemerkte Lotte Schiller: »Unsere liebe Frau von Stein ist abwechselnd wohl und nicht wohl. Vorgestern sehnte ich mich so nach ihr, und als ich kam, lag sie zu Bette; gestern wollte ich sie wieder besuchen, da saß sie unter den Orangen. So wechselt es!«

Charlotte selbst litt wohl am meisten daran, nicht mehr so leicht lesen, schreiben und begreifen zu können, das erfüllte sie häufig mit Ungeduld, und fast sarkastisch schrieb sie am 20. März 1820 an Knebel: »Ich will heute auf übermorgen ein paar Worte anfangen, da ich immer nicht voraus weiß, ob mein Befehlshaber im Oberhaus mich mit etwas Kraft zum Schreiben begünstigen wird ... Meine Gesundheit ist sehr schlecht; ich hoffe, ich werde im Grabe den Verwesungsprozeß nicht so zu sehen bekommen wie jetzt den Sterbeprozeß, obgleich es für den Physiker interessant sein kann.«

Aber als ihre begabte Nichte Amalie Imhoff, die mittlerweile mit dem Schweden Helwig verheiratet war, im Sommer 1820 einige Wochen in Weimar lebte, zeigte sie sich besonders beeindruckt von den geistigen Kräften Charlottes. Sie schrieb ihrem Mann: »Nach dem Tagewerk gehe ich meist zur Tante Stein, die ich angenehmer als jemals finde: mild, teilnehmend auf die Weise, wie man's von ihrem Alter erwarten konnte. Wenn man eine Weile bei ihr ist, erschließt

Weimar-Landesbibliothek u. Haus Frau von Stein.

Haus Charlottes von Stein (links, Seitenansicht)

sich ein Blatt nach dem andern ihres geistigen Lebens, das der Abend schon geschlossen, und von dem Strahl einer geistigen Morgenröte sich wieder auftut.«

Auch Lotte Schiller war froh über das ungebrochene Interesse Charlottes an allen geistigen Dingen, besonders im Vergleich mit ihrer Mutter, Frau von Lengefeld, fiel ihr Frau von Steins Wachheit auf, und sie berichtete Fritz: »Meine Mutter fühlt die Einflüsse des Alters, und ist doch zuweilen schwach, ihr Geist ist heiter; doch finde ich Ihre geliebte Mutter teilnehmender an den geistigen Dingen und ernster, aber weich dabei und von allem Guten und Schönen lebendig ergriffen. – So krank sich Ihre geliebte Mutter zuweilen fühlt, so hoffe ich doch, bleibt sie noch ein Weilchen unter uns und empfängt den Segen der Liebe aus unsern Händen.«

Ein halbes Jahr später, im Mai 1821, bekräftigte Lotte noch einmal in einem Brief an Fritz ihre Ansicht über Charlottes geistige Regsamkeit: »Geistig aber ist sie öfter sehr kräftig, und alles, was ihr Nachdenken erweckt und ihren Geist beschäftigt, kann sie lebendig interessieren. Auch für Poesie ist sie sehr empfänglich, wenn der Körper nicht gedrückt ist ... Dieser Hang zu höhern, ernstern Ansichten hat ihr die Jugend wie ihr Alter verschönert.«

Nur Charlottes Hang zum Pessimismus, ihre zuweilen düstere Grundhaltung, stimmte Lotte Schiller besorgt: »Sie war immer ernst gestimmt und wußte mehr das Melancholische des Lebens zu finden. Daher ist mir bei diesem Alter es nicht befremdend, doch schmerzt es mich, weil ich so gern ihr eine heitere Ansicht des Lebens gönnen möchte.«

Daß Charlotte von Stein auch fröhlich sein konnte, zeigte sie, wenn sie mit ihren geliebten Enkeln zusammen war. Karls Tochter Louise schrieb sie als Dank für Geburtstags- und Weihnachtsgrüße am 2. Januar 1821 einen scherzhaften Brief: »Das ging lustig zu, wie die Herzchen meiner Enkelchen auf meiner Bettdecke einen Walzer drehten. Ich haschte eins nach dem andern, und mußte recht mich bezwingen, sie vor Liebe nicht alle zu schlucken. Nun, dem Himmel sei Dank! sind sie wohl alle mit tausend Segen von der kleinen Großmama glücklich nach Haus gekommen.«

Auch Knebel zeigte sich immer wieder entzückt von Charlottes hellem Verstand, der ihm ein Garant dafür war, daß Frau von Stein nicht vergessen werden konnte, wie er ihr am 7. Februar 1822 mitteilte: »Sie, Teure, hat der Himmel mit einem sich immer gleich bleibenden klaren Sinne beschenkt. Desto unbefangener sehen Sie über die Dinge hin und ihren Wechsel. – Unser Wieland war heiter bis an seinen Tod, und zeigte, daß er ein Philosoph war. – Unsere Freundin hat die Natur nicht weniger mit einem philosophischen Geiste begabt. Aber sie soll nicht sterben, wenigstens nicht im Andenken derer, die sie lieben und verehren.«

Ihren »philosophischen Geist« hatte Frau von Stein auch bewiesen, als es innerhalb der Familie im Frühjahr 1817 ruchbar wurde, daß die »kleine Schwägerin« Sophie von Schardt, die sonst ihren Verwandten lediglich durch ihre ständigen Verliebtheiten auf die Nerven ging – der letzte Angebetete war Zacharias Werner –, zum Katholizismus übergetreten war. Während der Mann Sophies, Charlottes Bruder, außer sich war vor Empörung, betrachtete Frau von Stein die ganze Angelegenheit, die so recht auf der Linie ihrer emotionalen Schwägerin lag, sehr gelassen und tolerant. Durch die Erfahrungen der letzten schweren Jahre in ihrem ohnehin nie sehr starken Glauben erschüttert, konnte Charlotte der Konversion keine große Bedeutung beimessen, und beruhigend schrieb sie an Sophie von Schardt: »Ich hätte Dir längst gern geschrieben, wäre nur mein Kopf und meine Augen nicht so leidend . . . Was meine Ansicht betrifft, so gönne ich Dir, wo Du kannst, am glücklichsten zu sein, und wäre es ja selbst türkischer Glaube. Unsere äußerlichen Religions-

Christoph Martin Wieland
Kohlezeichnung von Anton Graff

gebräuche sind ja nur Zeichen des Göttlichen in uns und Gott in jedem reinen Herzen willkommen, unter was für einer Form sein Geschöpf es ihm auch darbringt.«

Sophie von Schardt, mit der Charlotte – trotz aller Wunderlichkeiten der »kleinen Schwägerin« – eine tiefe Zuneigung verbunden hatte, starb am 30. Juli 1819, Anfang August folgte ihr Charlottes Schwester Malchen, die in einem Stift gelebt hatte; der Kreis wurde immer kleiner. Die nächsten Jahre konzentrierte sich Charlottes Umgang immer mehr auf Lotte Schiller, die Kochberger, Knebel und Goethe; die meisten Briefe empfing immer noch Fritz, der viel zu selten nach Weimar zur Mutter reisen konnte.

Besonders die Freundschaft mit Knebel wurde immer inniger, ihm teilte Charlotte unverhohlen ihre Beschwerden und ihre Ängste mit, seine Briefe bereiteten ihr immer große Freude. Am 21. Februar 1824 schrieb Charlotte an ihren treuesten Verehrer: »Ihre Briefe, teuerster Freund, sind mir Poesie ohne Reime, und noch das einzige, was mir das Leben erheitert. Ich bin über das arge Taubsein ganz in mich gekehrt, und spaziere in mein vergangenes (!) Leben herum, ob ich wohl etwas in einer zukünftigen Existenz aus jetzigen Erfahrungen könnte besser machen. Da kommen immer Abers dazwischen, die ich nicht fassen kann.« Am 6. April 1825 erreichten Knebel folgende traurige Zeilen seiner alten Freundin: »Mit zitternder Hand versuche ich ein paar Zeilen an Sie, um mich für die herzstärkenden poetischen Zeilen zu bedanken. Sie sind glücklich von der Natur ausgestattet, indem das Gefühl mit dem Verstand einen Weg geht, möge es Ihnen immer so bleiben, mir ist's dunkler um mich geworden, und bin durch mein völliges Taubsein und beständige Kopfschmerzen in die Hölle versetzt worden, wovon ich schon vor 50 Jahren bewiesen las, daß es diese Welt sei.«

Zwei Wochen vor diesem Brief hatte sich Charlottes gesundheitlicher Zustand durch eine große Aufregung noch einmal verschlechtert: In der Nacht des 22. März 1825 brannte das Weimarer Theater nieder. Die Schriftstellerin Charlotte Elisabeth von Ahlefeld, die seit 1821 in Weimar im Haus an der Ackerwand lebte und in Charlottes letzten Lebensjahren deren treue Freundin und liebevolle Pflegerin wurde, erinnerte sich später an diese schreckliche Nacht: »Der Schreck über den nächtlichen Brand unseres guten alten Theaters hat uns allen, die wir so frei sind, uns zu den Ihrigen zu zählen, nichts wesentliches geschadet, außer daß Frau von Stein durch die mit einem solchen Vorfall verbundene Unruh (denn sie hatte doch das Bett verlassen, bis sie wußte, wo das Feuer war) matter und angegriffener als vorher ist. Hätte nicht die Furcht, daß jemand verunglücken könnte, mich geängstigt, so würde ich, da es doch einmal nicht zu ändern war, diesem prächtigen Schauspiele die beste Seite abgewonnen, und mich, da ich es in meiner Wohnung ganz genau sehen konnte, an diesem schönen Anblick geweidet haben. Besonders imposant war der Sturz des Daches, das, von dem Wehen der Flammen gleichsam gelöset und gehoben, nun mit gewaltigem Krachen in sich selbst versank, und eine schwarze Dampfwolke emporschickte, der nachher die volle, unermeßliche, bei dem, Gottlob! stillen Wetter gerade aufsteigende Glut folgte.«

Charlottes Augen ließen immer mehr nach, und ihre Taubheit nahm ständig zu, am 29. Mai 1825 erhielt Knebel ein paar Zeilen: »Von der blinden, taubstummen Freundin nur einen freundlichen Gruß bei dem abscheulichen Wetter, mehr erlauben meine Kräfte nicht.« Wenn es ihr aber erträglich ging, verbrachte Charlotte gerne ihre Stunden draußen auf ihrer Bank unter den Orangenbäumen, wo sie bisweilen auch Goethe empfangen konnte. Nach einem solchen Plauderstündchen schrieb sie besorgt: »Wie befinden Sie sich, lieber Geheimderat, nach dem gestrigen harten

Sitz auf meiner Bank? Ich habe mir Vorwürfe gemacht, daß ich Ihnen keinen Stuhl kommen ließ, aber der liebe Besuch war mir zu unerwartet. Bemühen Sie sich nicht, mir zu antworten, nur mündlich ein Wort Ihres Wohlseins wird mich schon erfreuen.«

Wenige Tage später schenkte ihr Goethe sein Medaillon, von dem Charlotte erfreut an Knebel schrieb: »Es ist sehr schön und hat mir große Freude gemacht«, und Fritz wurde mitgeteilt: »Goethe ist gar artig gegen mich. Kannst Du ihm etwas mitbringen, so tue es.«

Zum Geburtstag am 28. August 1826 sandte Charlotte an Goethe einige liebevolle Zeilen: »Tausend Glück und Segen zum heutigen Tag. Mögen die Schutzgeister auf dem himmlischen Reichstag befehlen, daß alles Liebliche und Gute Ihnen, geliebter Freund, erhalten werde und mit aller Hoffnung aufs Künftige ohne Furcht verbleibe. Mir aber erbitte ich, verehrter Freund, Ihr freiwilliges Wohlwollen auf meiner noch kurzen Lebensbahn.«

Einige Tage später erhielt Charlotte von Stein, wie alle Gratulanten, Goethes Dankgedicht:

Den Freunden
am 28. August 1826

Des Menschen Tage sind verflochten,
Die schönsten Güter angefochten,
Es trübt sich auch der freiste Blick;
Du wandelst einsam und verdrossen,
Der Tag verschwindet ungenossen
In abgesondertem Geschick.

Wenn Freundes Antlitz dir begegnet,
So bist du gleich befreit, gesegnet,
Gemeinsam freust du dich der Tat.

Gedenktafel am Haus Charlottes von Stein

Ein zweiter kommt, sich anzuschließen,
Mitwirken will er, mitgenießen,
Verdreifacht so sich Kraft und Rat.

Von äußerm Drang unangefochten,
Bleibt, Freunde, so in Eins verflochten,
Dem Tage gönnet heitern Blick!
Das Beste schaffet unverdrossen;
Wohlwollen unsrer Zeitgenossen
Das bleibt zuletzt erprobtes Glück.

Unter die Verse hatte Goethe eine persönliche Mitteilung
an Charlotte gesetzt: »Beiliegendes Gedicht, meine Teuer-
ste, sollte eigentlich schließen: ›Neigung aber und Liebe
unmittelbar nachbarlich-angeschlossen Lebender durch so
viele Zeiten sich erhalten zu sehen, ist das Allerhöchste, was
dem Menschen gewährt sein kann.‹ Und so für und für!«
Goethes Geständnis seiner unwandelbaren Zuneigung wird
Charlotte sicherlich erfreut haben, wenn sie auch mit dem
Gedicht ihre Schwierigkeiten – wie schon bei früheren Ge-
burtstagsversen Goethes – gehabt haben mag.

Anfang Oktober 1825 wurde Charlotte von Stein Urgroßmutter, eine Würde, die sie sehr genoß. Marie von Zobeltitz,
Fritz von Steins Tochter, brachte einen Sohn zur Welt.
Scherzend schrieb Karl von Stein an seinen Bruder: »Ich
statte Dir meinen herzlichsten Glückwunsch ab zu dieser
Erhebung in die Papawürde. Nur wenige werden es Dir
darin gleich tun, daß Du vermöge Deiner gesunden Konstitution und schlanken Taille eher aussiehst wie ein Enkel
als wie ein Großvater. Auch meine Mutter ist, wie Du wohl
denken kannst, sehr erfreut; sie hat uns gleich eigenständig
ihr Avancement zur Urgroßmutter notifiziert.«

Ab Mitte 1825 tauchte der Gedanke an ihren nahen Tod
verstärkt in Charlottes Briefen auf, auch hier versagte sie

sich alle Illusionen. Am 13. August 1825 schrieb sie an Knebel:
»Ich bin für mein Geistiges zu alt geworden, und das Wesen
der Welt erdrückt mich ... Wielands letzte Worte waren, so
viel ich mich erinnere, to be or not to be. Im letzten Augenblick ist einem dies ganz gleichgültig...«, und kurz
darauf: »Ja, wohl ist das Leben ein Kampf; in allem mache
ich die Erfahrung. Ich kann mich Ihnen nicht einmal mehr
mitteilen, ich habe die Stimme verloren; zu allem bin ich
kraftlos.« Noch Anfang April 1826 versucht der nur zwei
Jahre jüngere Knebel seine alte Freundin zu trösten: »Ich
höre noch immer Erträgliches von Ihrem Befinden, und das
tut mir wohl. Die veränderliche Luft hat auch Einfluß auf
meinen Körper, und seit einigen Tagen kann ich den linken
Arm fast nicht mehr ausstrecken. Ich hoffe das Beste von der
Wärme ... Leben Sie wohl, Teure! und lassen Sie uns Gutes
von sich hören!« – Zum Geburtstag 1825 gratulierte Lotte
Schiller aus Bonn, wo sie sich mit ihren Töchtern bei ihrem
Sohn Ernst aufhielt, und sie sandte Charlotte von Stein ein
Gedicht, das die Freundin bat, trotz aller Schmerzen sich in
Geduld zu üben und auf ein besseres Leben im Jenseits zu
hoffen.

Zum 25sten Dez. 1825

Sei wiederum gegrüßt im Tal der Schmerzen
An diesem Tag, der festlich sich erneut.
Noch trägst du still, mit Gott ergebnem Herzen
Die schwere Bürde, die das Alter beut.

Mit mildem Blick schaust du vom niedern Leben
In jene hoffnungsreiche Welt empor,
Wohin des Geistes sehnsuchtsvolles Streben
Schon oft in leiser Ahnung sich verlor.

Und deine Seele regt die matten Schwingen
Und möchte gern hinauf ins bess're Land
Zum Gipfel seliger Vollendung dringen,
Wo jeder einst das Ziel der Liebe fand.

Noch aber hält das Schicksal dich auf Erden
Und übt dich streng in heiliger Geduld.
O klage nicht – die *so* geprüfet werden,
Erfahren nur des Schöpfers wahre Huld.

Denn »Freude ernten, die in Tränen säen«,
Spricht ja der Bibel frommes Segenswort.
Es stärke dich mit linden Trostes Wehen,
Gott ist mit dir – es sei *hier* oder *dort*.

Nur kurz konnte Charlotte von Stein der Freundin danken:
»Liebe Lolo! Tausend Dank für Ihr gütiges Andenken
an meinen Geburtstag! Das waltende Schicksal begleite Sie
alle, Karoline und Emilie mit der guten Mutter, freundlich
durchs Leben. Das ist alles, was mir meine Kraftlosigkeit
und viele Schmerzen zu sagen erlauben. Ihre treue Stein.«
    Am 9. Juli 1826 starb Lotte Schiller völlig überraschend
an den Folgen einer Augenoperation in Bonn; Charlotte
schrieb an Fritz: »Daß die Schillern tot ist, hat mir sehr weh
getan.« Die Kräfte Frau von Steins nahmen stetig ab; Amelie, ihre Schwiegertochter, besuchte sie häufig und erstattete Fritz dann Bericht, so am 10. August 1826: »Die Mutter und
noch mehr ihre Stimme, wird täglich schwächer und das
Gehör schwerer. Eine Spazierfahrt... wobei sie mühsam
aus und in den Wagen kommt, ist noch ihre einzige Freude,
oder, wie sie sagt, wenigstens die einzige Zeit, so sie keine
Schmerzen fühlt.« Amelies und Karls Tochter Louise blieb
in Weimar bei Charlotte, um diese zu pflegen, sie meldete
am 29. Oktober 1826 ihrem Onkel Fritz: »Großmama ist oft

leidend und fühlt die rauhen Stürme in ihrem kranken Fuß. Ihre Stimme ist etwas stärker geworden, als sie dieses Frühjahr war. Sie ist gegen mich sehr gütig, nachsichtig, und es gewährt mir große Freude, bei ihr zu sein ... Des Abends kommen zuweilen einige Visiten, welche den Sorgenstuhl der Großmutter umgeben, und wenn sie auch oft nicht versteht, was gesprochen wird, so nickt sie freundlich dazu.«

Ihrem Liebling Fritz galt Charlottes Sorge bis zuletzt, am 13. September 1826 schrieb sie ihm: »Ich bin leider wie fremd auf der Welt, und muß viel Schmerzen leiden, und bin von den Meinigen so ganz verlassen, völlig taub und beinahe blind ... Wenn ich doch vor meinem Ende noch eine Dir ersprießliche Begebenheit erfahren könnte.« Zutiefst bedauerte es Charlotte, daß sie ihrem geliebten Sohn kein Reisegeld schicken konnte, um ihn noch einmal zu sehen: »So werde ich Dich nicht wiedersehen und das rätselhafte Dasein bald vollendet haben.«

Ihren letzten Geburtstag, am 25. Dezember 1826, erlebte Frau von Stein nicht mehr bei vollem Bewußtsein, erholte sich aber kurzzeitig. Fünf Tage danach, am 30. Dezember, berichtete Karl, der mit seiner Frau Amelie wegen des bedenklichen Zustands Charlottes in Weimar geblieben war, seinem Bruder Fritz: »Im Nebenzimmer ist's beständig voll von Besuchenden vom Morgen bis Abend, und diese Sorge, diese Unruhe, dieses Treiben ist über alle Beschreibung. Der Erbgroßherzog kommt täglich zur Mutter und schickt ihr, was er nur weiß und kann. Louischen besorgt jetzt die Pflege der Mutter. Ich kann nicht viel helfen, doch glaubt sie sich verlassen, wenn nicht ein paar von uns da sind.«

Am 6. Januar schrieb Charlotte Elisabeth von Ahlefeld mittags an Knebel, der voller Sorge auf Nachrichten über den Zustand seiner Freundin wartete: »Unsere arme Freundin v. Stein glich immer einem schwachen Flämmchen, das jeder Windstoß zu erlöschen drohte und das in den letzten

Jahren nur durch ärztliche Kunst beim Glimmen erhalten wurde. Jetzt neigt es sich zum Ende. Aber, Gott sei Dank! nach vielen und namenlosen Leiden wird nun ein sanfter Schlummer sie zu jenem längeren Schlaf hinüberführen. Sie kannte gestern abend niemand mehr, doch war's ein Trost, daß man sah: sie war schmerzensfrei und ruhig in sich. Aufrecht sitzend und den Kopf vorwärts geneigt, sah ich sie gestern zum letztenmal, und ihre leisen Atemzüge waren mir eine Beruhigung, da sie nicht auf Beängstigung deuteten. So sitzt sie noch immer unverändert und der letzte Hauch ist nicht fern.«

Am Abend desselben Tages, gegen 19 Uhr, starb Charlotte von Stein ruhig und schmerzlos.

Im Gegensatz zu Knebel, der sich seinem Kummer hingab, als er Frau von Ahlefeld weinend um den Hals fiel und schimpfte:»Es ist doch niederträchtig von mir altem achtzigjährigen Kerl, daß ich heulen muß wie ein altes Weib! Aber eine solche Freundin zu verlieren, ist auch eine schwere Prüfung«, ließ sich Goethe seinen Schmerz nicht anmerken. Kanzler von Müller berichtete Mitte Januar 1827: »Die stürmischen Wintertage haben ihm nicht ganz wohlgetan; es war gut, daß ein vierzehntägiger Besuch des Ministers Humboldt ihn erheiterte. Nun ist vor kurzem seine älteste Freundin, Frau von Stein ... gestorben. Das griff ihn, ob er schon nicht ein Wort darüber sprach, doch auch sehr an.«

Am 9. Januar 1827 wurde Charlotte von Stein begraben; ihr letzter Wunsch, der eine liebevolle Rücksichtnahme gegen Goethe zum Ausdruck brachte, wurde nicht erfüllt. Sie hatte darum ersucht, daß der Trauerzug mit ihrem Sarg nicht an Goethes Haus vorbeiziehen sollte, weil sie die Scheu ihres Freundes vor allem, was den Tod betraf, genau kannte. Die Behörden entsprachen Charlottes Wunsch nicht, der Zug der Leidtragenden führte am Nachmittag des 9. Januar am Frauenplan vorbei – auf dem vorgeschriebenen Weg.

CHARLOTTE v. STEIN
* 1742 † 1827.

GEWIDMET
VON DER
GOETHEGESELLSCHAFT.

*Gedenkstätte Charlottes von Stein
auf dem Weimarer Hauptfriedhof*

Ein knappes Jahr nach dem Tod Charlottes von Stein schrieb Henriette von Beaulieu, die ehemalige Gräfin Egloffstein, rückblickend über diese Frau, die eine der bekanntesten Neben-Gestalten des klassischen Weimar dargestellt hatte: »Der Charakter dieser Frau gehörte unstreitig zu den edelsten, und ihr Verstand, der mir zwar nie bedeutend erscheinen wollte, führte sie glücklich an den mannigfachen Klippen des Hoflebens vorüber ... Es läßt sich nicht leugnen, daß Frau v. Stein bei dem besten Herzen viele Schlauheit und Weltklugheit besitzen mußte; sonst wäre es ihr unmöglich gewesen, bis ans Ende ihrer sehr langen Laufbahn ohne die mindeste Unterbrechung eine Stellung zu behaupten, die sie der Herzogin Luise und Goethen so nahe brachte, daß nur der Tod dieses innige Verhältnis lösen konnte, auf welchem selbst jetzt noch, wo ich dies schreibe, ein undurchdringlicher Schleier ruht. Goethe allein vermöchte es, ihn zu lüften; aber schwerlich wird er sich dazu verstehen. Folglich (wird) auch die Nachwelt über eine Sache nicht klarer urteilen, die den Zeitgenossen des großen Mannes stets rätselhaft blieb. Dem sei nun, wie ihm wolle! Was auch jener Schleier verhüllen mag, *Unwürdiges* kann es nicht sein ...«, eine liebe- und verständnisvolle, diskrete Würdigung, die Charlotte von Stein entsprach!

Frau von Stein, die allein durch ihre Beziehung zu Goethe für die Nachwelt lebendig geblieben ist, deren Wert oder Unwert lange Zeit allein an ihrer Liebe zu Goethe, mehr noch an seiner Liebe zu ihr, gemessen wurde, ist eine in vielem typische Frauengestalt des ausgehenden 18. und beginnenden 19. Jahrhunderts – ihre Nöte und Freuden, ihre Beschränkungen und Behinderungen erlebten viele Frauen jener Zeit. Herausgehoben wird Charlotte durch etwa zehn Jahre ihres Lebens, durch die Zeit der engen Beziehung zu Johann Wolfgang von Goethe.

In einem späten Gedicht, dessen Entstehungsdatum nicht

mehr festzustellen ist, setzte Goethe Charlotte von Stein, seiner »Lida«, noch einmal ein Denkmal. In diesen rückblickenden Versen wird ihre Bedeutung für sein Leben ohne Einschränkung anerkannt, sie steht in ihrer Wichtigkeit neben Shakespeare; diese Frau hat Goethes Leben entscheidend geprägt, und er bestimmte ihr Leben. Doch darüber darf nicht vergessen werden, daß auch ihr eigenes Schicksal, ihre Persönlichkeit, ihr Handeln und ihr Denken unsere Aufmerksamkeit verdienen, auch wenn Charlotte von Stein nicht von Goethe losgelöst betrachtet werden kann.

> Einer Einzigen angehören,
> Einen Einzigen verehren,
> Wie vereint es Herz und Sinn!
> Lida! Glück der nächsten Nähe,
> William! Stern der schönsten Höhe,
> Euch verdank' ich, was ich bin.
> Tag und Jahre sind verschwunden,
> Und doch ruht auf jenen Stunden
> Meines Wertes Vollgewinn.

Auswahlbibliographie

1. Texte und Quellen

Briefe Charlottes von Stein an Fritz von Stein. Hrsg. u. eingeleitet von Ludwig Rohmann. Leipzig 1907

Briefe an Goethe. Hamburger Ausgabe in 2 Bänden. Gesammelt, textkritisch durchgesehen u. mit Anmerkungen versehen v. Karl Robert Mandelkow. Hamburg (1965 u. 1969)

Chronik von Goethes Leben. Bibliographie. Zusammengestellt v. Frank Götting. (München 1963) [= dtv-Gesamtausgabe. Bd. 45]

Frauen der Goethezeit in ihren Briefen. Hrsg. v. Günter Jäckel. Berlin (1966)

Johann Wolfgang von Goethe: Briefe. Hamburger Ausgabe in 4 Bänden. Textkritisch durchgesehen u. mit Anmerkungen versehen v. Karl Robert Mandelkow unter Mitarbeit v. Bodo Morawe. Hamburg (1962-1967)

Goethe in vertraulichen Briefen seiner Zeitgenossen. Zusammengestellt v. Wilhelm Bode. Bd. 1-3. Berlin u. Weimar 1979

Johann Wolfgang Goethe: Tagebücher 1775-1809. Hrsg. v. Peter Boerner. (München 1963 [= dtv-Gesamtausgabe. Bd. 43]

Johann Wolfgang Goethe: Tagebücher 1810-1832. Hrsg. v. Peter Boerner. (München 1963) [= dtv-Gesamtausgabe. Bd. 44]

Goethes Briefe an Charlotte von Stein. Neue, vollständige Ausgabe aufgrund der Handschriften im Goethe- und Schiller-Archiv. Hrsg. v. Julius Petersen. Bd. I,1. I,2. II,1. II,2. Leipzig 1923

Goethes Freundinnen. Briefe zu ihrer Charakteristik. Ausgewählt u. eingeleitet v. Gertrud Bäumer. Leipzig u. Berlin o. J.

Goethes poetische Werke. Berliner Ausgabe. Bd. 1. Bearbeitet v. Regine Otto. ³1976. Bd. 2. Bearbeitet v. Regine Otto. ³1980. Bd. 5. Bearbeitet v. Annemarie Noelle. ³1978. Bd. 7. Bearbeitet v. Angelika Jahn. ³1977. Bd. 9. Bearbeitet v. Margot Böttcher, Werner Liersch u. Annemarie Noelle. ³1976. (Berlin u. Weimar)

Peter Hacks: Ein Gespräch im Hause Stein über den abwesenden Herrn von Goethe. – In: Peter Hacks: Sechs Dramen. (Düsseldorf 1978.) S. 263-318

Aus Karl Ludwig von Knebels Briefwechsel mit seiner Schwester Henriette (1774-1813). Ein Beitrag zur deutschen Hof- und Litteraturgeschichte. Hrsg. v. Heinrich Düntzer. Jena 1858

Karl Frhr. von Lyncker: Am Weimarischen Hofe unter Amalien und Karl August. Erinnerungen. Hrsg. v. Marie Scheller. Berlin 1912

Joseph Rückert: Bemerkungen über Weimar. 1799. Hrsg. u. mit einem Nachwort versehen v. Eberhard Haufe. Weimar o. J.

Charlotte von Schiller und ihre Freunde. Hrsg. v. Ludwig Urlichs. Bd. 1-3. Stuttgart 1860-1865

Schillers Werke. Nationalausgabe. Neunundzwanzigster Band. Briefwechsel. Schillers Briefe. 1. 11. 1796-31. 10. 1798. Hrsg. v. Norbert Oellers u. Frithjof Stock. Weimar 1977

Adele Schopenhauer: Tagebuch einer Einsamen. Hrsg. v. H. H. Houben. Leipzig 1921

Adele Schopenhauer: Tagebücher. Zwei Bände. Leipzig 1909

Das klassische Weimar. Texte und Zeugnisse. Hrsg. v. Heinrich Pleticha. (München 1983) [= dtv-dokumente]

2. Darstellungen

Willy Andreas: Carl August von Weimar. Ein Leben mit Goethe 1757-1783. Stuttgart (1953)

Elisabeth Badinter: Die Mutterliebe. Geschichte eines Gefühls vom 17. Jahrhundert bis heute. (München 1984)

Effi Biedrzynski: Goethes Weimar. Das Lexikon der Personen und Schauplätze. Zürich 1992

Wilhelm Bode: Charlotte von Stein. Neubearbeitete u. vermehrte Auflage. Berlin 1914

Wilhelm Bode: Goethes Leben. 1786 und 1787. Die Flucht nach dem Süden. Berlin 1923

Wilhelm Bode: Goethes Leben. 1787-1790. Rom und Weimar. Berlin 1923

Wilhelm Bode: Goethes Liebesleben. Berlin 1923

Wilhelm Bode: Der weimarische Musenhof 1756-1781. Berlin 1920

Wilhelm Bode (Hg.): Stunden mit Goethe. Bd. 1. Berlin 1905

Wilhelm Bode (Hg.): Stunden mit Goethe. Bd. 2. Berlin 1906

Wilhelm Bode (Hg.): Stunden mit Goethe. Bd. 3. Berlin 1907

Eleonore von Bojanowski: Louise. Grossherzogin von Sachsen-Weimar und ihre Beziehungen zu den Zeitgenossen. Stuttgart u. Berlin ²1905

Ida Boy-Ed: Das Martyrium der Charlotte von Stein. Versuch ihrer Rechtfertigung. Stuttgart u. Berlin ²1916

Lily Braun: Im Schatten der Titanen. Erinnerungen an Baronin Jenny von Gustedt. Stuttgart 1914

Marcel Brion: Und jeder Atemzug für dich. Goethe und die Liebe. Wien u. Hamburg (1982)

W. H. Bruford: Germany in the Eighteenth Century: The Social Background of the Literary Revival. Cambridge 1971

Walter H. Bruford: Kultur und Gesellschaft im klassischen Weimar. 1775-1806. Göttingen (1966)

August Diezmann: Goethe und die lustige Zeit in Weimar. Neubearbeitete Ausgabe. Weimar 1900

Heinrich Düntzer: Charlotte von Stein, Goethes Freundin. Ein Lebensbild, mit Benutzung der Familienpapiere entworfen. Bd. 1-2. Stuttgart 1874

Heinrich Düntzer: Goethe und Karl August. Studien zu Goethes Leben. Zweite neubearbeitete u. vollendete Auflage. Leipzig 1888

Hans Eberhardt: Weimar zur Goethezeit. Gesellschafts- und Wirtschaftsstruktur. Weimar 1980 (= Weimarer Schriften. Bd. 34)

Kurt R. Eissler: Goethe. Eine psychoanalytische Studie. 1775-1786. Bd. 1. In Verbindung mit Wolfram Mauser u. Johannes Cremerius hrsg. v. Rüdiger Scholz. Basel u. Frankfurt a. M. ³1984

Etta Federn: Christiane von Goethe. Ein Beitrag zur Psychologie Goethes. München (³1917)

Nationale Forschungs- und Gedenkstätten der klassischen deutschen Literatur in Weimar (Hg.): Das Jahrhundert Goethes. Kunst, Wissenschaft, Technik und Geschichte zwischen 1750 und 1850. (Weimar 1967)

Richard Friedenthal: Goethe. Sein Leben und seine Zeit. Bd. 1-2. (München 1968)

Adalbert von Hanstein: Die Frauen in der Geschichte des deutschen Geisteslebens des 18. und 19. Jahrhunderts. Bd. 2. Leipzig (1900)

Willy Hellpach: Universelle Psychologie eines Genius – Goethe. Der Mensch und Mitmensch – Das Geschöpf im Schöpfer. Meisenheim u. Wien 1952

Otto Heuschele: Herzogin Anna Amalia. Die Begründerin des weimarischen Musenhofes. (München 1947)

Edmund Höfer: Goethe und Charlotte v. Stein. Berlin u. Leipzig ⁴1919

Herbert Hömig u. Dietrich Pfaehler (Hg.): Im Bannkreis des klassischen Weimar. Festgabe für Hans Tümmler zum 75. Geburtstag. Bad Neustadt a. d. Saale 1982

Friedrich August Hohenstein: Weimar und Goethe. Menschen und Schicksale. Berlin (1949)

Carmen Kahn-Wallerstein: Aus Goethes Lebenskreis. Drei Essays. Bern (1946)

Jochen Klauß: Charlotte von Stein. Die Frau in Goethes Nähe. Zürich 1995

Paul Kühn: Die Frauen um Goethe. Ausgabe in einem Band. Eingeleitet u. bearbeitet v. Georg Biermann. Graz, Wien, Leipzig u. Berlin (1932)

Paul Kühn: Die Frauen um Goethe. Weimarer Interieurs. Bd. 2. Leipzig o. J.

Paul Kühn: Weimar. Dritte Auflage, bearbeitet v. Hans Wahl. Leipzig 1921

Fritz Kühnlenz: Weimarer Porträts. Männer und Frauen um Goethe und Schiller. Rudolstadt o. J.

Louis Lewes: Goethes Frauengestalten. Stuttgart ²1900

Hellmuth Freiherr von Maltzahn: Karl Ludwig von Knebel. Goethes Freund. Jena 1929

Bernhard Martin: Goethe und Charlotte von Stein. Gnade und Tragik in ihrer Freundschaft. Kassel u. Basel 1949

Bernhard Martin: Goethe und Christiane. Vom Wesen und Sinn ihrer Lebensgemeinschaft. Kassel u. Basel 1949

Doris Maurer: »Ich kann nicht instinktmäßig lieben« – Charlotte von Stein. Würdigung anläßlich ihres 250. Geburtstages. Weimar ²1995

Alphons Nobel: Frau von Stein. Goethes Freundin und Feindin. Frankfurt a. M. 1939

Wolfgang W. Parth: Goethes Christiane. Ein Lebensbild. (München 1980)

Wolfgang Paulsen (Hg.): Die Frau als Heldin und Autorin. Neue kritische Ansätze zur deutschen Literatur. Bern u. München (1979)

Edwin Redslob: Charlotte von Stein. Ein Lebensbild aus der Goethezeit. Leipzig (1943)

Arnold Schloenbach: Zwölf Frauenbilder aus der Goethe-Schiller-Epoche. Hannover 1856

Wolfgang Schneider et al.: Weimar. Historischer Überblick. Weimar ³1981 (= Tradition und Gegenwart. Bd. 28)

Karl Strack: Geschichte der weiblichen Bildung in Deutschland. Gütersloh 1879

Heinrich Stümcke: Corona Schröter. Bielefeld u. Leipzig ²1926

Margarete Susmann: Deutung einer großen Liebe. Goethe und Charlotte von Stein. Zürich u. Stuttgart (1951)

Olga Gräfin Taxis-Bordogna: Frauen von Weimar. München (³1950)

Felix A. Theilhaber: Goethe. Sexus und Eros. Berlin (1929)

Valerian Tornius: Das klassische Weimar. Bochum-Linden (1949)

Erich Trunz: Weimarer Goethe-Studien. Weimar 1980

Hans Tümmler: Das klassische Weimar und das große Zeitgeschehen. Historische Studien. Köln u. Wien 1975

Lena Voß: Goethes unsterbliche Freundin (Charlotte von Stein). Eine psychologische Studie an der Hand der Quellen. Leipzig 1922

Wolfgang Vulpius: Christiane. Lebenskunst und Menschlichkeit in Goethes Ehe. Weimar 1956

Bildquellennachweis

Charlotte von Stein und Johann Wolfgang von Goethe sind nicht aufgenommen.

Aeschylus (i.e. Aischylos) 168

Ahlefeld, Charlotte Elisabeth von 281, 287

d'Alton, Eduard Joseph 261

Anna Amalia, Herzogin von Sachsen-Weimar 14, 18, 20, 21, 26, 37, 41, 46, 59 f., 157, 235

Arnim, Achim von 244

Augereau, Pierre-François-Charles 229

August, Prinz 171

Beaulieu, Henriette von, geb. von Egloffstein 290

Bertuch, Friedrich Justin 37, 177

Bode, Wilhelm 106, 121

Böttiger, Karl August 25

Bogda, Gräfin 168

Branconi, Gräfin von 107

Braunschweig, Herzogin 131

Braunschweig, Herzog von (Vater Anna Amalias) 14

Breitenbauch, Georg August von 21

Brion, Friederike 93

Cumberland, Richard 62

Döbbelin, Karl Theodor 60 ff.

Egloffstein, Karoline von 274

Egloffstein, Oberst 251

Einsiedel, Friedrich Hildebrand von 41, 77

Einsiedel, August von (Bergrat) 129

Eisenach, Herzog von 11

Ekhof, Konrad 62

Ernst August, Herzog von Sachsen-Weimar (Großvater Karl Augusts) 11 f., 20

Falk, Johannes Daniel 227

Faustina 174

Ferdinand, Prinz 72

Genast, Franz Eduard 225

Gleim, Johann Wilhelm Ludwig 89, 148

Göchhausen, Luise von 41, 46, 130, 203, 235

Goethe, Christiane von, geb. Vulpius 174 ff., 181, 186 ff., 190 f., 196 ff., 200, 229, 243 f., 263 f.

Goethe, August von (Sohn Goethes) 175, 199 ff., 254, 264, 270

Goethe, Katharina Elisabeth (Mutter Goethes) 72 f., 131, 137, 147, 185, 243

Goethe, Ottilie von, geb. von Pogwisch (Schwiegertochter Goethes) 270

Goethe, Walther Wolfgang von (Enkel Goethes) 270

Goethe, Cornelia (Schwester Goethes) 52, 73

Goldoni, Carlo 62

Gore, Elisabeth 174

Gore, Emilie 174

Gotha, Herzog von 48

Hastings, Marianne, gesch. von Imhoff 34, 129

Hastings, Warren 34, 129

Helwig oder Helvig (Ehemann Amalie von Imhoffs) 275

Henckel, Gräfin (i.e. Eleonore Gräfin Henckel von Donnersmarck) 254, 274

Herder, Johann Gottfried 58, 116 f., 121, 148, 153, 169 f., 176, 188, 207, 222

Herder, Karoline 148, 153, 171-176

Humboldt, Karoline von, geb. von Dacheröden 188

Humboldt, Wilhelm von 188, 243, 288

Imhoff, Amalie von, verh. Helwig 164 f., 214, 216, 275

Imhoff, Karl von (Schwager Charlotte von Steins) 34 f., 63, 129, 164 f.

Imhoff, Luise von, geb. von Schardt (Schwester Charlotte von Steins) 15, 34 f., 80, 96, 129 f., 136, 154, 164 f., 222

Jacobi, Friedrich Heinrich 37, 169

Jagemann, Karoline 37, 266 f.

Kalb, Charlotte von 133, 158 f., 199

Kalb, Johann August von 49

Kant, Immanuel 18

Karl August, Herzog von Sachsen-Weimar 14, 35 ff., 40 f., 49 f., 58 f., 96, 130, 146 f., 161, 179, 190, 194, 218, 268

Karoline, Prinzessin von Sachsen-Weimar 238, 247, 261

Karsch, Anna Louisa 89

Kästner (Lehrer der Söhne Charlotte von Steins) 113

Kestner, Lotte, geb. Buff 266

Klopstock, Friedrich Gottlieb 43 f.

Knebel, Henriette von 158, 232

Knebel, Carl Ludwig von 37, 41, 71, 78, 80 ff., 91, 97, 109, 116, 122 ff., 128, 130 f., 132, 136, 145 f., 152 f., 158, 169 ff., 207, 218 f., 239 f., 241, 245, 256 ff., 261, 265, 266 ff., 274 f., 278-285, 287 f.

Knigge, Adolph von 23

Körner, Christian Gottfried 106, 157

Konstantin, Herzog von Sachsen-Weimar

(Vater Karl Augusts) 12 f., 60 f.

Konstantin, Prinz von Sachsen-Weimar (Bruder Karl Augusts) 13, 37, 80, 91

Kranz, Johann Friedrich 72

Kügelgen, Gerhard von (Maler) 244

La Roche, Sophie von 219

Lavater, Johann Kaspar 28, 30 ff., 37, 107

Lengefeld, Charlotte von s. Schiller, Lotte von

Lengefeld, Karoline von s. Wolzogen, Karoline von

Lengefeld, Luise von 277

Lenz, Johann Michael Reinhold 63 f.

Lorrain, Claude 171

Löwer (Bediente Konkordia von Schardts) 203

Luise, Herzogin von Sachsen-Weimar (vormals Prinzessin von Hessen-Darm-stadt) 35 f., 41, 44, 52, 66, 71 f., 78, 106, 126, 128, 130, 167, 171, 194 f., 198, 207, 225, 228, 239, 260, 261, 274, 290

Lyncker, Karl von 38, 69, 167

Marchand, General 228

Maret, Minister 240

Meusel, Johann Georg 37

Meyer, Johann Heinrich 244, 270

Müller, Friedrich Theodor Adam Heinrich von 228, 240, 288

Napoleon Bonaparte 207, 223, 228, 233, 239, 240 ff., 250 ff.

Pappenheim, Jenny von 254

Maria Pawlowna, Prinzessin von Sachsen-Weimar 260, 262

Petrarca, Francesco 29

Platon 29

Pogwisch, Henriette Ottilie Ulrike von 274

Recke, Elisa von der 265

Rousseau, Jean-Jacques 16, 115

Rudorff, Luise 218

Sachsen-Koburg-Saalfeld, Erbprinzessin von 86

Schach (Kammerdiener Charlotte von Steins) 165

Schardt, Amalie von (Schwester Charlotte von Steins) 15, 18, 224, 280

Schardt, Konkordia von (Mutter Charlotte von Steins) 12 ff., 16 ff., 216

Schardt, Johann Wilhelm Christian von (Vater Char-lotte von Steins) 11-15, 18, 167

Schardt, Karl von (Bruder Charlotte von Steins) 15

Schardt, Ludwig von (Bruder Charlotte von Steins) 15

Schardt, Sophie von, geb. von Bernstorff (Schwägerin Charlotte von Steins 87, 115, 117, 121, 127, 146, 154, 169 ff., 241, 278 f.

Schiller, Emilie von 285

Schiller, Johann Christoph Friedrich von 18, 24, 82, 106, 133, 157 ff., 188, 196, 210-215, 222, 239

Schiller, Karl von 199, 213

Schiller, Karoline von 285

Schiller, Lotte (Charlotte) von, geb. von Lengefeld 25, 78, 128, 135, 140, 159 f., 161 ff., 166, 168, 173, 195, 197 ff., 202-206, 211 ff., 219 ff., 229, 235, 238, 244 ff., 254-257, 261, 270-277, 280 f.

Schlosser, Henriette 243

Schmettau, Friedrich Wilhelm Karl Graf von 228

Schopenhauer, Johanna 229 ff., 265

Schröter, Corona 59 ff., 91, 106 f., 222

Schweitzer, Anton 62

Seckendorff, Christoph Albrecht von 169

Seckendorff, Siegmund von 41, 72, 89

Seidel, Philipp 139, 156

Seidler, (Konsistorial-sekretär) 91

Seyler, Abel 62

Shakespeare, William 291

Sophokles 168

Soult, Marschall 240

Spinoza, Baruch de 117

Staël, Germaine de 219

Staff, Oberst 251

Stark d. Ä., Johann Christian 222

Stein, Amalia von, geb. von Schlabrendorff (zweite Frau Fritz von Steins) 247 ff.

Stein, Amelie von, geb. von Seebach (Schwiegertochter Charlotte von Steins) 197, 246, 251, 254, 273 f., 286 f.

Stein, Christian Ludwig von (Vater Josias von Steins) 21

Stein, Ernst von (Sohn Charlotte von Steins) 25, 113 f., 131 f., 154 ff., 167

Stein, Friederike von (Tochter Charlotte von Steins) 25

Stein, Fritz von (Sohn Charlotte von Steins) 23, 25 f., 89, 112 ff., 131 ff., 137, 140, 147 f., 155 ff., 173, 179, 183, 190 ff., 192 ff., 200, 203 ff., 213, 216-224, 229, 233 ff., 235-242, 246-253, 258 f., 270 f., 273-277, 282, 286 f.

Stein, Friedrich von (Enkel Charlotte von Steins) 197

Stein, Gottlob Ernst Josias von (Ehemann Charlotte von Steins) 21 f., 38, 60, 69, 104 f., 126 f., 155, 166 f., 192

Stein, Guido von (Enkel Charlotte von Steins) 236

Stein, Helene von, geb. von

Stosch (erste Frau Fritz von
   Steins) 236 ff.
Stein, Henrietta von (Tochter
   Charlotte von Steins) 25
Stein, Lothar von (Enkel
   Charlotte von Steins) 236
Stein, Louise von (Enkelin
   Charlotte von Steins) 253,
   273, 277, 286 f.
Stein, Karl von (Sohn Char-
   lotte von Steins) 25, 38, 112,
   131, 155, 183 f., 192 ff., 196 f.,
   218, 222, 224 f., 241, 248, 250-
   256, 270-274, 284, 286 ff.
Stein, Konstantine von (Toch-
   ter Charlotte von Steins) 25
Stein, Sophia von (Tochter
   Charlotte von Steins) 25
Stolberg, Auguste Gräfin zu
   55
Stolberg, Friedrich Leopold
   Graf zu 122 ff.

Talma, François-Joseph 240
Tobler, Georg Christoph 107
Trebra, Erdmuthe Eleonore
   von 202
Türckheim, Lili von 93

Vergil 207
Voltaire, François-Marie
   240
Voß, Johann Heinrich 122
Voß, Katharina 122

Waldner, Gräfin 136
Wedel, Johanna Marianne
   Henriette von 247
Werner, Zacharias 239 f., 244,
   278
Werthern, Emilie von 46,
   128 f.
Wieland, Christoph Martin 37,
   41, 51, 54, 56, 62, 116 f., 202 f.,
   227, 241, 258, 278
Wolzogen, Karoline von,
   gesch. von Beulwitz, geb.
   von Lengefeld 159 f., 243 f.,
   254

Young, Edward 18

Zimmermann, Johann Georg
   26-34, 42, 49, 57
Zobeltitz, Marie von, geb. von
   Stein (Enkelin Charlotte
   von Steins) 236 ff., 284

Zu dieser Ausgabe

insel taschenbuch 2120: Doris Maurer, Charlotte von Stein. Diese Biographie erschien erstmals 1985 im Keil Verlag, Bonn, unter dem Titel: Charlotte von Stein. Ein Frauenleben der Goethezeit. Für die vorliegende Ausgabe hat die Autorin den Text überarbeitet und das Bildmaterial ergänzt. Die Schreibweise der Briefzitate wurde behutsam modernisiert.